LEUCHTTURM-BOTSCHAFTEN

L&L
CHRISTIAN & MARCEL LAFLAMME

LEUCHTTURM-BOTSCHAFTEN

ZUR ERLEUCHTUNG DER GEWISSEN

**ANHAND DER BOTSCHAFTEN
VON 85 BOTINNEN UND BOTEN**

PARVIS-VERLAG
1648 Hauteville / Schweiz

Botschaften zusammengestellt von Marcel und Christian Laflamme

Photo auf dem Umschlag: © iStockphoto.com

Französischer Originaltitel:
«Messages phares – Vers l'illumination des consciences»

Deutsche Übersetzung: Marianne Weyer

© der französischen Ausgabe
Editions Christian
C.P. 22 033
Sherbrooke (Qc)
J1E 4B4 Kanada
Email: cl@edchristian.com

© der deutschen Ausgabe – April 2022
Parvis-Verlag
Route de l'Eglise 71
1648 Hauteville
Schweiz
Tel. 0041 26 915 93 93
buchhandlung@parvis.ch
www.parvis.ch

Alle Rechte, auch die des Teilabdruckes, vorbehalten.

Gedruckt in der E.U.

ISBN 978-2-88022-923-8

In diesem Werk wird das Maskulinum als Oberbegriff nur gebraucht, um die Sprache fließender zu gestalten.

WIDMUNG

dem seligen François Quéméneur, La Flamme genannt

Bei der Suche nach dem passendsten Bild auf dem Umschlag dieses Buches hatte ich vor einem Haufen Tausender Bilder den Mut verloren. Folglich bat ich meinen heiligen Vorfahren um Hilfe, und noch innerhalb einiger Minuten stieß ich auf dieses Bild. Dann türmte sich ein noch größeres Hindernis vor mir auf: die Nutzungsrechte zu erhalten, aber auch das wurde innerhalb von 24 Stunden erledigt, und obendrein noch unentgeltlich. Überrascht von dieser prompten Hilfe nahm ich bei einer Archivarin der Gemeinschaft der Augustinerinnen von Québec eingehendere Nachforschungen [zu meinem Vorfahren] vor. Diese Schwester ließ mir einen Auszug einer Handschrift zukommen, die mich [bei der Wahl des Bildes] zusätzlich bestärkte. Darauf werde ich noch zurückkommen.

Dieses wirklich besondere Bild eines **Leuchtturms** *mit roten und blauen Lichtstrahlen erinnert an Schwester Faustinas Bild des barmherzigen Jesus, dessen Herz Strahlen entspringen (auch auf dunkelblauem Hintergrund). Oh! Welch ein Geschenk!*

François Quéméneur (oder Kemener) ist unser erster Vorfahre, der Fuß in Kanada gefasst hat. Er ist der Sohn von Hervé, dem damaligen königlichen Notar im Parlament der Bretagne, und stammte aus Brest (St. Ouerdon de Landerneau). Wahrscheinlich ist er 1690 in Neu-Frankreich an Land gegangen. Bei seiner Ankunft ließ er sich auf der Ile d'Orléans vor den Toren von Québec nieder. 1700 heiratete er im Alter von 28 Jahren in der Pfarrei Saint-François der Ile d'Orléans. Die Geschichte des ihm gegebenen Beinamens Laflamme ist faszinierend. Ein Priester, dessen Mutter eine Laflamme ist, teilte mir mit: Im Hinblick auf den dringenden Schutzbedarf der nachts anlegenden Schiffe, errichtete François auf dieser Insel mit Sicht auf den Sankt-

*Lorenz Strom eine Struktur, anstelle eines **Leuchtturms**. Wenn die Schiffe nachts anlegten, schrie die Mannschaft: «**Da ist die Flamme!**» Mein Großvater Harry Laflamme erzählte seinerseits, dass François jeden Abend ein großes Feuer als **Leuchtturm** entzündete. So erhielt er seinen Beinamen. Zwei Generationen danach trat Laflamme offiziell an die Stelle des Familiennamens Quéméneur.[1]*

*Aus dem Dokument der Archivarin geht hervor, dass François am 1. Oktober für eine Dauer von sechs Tagen in ein Krankenhaus eingeliefert wurde. Im Register ist sein Name vermerkt, aber auch sein Beiname Laflamme. Im Alter von 23 Jahren war er allgemein unter dem Namen von «**Laflamme**» bekannt. Wahrscheinlich hatte er Sorgen mit der Gesundheit, denn er ließ sein Testament elf Monate vorher schreiben.[2] Dieses Dokument lässt darauf schließen, dass François viel am Los der Armen, und der Kranken gelegen war, sowie dass er voller Güte war und einen tiefen Glauben besaß! Er selbst trat in den Genuss einer ansehnlichen Erbschaft seines Vaters, die er aber größtenteils einer religiösen Gemeinschaft und zwei Krankenhäusern überließ. Es ist ebenfalls darin festgehalten, dass alle, denen er geschadet hätte, entschädigt werden sollten...*

*Kommen wir zum Leuchtturm zurück: Ich stelle mir die Bevölkerung der Gegend vor, wie sie jede Nacht in tiefes Dunkel gehüllt, jetzt dieses große Feuer, diese Beleuchtung, diesen beruhigenden Beistand erfährt, dieses Licht, das sich auch auf dem Strom widerspiegelt. Alle Einwohner nannten ihn **Laflamme** und fuhren auch bei seinen Kindern und Enkeln damit fort. Manchmal beschließt man, seinen Namen selbst zu ändern, aber in diesem Fall war es eine ganze Bevölkerung, die den Namen unseres Vorfahrens änderte! Heute freuen wir uns, ihm dieses Buch zu widmen und wir bitten ihn, zugunsten der Leser dieses Buches und ihrer Familien Fürbitte einzulegen.*

---

1. Es sei noch darauf hingewiesen, dass der erste eigentliche Leuchtturm der Insel auf das Jahr 1809 zurückgeht.
2. Internet-Seite (auf Französisch): nosorigines.qc.ca

INHALTSVERZEICHNIS

Widmung	5
Kommentar der Schriftleitung betreffend die Botinnen und Boten	9
Einleitung	13
Verzeichnis der Überbringer der Botschaften	16
1. KAPITEL Das Gewissen	21
2. KAPITEL Finsternis, Verwirrung und Chaos	29
3. KAPITEL Die Reinigung	45
«Kleine Warnungen» münden ein in die «Große Warnung!»	45
4. KAPITEL Komet und Glorreiches Kreuz der Großen Warnung	85
5. KAPITEL Erleuchtung der Gewissen	105
100 Leuchtturm-Botschaften	109
6. KAPITEL Pfingsten, die neue Evangelisation und das große Wunder	201
7. KAPITEL Zuflucht in Jesus & Maria	229
8. KAPITEL Kinder des Lichts & auserwählter kleiner Rest	269
9. KAPITEL Papst Franziskus treu bleiben	293
Schlussfolgerung	335
Anhang	341

Unsere aufrichtigen Dankesworte gelten

Alain und Loretta Gsell

♥

*dem seligen François Quéméneur,
genannt Laflamme*

♥

Tom Davidson

♥

*Allen Boten
und Verteilern der Botschaften*

Bestimmung betreffend dieses Buches
Die Schrägschrift wird von den Autoren Christian
und Marcel gebraucht, für alle anderen Zitate
wird die «Normalschrift» verwendet.

KOMMENTAR DER SCHRIFTLEITUNG BETREFFEND DIE **BOTINNEN** UND **BOTEN**

1. *Laut Prophet Amos (3,7): «... tut Gott, der Herr, nichts, ohne dass er seinen Knechten, den Propheten, zuvor seinen Ratschluss offenbart hat.» In dieser Endzeit eines Zeitalters gewährt der Herr einen Gnadensegen und vervielfacht die Gaben der Prophezeiung durch seine auserwählten Boten, um sein Volk und seine Kirche auf die angekündigte Umwälzung vorzubereiten; und da die Erleuchtung der Gewissen (Große Warnung) eines der größten Ereignisse der Geschichte der Menschheit darstellt, liegt es auf der Hand, dass der Herr die Zahl seiner Boten weltweit vervielfacht. Es handelt sich um Privatoffenbarungen an Personen, von denen der Herr verlangt, dass sie diese veröffentlichen, auf dass sie reiche heiligmachende Frucht bringen und so zur Errichtung des Reiches GOTTES durch seine Kirche beitragen.*
2. *Wir stehen am Übergang unserer Zeit in das neue Zeitalter, was sehr große Änderungen zum Heil der ganzen Welt voraussetzt: Öffnen wir unser Herz der Hoffnung! Zuvor wollen wir unsere Bereitschaft zum Ausdruck bringen, die Tradition unseres Glaubens zu befolgen und der Achtung der katholischen Kirche getreu folgenden Grundsatz anzuwenden:*

> Dem Sinn des Dekrets des Papstes Urban VIII. entsprechend, erklären wir hochachtungsvoll, dass wir den in diesem Buch erwähnten Tatsachen nur den jedem menschlichen Zeugnis gebührenden Glauben beimessen. Wir erklären ebenfalls, dass mit den geäußerten Urteilen jenen unserer heiligen Mutter, der Kirche, denen die Autoren sich ergebenst unterwerfen, in keiner Weise vorgegriffen werden soll.

3. *Grundlegend glauben wir, dass es wesentlich ist, vorsichtig zu sein und einfältig wie die Tauben. Bei zu großer Vorsicht kann man jedoch Gefahr laufen, das Kind mit dem Bad auszuschütten. Und dieses Kind trägt den Namen «JESUS». Man darf nicht mit übereiligen Urteilen gegen den Heiligen Geist sündigen, aber manchmal reichen die Kenntnisse zum vollständigen Verständnis nicht aus. Folglich können wir nicht die 100%-ige Genauigkeit des Inhalts dieses Buches ohne jeden Zweifel gewährleisten. Die Übersetzung mehrerer Botschaften durch Google kann Mängel an Präzision der Einzelheiten zur Folge haben. Fest steht jedoch, dass wir für dieses Werk gebetet und uns bemüht haben, dieses Buch möglichst kohärent zu gestalten, auf dass es dem Leser bestens zum Vorteil gereicht.*
4. *Es liegt auf der Hand, dass wir den Botschaften den Vorrang geben, die dem Rosenkranzgebet, der Ausübung der Religion, den Sakramenten, der Verehrung der Muttergottes die Ehre geben, und jene beiseite lassen, die sich dem Evangelium, der Lehre der Kirche oder dem Papst widersetzen.*
5. *Im Rahmen unserer Schriftleitung ziehen wir vor, von einem zentralen Kern allgemein anerkannter und von der prophetischen Bewegung in der Kirche angenommener Boten auszugehen, wie Don Gobbi, Elisabeth Kindelmann, Jeanne-Louise Ramonet (Kerizinen), Unsere Liebe Frau von Fatima, Luisa Piccarreta, Maria Valtorta, Marie-Julie Jahenny, Medjugorje, Mgr. Michelini, dem hl. Charbel, dem hl. Don Bosco, der hl. Schwester Faustina, der hl. Hildegard von Bingen, Sulema, Vassula, der ehrwürdigen Dienerin Gottes Marthe Robin, usw. Es herrscht enge Übereinstimmung des Inhalts ihrer Botschaften, die unser grundlegendes Referenzschema darstellen, zu denen weitere Botschaften hinzukommen, die sinngemäße Einzelheiten bringen.*
6. *Die Botschaften der derzeitigen Propheten sind bei einigen katholischen Verlegern zu finden, wie: dem Parvis-Verlag (Schweiz), Résiac (Frankreich), Editions Christian (Québec), usw. und/oder in mehreren religiösen Zeitschriften, wie* Maria heute, Le Sourire de Marie, En Route.

Oder auf gewissen katholischen Internet-Seiten, wie:
† chretiensmagazine.fr
† countdowntothekingdom.com
† jeanderoquefort.free.fr
† lepeupledelapaix.forumactif.com
† parvis.ch

Außerdem verfügen viele Boten über ihre eigene Internet-Seite oder andere Verbreitungsmittel. Um Gutes zu tun, wählen wir aus diesen Quellen das uns am passendsten Erscheinende aus und lassen alles Übrige beiseite.

7. *Falsche Propheten werden im Allgemeinen identifiziert und in der heute immer stärker zunehmenden prophetischen Bewegung – oschon in der Kirche wenig hervorgehoben – geringgeschätzt. Es steht fest, dass die Arbeit, um dieses zukunftsträchtige Gebiet zur Geltung zu bringen, gerade erst in Angriff genommen wurde.*

ABSCHLIESSEND:

«Seht, Ich komme, um der Wahrheit Durchbruch zu verleihen!
Seht, Mir voraus schicke ich meine Propheten
dieser Zeit, meine Advents-Kinder!»
Agnès Marie (28.01.2000)

«Öffnen wir Christus weit die Tür,
der zu uns kommt in Herrlichkeit!
Bereiten wir uns auf die ersehnte Stunde
seines zweiten Advents vor!»
cf. Don Gobbi (§ 604)

Lasst uns beten!

Botschaft der Muttergottes in Medjugorje
Beginnt jeden Tag
mit der Anrufung des Heiligen Geistes!
Das Wichtigste ist das Gebet zum Heiligen Geist.
Wenn der Heilige Geist zur Erde niederkommt,
wird alles klar und alles wird verwandelt.[3]

Morgengebet: Weihe zum Heiligen Geist[4]
Heiligster Heiliger Geist, dir weihe ich diesen Tag.
Öffne mein Herz deinen Eingebungen.
Erwecke in mir die Bereitschaft,
Zuflucht in den vereinten Herzen von Jesus
und Maria zu suchen,
sowie im Willen Gottes.

Amen!

Meine Kinder, der Friede sei mit euch![5]

---

3. Advent 1983.
4. In Anlehnung an ein Gebet des Holy Love Ministries (Werk der Heiligen Liebe).
5. In Sulemas Botschaften redet MARIA uns oft auf diese Weise an.

EINLEITUNG

Ticktack... Die Zeit verrinnt! Vater Marcel hatte mir die Wiederkunft Christi um die 2000-Jahreswende angekündigt. Manche erwarteten sie 2010. Andere sprachen von der sicheren Erleuchtung der Gewissen zur Hundertjahresfeier der Erscheinungen in Fatima (1917-2017). Ich hörte viele das Jahr 2020 erwähnen, andere das Jahr 2022... Wenn man bedenkt, dass sogar die Apostel, ganz zu Beginn des christlichen Zeitalters, die Wiederkunft Jesu zu ihren Lebzeiten erwarteten! Was ist also geschehen? Was ist los? Eines ist sicher, wir sind jetzt der Wiederkunft Jesu näher als vor 10, 30 oder sogar 2000 Jahren. Mehr denn je haben wir das Gespür, dass die Ereignisse sich zu überschlagen scheinen...

Seit 2020 haben wir mit der Covid-19-Pandemie zu tun. Welch ein läuterndes Feuer, nicht wahr? Und wie immer sind es die Verletzlichsten, die es ausschöpfen müssen. Einige glauben, dass es eine Strafe GOTTES ist. Ich persönlich nehme eher an, dass es eine Folge der Bosheit der Menschen und der Sünde ist. Wie dem auch sei, diese Prüfung bringt unsere Gewohnheiten durcheinander, weckt unser Gewissen. Haben wir die guten Reflexe, um die rechten ZUFLUCHTSORTE zu finden? Sind die frommen Mitarbeiter der Himmelsboten sicher in ihrem Boot mit Jesus im Sturm untergebracht, oder haben sie das Gefühl, vom Wind der Angst und der Verwirrung hin und her geworfen zu werden? Das ist eine berechtigte Frage, aber auch der Prüfstein, um festzustellen, wie wir zu dem Gleichnis der törichten und weisen Jungfrauen stehen. Denn da spielt sich unser Los ab: Sein oder Nichtsein...

Botschaften wie **Leuchttürme!** *Auch Botschaften mit starker Aussagekraft! Als würde das kommende Ereignis – die Erleuchtung der Gewissen – uns mit neuem Licht erfüllen, mit freudebringendem Licht hinsichtlich eines Neubeginns, einer Mission. Was dieses Buch* *betrifft, haben wir auf das Eindeutigste zurückgegriffen, auf das Passendste in dieser Zeit des Übergangs zur Erleuchtung der Gewissen. In dieser immer dunkleren Nacht sind es Botschaften wie **Leuchttürme**... Nach Empfang einer Gnade, die einer Erleuchtung des Gewissens ähnlich ist (12. April 1999), werde ich ab und zu Einiges von diesem Erlebnis erzählen als Beweis der Begründung der Botschaften, und nicht etwa, um mich hervorzutun. Wir sind uns bewusst, dass dieses Buch Botschaften enthält, die nicht ausdrücklich von unserer Kirche anerkannt wurden, aber die Aussagen in das richtige Licht rücken:*

So haben wir uns vorgenommen:
*1. unterschiedliche Botschaften über das Thema der Erleuchtung der Gewissen in Betracht zu ziehen, um auf diese Weise zum Wunsch beizutragen, schon jetzt Kinder des Lichtes zu werden, **Leuchttürme** in der Nacht...*
2. festzuhalten, dass unsere Zugehörigkeit zur Kirche mit der des Kindes zu seinen Eltern vergleichbar ist. Wir sind mit unserer Kirche in Liebe verbunden!...

«Es wird eine universale Gnade auf die Erde niedergehen, mit Sicherheit das erstaunlichste Ereignis seit Pfingsten. Die selige Anna Maria Taïgi, Mystikerin und Stigmatisierte, die von den Päpsten wegen der Genauigkeit ihrer Prophezeiungen verehrt wurde, bezeichnete dieses Ereignis als "**die Erleuchtung der Gewissen**". Der heilige Edmund Campion nannte es "**Tag der Wandlung**", wenn der unerbittliche Richter das Gewissen eines jeden offenlegt. Conchita von Garabandal gab ihm den Namen "**Warnung**". Der selige Don Gobbi nannte es "**ein Urteil im Kleinen**". Das Gewissen eines jeden wird erschüttert werden. Für die Menschheit schlägt **die Stunde der Entscheidung**.»[6]

---

6. Internet-Seite (auf Französisch): https://pierre-et-les-loups.net/l-illumination-des-consciences-33.html

*Die Amerikaner nennen es: «The Great Warning», was der Übersetzung der «Großen Warnung» gleichkommt. Manche nennen es «Great Awakening», was «das Große Erwachen» bedeutet. Gewiss, das Ereignis wird ein Erwachen sein, «für einige ein jähes Erwachen»,[7] aber es ist vor allem eine Erleuchtung, die definitionsgemäß 1) göttliches Licht bedeutet, und 2) beleuchten, in Licht tauchen. Wenn «die Warnung», «die Große Warnung», «die Erleuchtung der Gewissen», «das Erwachen der Gewissen», «das Große Erwachen», «das Ereignis» alles Benennungen des gleichen Ereignisses sind, wird es dennoch nicht auf die gleiche Art von allen erlebt werden. Es wird vergleichbar sein mit dem Tag des Gerichts am Lebensende (bei unserem Tod); gewiss, es handelt sich um ein und dasselbe Ereignis, aber einige kommen in das Paradies, andere in das Fegefeuer (auf verschiedene Ebenen, und für eine unterschiedliche Dauer), und wieder andere kommen in die Hölle. Die Erleuchtung der Gewissen, die alle Menschen wie ein **Leuchtfeuer** zur gleichen Zeit erhellen wird, wird das GROSSE ERWACHEN der (mehr oder weniger schlafenden) Gewissen sein... Jene, die im Stand der Gnade sind, werden mit Geschenken überschüttet werden und für die große Mehrheit wird es die entscheidende Stunde der läuternden Lösung der Großen Reinigung sein, der Augenblick der Wahl. Dieses Buch wurde mit Sorgfalt, Weisheit und Einsicht vorbereitet. Wir hoffen, dass es zum Erwachen der Gewissen beitragen wird, damit mehr Menschen schon jetzt in Jubel ausbrechen können, in Jubel in den Widerwärtigkeiten,[8] äußerste triumphierende Freude anlässlich des Ereignisses erleben werden und Freude hinsichtlich der Mission, die sich schon ankündigt, ausstrahlen... Ja, «**wir stehen vor dem Anbruch der schönsten Geschichte der Menschheit**».[9] Wir hoffen, dass dieses Buch euch gefallen wird und dass es ein Leuchtturm auf eurem Lebensweg sein wird. Gute Fahrt!*

---

7. Ich bereite euch auf dieses Ereignis vor: Die Erleuchtung eures Gewissens, Sulema, Band 2, Parvis-Verlag.
8. Meinen Auserwählten zur Freude, Band 1, Parvis-Verlag.
9. Zeitschrift Antennes, # 120

VERZEICHNIS DER ÜBERBRINGER DER BOTSCHAFTEN

1. Agnès-Marie (Frankreich)
2. Alan Ames (Vereinigtes Königreich)
3. Angela und Simona. Unsere Liebe Frau von Zaro (Ischia, Italien)
4. Bénédicte (Frankreich)
5. Selige Anna-Maria Taïgi (1769-1837, Italien)
6. Selige Conchita Carbrera (1862-1937, Mexiko)
7. Catalina Rivas (stigmatisiert, Bolivien)
8. Garabandal (1961-1965, Spanien)
9. Darly Chagas (Brasilien)
10. Debora Moscogiuri (Die Muttergottes der Eucharistie, Italien)
11. Divine Sagesse – Göttliche Weisheit (eine italienische Mystikerin)
12. Don Gobbi (1930-2011, Italien und Frankreich)
13. Dory Tan (Marmora, Kanada)
14. D'Gianna Talone Sulivan (Maryland, Vereinigte Staaten)
15. Elisabeth Kindelmann (1913-1985, Ungarn)
16. Enfant du Père – Kind des Vaters (Kanada)
17. Enfants du Renouveau – Kinder der Erneuerung (Vereinigte Staaten)
18. Enoch (Kolumbien)
19. Unsere Liebe Frau von Fatima (1917, Portugal)
20. Töchter des Lammes (Vereinigte Staaten)
21. Fille du Oui à Jésus – Tochter des Ja zu Jesus (Kanada)
22. Tochter der Sonne
23. Françoise

24. Géraldine
25. Gisella Cardia (Madonna von Trevignano Romano, Italien)
26. Harriet Hammons (Vereinigte Staaten)
27. In Sinu Jesu (ein Benediktiner-Mönch)
28. Jabez in Action (Kanada)
29. Janie Garza (stigmatisiert, Vereinigte Staaten)
30. Jean, Bote des Lichts (1953-1996)
31. Jean-Marc, Bote der Heiligen Dreifaltigkeit (1960-2016)
32. Jeanne-Louise Ramonet (1938-1965, Kérizinen, Frankreich)
33. John Lawrence Mariani (Vereinigte Staaten)
34. John Martinez (Vereinigte Staaten)
35. Johannes Friede (1204-1257, Österreich)
36. Joseph Auricchia (Italien)
37. Julia Youn, Die Jungfrau von Naju (1985, Südkorea)
38. Karine Cloutier (Kanada)
39. Die Himmlische Hand von Tombow (1976, Russland)
40. Léandre Lachance (Kanada)
41. Lec und Maria von den Philippinen
42. Linda Noskewicz (Vereinigte Staaten)
43. Lucie (Frankreich)
44. Luisa Piccarreta (1865-1947, Italien)
45. Lumière perpétuelle –Ewiges Licht
46. Luz Amparo (1980-2002, L'Escorial, Spanien)
47. Madeleine Aumont (Frankreich)
48. Manuela Strack (Sievernich, Deutschland)
49. Mark Mallet (Vereinigte Staaten)
50. Marco Ferrari (stigmatisiert, Italien)
51. Maria Esperanza (1928-2004, stigmatisiert, Vereinigte Staaten)
52. Maria Valtorta (1897-1961, Italien)
53. Marie-Julie Jahenny (1850-1941, Frankreich)
54. Marie-Elisabeth (Belgien)
55. Matthew (Six25to34) (Vereinigte Staaten)

56. Maureen, (Holy Love Ministries – Werk der Heiligen Liebe, Vereinigte Staaten)
57. Botin Unserer Lieben Frau (Vereinigte Staaten)
58. Micheline Boisvert (Das einladende Herz Jesu, Kanada)
59. Medjugorje (seit 1981, Bosnien-Herzegowina)
60. Mgr. Ottavio Michelini (1906-1970, Italien)
61. Myriam van Nazareth
62. Notre-Dame de la larme de joie – U.L.F. der Freudenträne (Vereinigte Staaten)
63. Unsere Liebe Frau der Rosen zu Mamma Rosa (Italien)
64. Papst Leo XIII
65. Pedro Regis (Brasilien)
66. Pelianito (Janet Klasson, Kanada)
67. Petite Porte de l'Aurore (Kleine Tür der Morgenröte)
68. Heiliger Charbel (1878-1898, Libanon)
69. Heiliger Edmund Campion (1540-1581)
70. Heilige Katharina von Siena (1347-1380)
71. Heiliger Dominikus (1170-1221)
72. Heilige Bernadette Soubirous (1844-1879, Frankreich)
73. Heilige Faustina Kowalska (1905-1938, Polen)
74. Heilige Hildegard von Bingen (1098-1179)
75. Heiliger Johann Bosco (1815-1888, Italien)
76. Heiliger Johannes Paul II. (1920-2005)
77. Heiliger Paul VI. (1897-1978)
78. Schwester Maria Nathalie Madgolna (1901-1992)
79. Sulema (Kanada)
80. Theresa Lopez (Denver, Vereinigte Staaten)
81. Ein marianischer Priester
82. Valeria Copponi (Italien)
83. Vassula Ryden (Ägypterin, orthodox von Geburt aus)
84. Ehrwürdige Dienerin Gottes Marthe Robin (1902-1981, Frankreich)
85. Anonyme Seherin (1900-1992, Invalidin, Vereinigte Staaten)

Vermerk des Herausgebers

Dieses Buch wirft ein aufklärendes Licht mit durchschlagender Wirkung auf die kommenden Ereignisse und wird niemanden gleichgültig lassen. Den zwei Autoren, Christian und Marcel Laflamme, ist ein bemerkenswertes Werk gelungen. Obschon die 85 erwähnten Überbringer von Botschaften dem Verleger nicht alle bekannt sind, hat die gänzliche Übereinstimmung der verschiedenen Auszüge ihn ohne Bedenken dazu bewogen, diese erhellenden Botschaften zu veröffentlichen. Die Vielzahl der sinngemäß geordneten Zitate hat eine große Überzeugungskraft. Angesichts des Ernstes der kommenden Prüfungen ist es wichtig, dass möglichst viele wissen, dass diese Umwälzung nicht das Ende der Welt bedeutet, sondern im Gegenteil, den Beginn des Reiches Gottes des Friedens und der Liebe, das wir alle im Gebet des Vaterunsers herbeisehnen. Möge dieses aufklärende Buch euch behilflich sein, treu am Glauben und an der Hoffnung festzuhalten, in der Überzeugung, dass der Herr stets an eurer Seite sein wird, um euch bei der Bewältigung der Widerwärtigkeiten behilflich zu sein.

1. KAPITEL
DAS GEWISSEN

Die Erleuchtung der Gewissen! Wenn es Not tut, die Gewissen zu erleuchten, bedeutet das demnach, dass sie verdunkelt sind? Der Weltgeist ist in der Tat stark: Fernsehen, Verfall der Sitten, Unkeuschheit, Globalismus, Korruption, Ungerechtigkeiten aller Art, Krankheiten...

Definition: Das Moralgewissen ist die Fähigkeit, das Gute vom Bösen zu unterscheiden.

Das «Gewissen» ist ein großes Geschenk GOTTES für jeden Menschen. Jeder Mensch ist mit einem Gewissen ausgestattet, das ihm erlaubt, das Gute vom Bösen zu unterscheiden, die Bedeutung einer Tat zu verstehen, sich zu bessern, Zeuge zu sein von einem unangemessenen Verhalten seiner Mitmenschen und sich infolgedessen für die Güte, die Barmherzigkeit und das Gebet, anstatt des Urteils zu entscheiden... Auch die Nicht-Christen aller Herren Länder sind mit einem solchen Gewissen ausgestattet, das gewiss weniger erleuchtet ist als das jener, die sich der Sakramente und des Wortes GOTTES erfreuen. Dann tun allmählich Erziehung, Sitten, Politik, Gesetzgebung, Ängste aller Art, Zügellosigkeit das ihre hinzu, verschleiern die Einsicht des Herzens, und so wird das Geschenk des Gewissens blockiert... In gewissen Ländern herrscht zum Beispiel die Sitte, die Hand der Diebe abzuschlagen. Allerdings versteht ein Kinderherz das Grauen einer solchen Strafe sehr gut, und auch, dass sie das Gewissen verletzt, aber nach und nach bringt die Ordnung der Gesellschaft den Kindern bei, dass das die «verdiente Strafe» für eine gesetzlich verbotene Tat darstellt. Und so kommt es, dass das Gewissen leicht verdunkelt und der Mensch der Staatsordnung gefügiger wird; obwohl gute Menschen sich im Klaren sind, was sie davon halten sollen... Hier ein anderes Beispiel: Verbrecher behaupten, dass das erste Verbrechen für das Gewissen am schlimmsten ist, und dass es dann von Verbrechen zu Verbrechen für das Gewissen «leichter» wird. Der gleiche Prozess läuft ab, wenn wir übel von unseren Mitmenschen reden. Unsere kleine innere Stimme schreit uns jedoch zu, dass wir schlecht handeln, aber wenn wir auf diesem Weg weitergehen, entwickeln wir in uns den «einfachen Falsch-Richter», d.h. den Richter, der falsche Urteile fällt. Und schließlich gibt man sich damit zufrieden, unter Verzicht auf den wahren Frieden Christi, wegen all dieser lässlichen Sünden, die dann den Weg der Gnade blockieren. Oft entscheidet man sich aus freien Stücken für einen dem Weg der kleinen inneren Stimme entgegengesetzten Weg, weil man vorzieht, seinen Trieben zu folgen zum Preis des Verlustes des göttlichen Geschenks des Friedens! Es kommt sogar so weit, dass GOTT beschuldigt wird, nicht gegenwärtig zu sein, während wir ihn beiseitegeschoben haben.

Die Gewissenserforschung ist durchaus angebracht. Indem man diese Übung jeden Abend macht und oft zu den Sakramenten geht, vor allem dem der Beichte, erlaubt man der Gnade, Wurzeln zu schlagen und reiche Frucht zu bringen. Das Gewissen ist aktiv und wir sind stets voll Tatkraft. Es geht uns besser und wir werden «Leuchttürme für die Welt»! «Das Salz der Erde und das Licht der Welt!» (Mt 5,13-14) Ah! Wie sehr wir Katholiken doch bevorzugt sind, diesen fürstlichen Weg der Sakramente beschreiten zu können! «**Die Eucharistie ist die größte Macht der Welt!** Für uns Christen wird im **Sakrament der Versöhnung** alles gereinigt, die Sünde mit ihren vielen Fangarmen, die das Gewissen lahmlegen, wird ausradiert, und es ist die Gewissenserforschung, die uns erlaubt, auszumachen, was gebessert, gereinigt, verziehen werden muss... GOTT ist in uns gegenwärtig: Er ist der ICH BIN, der sich wünscht, dass wir fest auf den Beinen stehen und zur vollen Entfaltung gelangen. «Die **Herrlichkeit GOTTES ist der** *aufrechtstehende Mensch!» behauptet der heilige Irenäus von Lyon, oder auch: «Die Herrlichkeit Gottes ist der lebende Mensch!» Jedem soll daran gelegen sein, sich genügend seiner selbst bewusst zu sein, um die Stimme seines Gewissens zu vernehmen und zu befolgen. Diese Verinnerlichung ist umso wichtiger, als der Druck des Weltgeistes uns oft vortäuscht, uns jeder Besinnung, jeder Gewissenserforschung zu enthalten.* «Kehre zu deinem Gewissen zurück, hinterfrage es... Brüder/Schwestern, verinnerlicht euch, und schaut bei allem, was ihr tut, zum Zeugen: GOTT» (hl. Augustinus)[10]

Das Wort «Gewissen» in Don Gobbis Botschaften[11]

Viele haben das Bewusstsein der Sünde verloren; daher werden immer mehr Sünden begangen und gerechtfertigt. Der Sinn für die Reue, der erste Schritt auf dem Weg zur Umkehr, ist beinahe verschwunden. (13.10.80)

Fühlt in eurem Herzen die tiefe Wunde, die mir durch die Ermordung von Millionen von Kindern im Schoß ihrer Mütter zugefügt wird; sowie durch die Sünde, die sich ausbreitet und die Seelen verführt; durch die Unsittlichkeit, die das Gewissen wie ein furchtbares Krebsgeschwür zerstört; durch die Orientierungslosigkeit der Jugendlichen, die Opfer des Lasters, der Droge und der Gewalttätigkeit geworden sind; durch die Auflösung so vieler Familien. (26.08.83)

Ihr werdet jeden Tag mit dem vom Bösen vergifteten Brot genährt und mit der von der Unreinheit verdorbenen Quelle getränkt. Das Böse wird euch als etwas Gutes empfohlen; die Sünde als ein Wert; die Übertretung des Gesetzes Gottes als etwas, das dazu dient,

---

10. *Katechismus der katholischen Kirche»*, § 1779.
11. *Die Muttergottes an die Priester, ihre vielgeliebten Söhne*, Marianische Priesterbewegung.

eure Autonomie und eure persönliche Freiheit auszuüben. So gelangt man schließlich dahin, die Sünde im eigenen Bewusstsein nicht mehr als etwas Böses anzusehen. Und die Ungerechtigkeit, der Hass und die Gottlosigkeit bedecken die Erde und machen sie zu einer riesigen Wüste, ohne Leben und Liebe.
Die hartnäckige Zurückweisung Gottes und die Weigerung, zu ihm zurückzukehren, der Verlust des wahren Glaubens, die ungeheure Bosheit, die um sich greift und zur Ausbreitung des Bösen und der Sünde führt: Seht, das sind die Zeichen der schlimmen Zeit, in der ihr lebt. (31.12.84)

Flieht die Todsünde als das größte Übel; macht jeden Tag eure Gewissenserforschung: Lasst euch vom Geist mit Fügsamkeit führen. Meidet auch die kleinen Gelegenheiten zur Sünde. Darum bitte ich euch, eure Augen und Ohren vor dem Fernsehen und dem Kino zu verschließen, um eure Seele im Licht der Reinheit und der Gnade zu bewahren. (16.03.85)

Ihr lebt dahin, ohne euch bewusst zu sein, welches Schicksal euch erwartet. Ihr verbringt eure Tage in einem Zustand der Unwissenheit, der Gleichgültigkeit und des völligen Unglaubens. Wie ist das nur möglich, obwohl ich euch doch auf so verschiedene Weise und durch außergewöhnliche Zeichen vor der Gefahr, in die ihr lauft, gewarnt und euch die blutige Prüfung angekündigt habe, die nun eingetroffen ist? (06.09.86)

Ich bin die schmerzensreiche Mutter, weil ich sehe, wie weit diese arme Menschheit von ihrem Herrn entfernt ist. Sie schreitet gleichgültig auf der Straße der Sünde und des Bösen, der Unreinheit und Gottlosigkeit, des Hasses und des Krieges voran, ohne sich dessen bewusst zu sein. (31.12.94)

JESUS zu Françoise[12]

Gott hat euch erschaffen, Er hat euch bei eurer Empfängnis eine Seele geschenkt, damit ihr glücklich nach Seinem Abbild leben könnt. Wenn ihr euren Schöpfer anerkennt, wenn ihr euch eurer Berufung zur Liebe bewusst werdet, wird für euch das Glück schon hier auf Erden beginnen. Nicht ein oberflächliches, menschliches Glück, das bei der ersten Prüfung endet, sondern das göttliche Glück dessen, der Gott betrachtet und sich mit Ihm in Seiner so großen Zärtlichkeit vereinen lässt.

Wenn ihr dann Mein Herz erkannt habt, werdet ihr erfüllt sein vom Licht des Heiligen Geistes, der Liebe ist, und ihr werdet das Glück entdecken, das Gott allein euch schenken kann, welcher Art auch immer die Prüfungen des Lebens sein mögen. In Gott werdet ihr die Heilung eurer Seele und auch des Leibes finden, denn beide leiden unter den Folgen der Sünde.

JESUS zu Valeria Copponi[13]

Überlege! **Mache eine Gewissenserforschung,** um dich wirklich an all die Male zu erinnern, da du mich beleidigt hast. Meine Mutter bittet stets um die Verzeihung aller Sünden, aber wenn du keine echte Reue hast, kennst du jetzt schon die Antwort, die mein Vater dir geben wird. Seid mit allen Menschen, mit denen ihr in Kontakt kommt, aufrichtig; seid euren Brüdern und Schwestern behilflich, besonders auf spirituellem Gebiet. Versucht, mich täglich in eure Herzen aufzunehmen, zumindest geistlich, denn ihr benötigt meine Hilfe mehr denn je.

---

12. *Umkehr der Herzen*, Botschaften von Jesus-Christus an Françoise, Band 8, 05.05.2006, Parvis-Verlag.
13. 01.04.2020

Medjugorje[14]

Liebe Kinder! Jeden von euch rufe ich auf, dass er in der Liebe Gottes zu leben beginnt... Ich rufe euch auf, dass sich jeder von euch bewusst für Gott und gegen Satan entscheidet. Ich bin eure Mutter und möchte alle zur vollkommenen Heiligkeit führen. Ich wünsche, dass jeder von euch hier auf Erden glücklich sei und dass jeder von euch mit mir im Himmel sein möge...

Heilige Hildegard von Bingen

Meine vielgeliebten Kinder! Die Erde schwingt im Gleichtakt mit dem Gewissen der Menschen, und zwar seit dem Urplan GOTTES, denn GOTT hat beschlossen, dass die Elemente auf die Handlung der Menschen reagieren, weil sie von ihren Taten berührt werden, da der Mensch in ihnen und mit ihnen arbeitet.

---

14. 25.05.1987

EIN LEUCHTTURM IN DER NACHT

Der ALLERHÖCHSTE zu seiner Kleinen Tür der Morgenröte[15]

Vom Feuer meiner Macht beseelt, werdet ihr auf dieser Erde wie Sterne strahlen, um eure Mitmenschen in mein Großes Licht zu bringen. Ich bin das Licht der Welt. Wer mir nachfolgt, wird nicht in der Finsternis umhergehen (Joh 8,12). Seid brennende Fackeln, Leuchttürme für eure menschlichen Brüder und Schwestern, die mich noch nicht kennen oder mich ignorieren. Erleuchtet diese Welt mit meinem Licht, seid das Licht, das die dichte Finsternis dieser dem Verderben ausgelieferten Welt erhellt.

Jean, ein Bote des Lichtes[16]

Seid in dieser Welt Leuchttürme der Liebe, die die Finsternis der Verständnislosigkeit erleuchten. Zögert keine Sekunde, handelt sofort, damit es geschieht! Seid bewusst, dass die Liebesstrahlen, die von eurem Leuchtturm ausgehen, das Licht anderer Leuchttürme, das die Welt umhüllt, stärken werden. [Seid bewusst,] dass dieses Licht alle Menschen erleuchten und einladen wird, zu euch zu stoßen, um Jesus in seiner Herrlichkeit zu empfangen... Bleibt im Licht... Eure Bitten werden gehört und erhört werden.

---

15. 29.06.2017
16. *Le temps presse, rallumez vos lampes*, Botschaften von Jean, Band 4, Editions du Parvis [nur auf Französisch erhältlich].

2. KAPITEL
FINSTERNIS, VERWIRRUNG UND CHAOS

Dieses Kapitel ist notwendig, weil wir in einer Zeit großer Verwirrung leben, auf die wir näher eingehen werden, um in den folgenden Kapiteln die vom Himmel gewollten Lösungen zur Befreiung der Menschheit aus dem derzeitigen Morast und zum Übergang in ein neues Zeitalter der Gerechtigkeit und des Friedens, besser zu verstehen.

Der Hass so vieler Christen unserem Papst Franziskus gegenüber ist schon ein Zeichen dieser Verwirrung, sowie die Tatsache, dass so viele gute Christen nicht mehr imstande sind, in dem Gerede über ihn das Gute vom Bösen zu unterscheiden. Die Verleumdung allein müsste schon darauf hindeuten, dass wir es mit einer anormalen Situation zu tun haben, aber wir sind so oft an unsere kleinen Bildschirme geheftet, dass wir die Nachrichten wahllos verschlingen... Wir behalten das, was uns interessiert, zurück, aber auch hier spielt das Prinzip des stetigen Wassertropfens, der den Stein aushöhlt, so dass uns auch das noch schadet... Wir haben das Bedürfnis, uns zu informieren, aber wir werden von allen Seiten unverschämt belogen... Es ist ein Jammer! Das wurde besonders offensichtlich bei der Pandemie. Wenn gewisse Wissenschaftler eine Feststellung veröffentlichten, wurde dieselbe von mehreren andern abgelehnt.

In den drei Bänden **Ich bereite euch auf dieses Ereignis vor: Die Erleuchtung eures Gewissens**[17] *reden Jesus und Maria viel über diese Verwirrung, die immer mehr um sich greift. Diese Verwirrung ist eine Folge der jetzigen spirituellen Nachlässigkeit und der Sünde. Und da der Tod der Lohn der Sünde ist* (Röm 6,23), *ist es durchaus normal, dass die chaotischen Zustände immer alltäglicher werden.*

Definition des Wortes «**Verwirrung**»: verworrene Situation...
Definition des Wortes «**Chaos**»: große Verwirrung.

Verwirrung und Chaos gehen Hand in Hand.

In dieser Vision[18] sah ich alle Bewohner des Planeten in einer Art dunklem Raum versammelt. In der Mitte stand eine brennende Kerze. Das Wachs war schon fast ganz geschmolzen.
Die Flamme stellt das Licht Christi dar; die Wahrheit. Das Wachs steht für die Zeit der Gnade, in der wir leben. Diese Flamme wird vom größten Teil der Welt ignoriert. Aber jene, die sie vernehmen, die auf das Licht schauen und sich vom Licht leiten lassen, erfahren etwas Wunderbares, etwas Geheimes: ihr Inneres wird entflammt, ohne dass die Außenwelt es bemerkt. Wenn die Zeit der Gnade (unsere Zivilisation) wegen der steigenden Sündenlast der Menschheit den Docht nicht mehr aufrechterhalten kann, werden die Ereignisse, die dann auf die Menschheit zukommen, die Flamme der Kerze gänzlich auslöschen und ihr Licht wird vergehen. Plötzlich wird Chaos im «Raum» ausbrechen. Der Verlust des Lichts wird große **Verwirrung** stiften und **Entsetzen** hervor-

---

17. *Ich bereite euch auf dieses Ereignis vor: Die Erleuchtung eures Gewissens,* Sulema, Parvis-Verlag.
18. Vision von Mark Mallet. Übersetzung auf der Internet-Seite: https://pierre-et-les-loups.net/la-flamme-qui-faiblit-30.html (nur auf Französisch)

rufen. Aber jene, die während der jetzigen Zeit der Vorbereitung das Licht in ihrem Innern gespeichert haben, werden ein inneres Licht besitzen, das sie leiten wird (denn das Licht Jesu kann niemals erlöschen). Obschon sie in die sie umgebende Dunkelheit eingetaucht sind, wird das innere Licht Jesu hell in ihnen leuchten, und sie auf übernatürliche Weise von einem geheimen Punkt ihres Herzens anführen. «Sucht Jesus nicht in der Ferne, dort ist er nicht. Er ist in euch. Sorgt für den Unterhalt der Lampe und ihr werdet ihn finden.»

Dann lief in dieser Vision eine besorgniserregende Szene ab. In der Ferne leuchtete ein Licht auf, ein ganz kleines Licht. Es war kein natürliches, sondern eher ein kleines fluoreszierendes Licht. Plötzlich stürzten die meisten Personen im Raum auf dieses Licht zu, das einzige Licht, das sie erreichen konnten. Für sie war das ein Hoffnungsschimmer... aber in Wirklichkeit war es ein falsches Licht, eine Täuschung. Es war ein kaltes Licht, es spendete keine Wärme, kein Heil – nichts von all dem, was die andere Flamme, die sie abgelehnt hatten, ihnen hätte bieten können.

Warnung vor falschen Propheten[19]

Wenn die Menschen sich dazu hinreißen lassen, die Gaben Gottes wie die Schöpfung, das Leben, die Talente zu verhöhnen, werden sie dasselbe mit den Gaben der Prophezeiung, der Einsicht, der Weisheit, der Erkenntnis, der Heilung tun... Wir stehen stets vor einem Kampf des Guten mit dem Bösen, bei dem das Böse seine Beute ständig beobachtet und mit allen Mitteln versucht, sie in Versuchung zu führen, um sie vom rechten Weg, sei es um nur ein Stückchen, abzulenken... Der

---

19. *Jesu Einladendes Herz, Ein Geschenk des allmächtigen Vaters*, Band 1, Jungfrau Maria zu Micheline Boisvert, Dezember 1999, Internet-Seite: CoeuraccueildeJesus.com

Schlüssel ist stets die Demut. Einem Schüler, der ihn fragte, welches die Tugend sei, um die man sich am meisten bemühen sollte, antwortete der heilige Bernhard: «Es gibt deren 4: die Demut, die Demut, die Demut und die Demut!»

Ihr müsst lernen, in euch zu unterscheiden, was von der Finsternis **und was vom Licht ist.** Ihr müsst Gott um die Gnade der Unterscheidung bitten. Ja, meine Kinder, viele falsche Propheten werden an eure Tür klopfen. Viele falsche Propheten werden alles tun, um euch für sich zu gewinnen. Sie sind listig! Sie nützen eure Schwachstellen aus, um ihr Ziel zu erreichen. Ohne die Gabe der Unterscheidung werdet ihr in die Falle gehen. Dabei ist die Unterscheidung nicht so schwer: Ihr braucht nur zu kontrollieren, ob diese Personen in der Demut leben und ob ihr eure innere Freiheit nicht verliert, die Freiheit der Kinder GOTTES, die Freiheit «ja» oder «nein» sagen zu können. Wenn ihr spürt, dass jemand eine Macht auf euch ausübt, die in euch eine Abhängigkeit hervorruft, wenn man euch sagt, niemandem zu erzählen, was in ihren Versammlungen vorgeht, dann stellt euch Fragen, meine Kinder, denn sie werden auf die Schwachen und Armen abzielen, auf die Hilfsbedürftigen. Sie werden Besitz von eurem Leben ergreifen, denn ihr einziges Ziel wird es sein, euch zu beherrschen. Sie sind von **Stolz** und von Egoismus beseelt. Seid wachsam! Vergesst nie, dass euer Vater im Himmel euch als freie Menschen erschaffen hat. Lasst euch nicht zum Sklaventum entwürdigen. Bittet um Hilfe, werft Fragen auf und kehrt zurück zu euren Priestern. Bald werdet ihr dank eurer modernen Techniken erkennen, wie die falschen Propheten mehr und mehr von eurem Willen Besitz ergreifen. Prüft vorsichtig, was ihr hört und wem ihr zuhört. Wenn alle modernen Kommunikationsmittel zum größten Wohl der Menschheit dienen würden, gäbe es keine notleidenden Völker mehr.

♥

In unserer Zeit, in der der Glaube in weiten Teilen der Welt wie eine Flamme zu erlöschen droht, die keine Nahrung mehr findet, ist die allererste Priorität, GOTT gegenwärtig zu machen in dieser Welt und den Menschen den Zugang zu Gott zu öffnen. Nicht zu irgendeinem GOTT, sondern zu dem Gott, der am Sinai gesprochen hat; zu dem GOTT, dessen Gesicht wir in der Liebe bis zum Ende (Joh 13,1) – im gekreuzigten und auferstandenen Jesus Christus erkennen. Das eigentliche Problem unserer Geschichtsstunde ist es, dass GOTT aus dem Horizont der Menschen verschwindet und dass mit dem Erlöschen des von GOTT kommenden Lichts Orientierungslosigkeit in die Menschheit hereinbricht, deren zerstörerische Wirkungen wir immer mehr zu sehen bekommen.[20]

UNSERE LIEBE FRAU VON ANGUERA-BAHIA zu Pedro Regis[21]

Meine lieben Kinder! Ich bin eure Mutter der Schmerzen und ich leide unter der Aussicht auf die schweren Zeiten, die euch bevorstehen. Seid aufmerksam! Liebt und verteidigt die Wahrheit! Tage der Finsternis erwarten euch, und viele Geweihte werden in Mitleidenschaft gezogen. Es ist die Aufgabe der Kirche meines Jesus, die Wahrheit zu verteidigen und die Herde, die mein Sohn Jesus ihr anvertraut hat, zu hüten. Angesichts der **großen Verwirrung, die kommen wird, wird die Herde auseinandergetrieben.** Viele werden nach der Wahrheit suchen, aber überall wird Verwirrung herrschen und viele werden den Weg der Wahrheit verlassen.

---

20. Brief Seiner Heiligkeit Papst Benedikt XVI. an die Bischöfe der katholischen Kirche, 10.03.2009.
21. 14.03.2019 – Internet-Seite: https://www.mensageirosdeanguera.com.br/

MARIA, Königin des Friedens, zu Sulema[22]

In dieser Zeit der großen Verwirrung, in der die Herzen verängstigt sind, weil sie jede Hoffnung verloren haben, sollt ihr alle, die ihr schwere Lasten tragt, zum Herrn kommen. Er wird euch Ruhe verschaffen. Kommt zu Ihm, meine Kinder, übergebt Ihm die Last eurer Ängste, eurer Krankheiten, der Arbeitslosigkeit, der Unsicherheit, die in euch ist. Übergebt ihm alles, was euch verunsichert, dann werdet ihr sehen, wie Er euch Ruhe verschafft, damit ihr im Frieden seid.

UNSERE LIEBE FRAU, Königin des Friedens zu Pedro Regis[23]

Wendet euch von allem ab, was euch von GOTTES Liebe entfernt! Seid Männer und Frauen der Wahrheit! Lasst nicht zu, dass der Vater der Lüge euch täuscht und unterjocht! Ihr seid frei, dem Herrn zu gehören. Liebt und verteidigt die Wahrheit! Nur durch die Wahrheit kann die Menschheit geistlich geheilt werden. Hört auf Jesus und lasst euer Herz von seinem Wort durchdringen. Sagt allen, dass GOTT es eilig hat, und dass dies die geeignete Zeit eurer Rückkehr ist. Kehrt zurück zu Ihm! Bleibt nicht untätig! Wendet euch Dem zu, der euer absolutes Gut ist und euch beim Namen kennt! Eine Zeit **großer spiritueller Verwirrung** steht euch bevor. Viele werden die Wahrheiten GOTTES leugnen und falsche Lehren annehmen. Meinen Kindern, die ihren **Weg durch die große Verwirrung bahnen müssen,** steht eine Zeit des Zweifels und der Ungewissheit bevor. Haltet euch an Jesu Seite! Fürchtet nicht, das, was von GOTT ist, zu verteidigen! Schöpft Kraft im Gebet und in

---

22. *Ich bereite euch auf dieses Ereignis vor: Die Erleuchtung eures Gewissens,* Band 2, Sulema, 30.04.2012, Parvis-Verlag.
23. 08.02.2018

der Eucharistie; nur so könnt ihr die Last der bevorstehenden Prüfungen tragen. Macht euch auf, in der Wahrheit!

John Lawrence Mariani[24]

Liebe Leser! Ich hatte eine innere Vision der heiligen Mutter. Eine innere Vision ist wie ein schneller Flash in das Auge. Sie war in Blau gekleidet und trug eine Schärpe (eine Schärpe ist wie ein schräger Gürtel). Sie schien sehr traurig zu sein. Hier, was sie mir anvertraut hat: «Mein Sohn, es ist mir daran gelegen, euch zu danken für die Verbreitung der Botschaften in der Welt, sowie des wahren katholischen Glaubens. Ich teile euch mit, dass die Zeit der Finsternis heranrückt. Während die Welt sich verfinstert, werdet ihr feststellen, **dass die Verwirrung in der Kirche zunimmt.** Immer mehr Seelen werden verwirrt. Sie sind sich nicht mehr im Klaren, welches die Lehre der Kirche ist. Satan greift so viele Seelen an, weil er zur Zeit der **Großen Warnung** verletzt und für eine gewisse Zeit außer Gefecht gesetzt werden wird. In dieser Zeit der Verwirrung in der Kirche fordere ich euch auf, die Laien zu ermutigen, frei aufzutreten und das Evangelium im katholischen Glauben zu verkünden. Sagt meinen Kindern, sie sollen in dieser Zeit der Verwirrung den Mut nicht verlieren; alle meine Kinder stehen unter meinem Schutz. Sagt ihnen, sie sollen unter meinen Mantel kommen. Ich werde den Sieg davontragen. Satan wird nicht siegen. Christus wird triumphieren und mein Unbeflecktes Herz wird triumphieren. Sagt meinen Kindern, sie sollen sich auf eine Warnung **vorbereiten.** Ich sage euch nochmals: vor der Warnung **wird die Verwirrung in der Kirche noch größer sein als jetzt.** Meine Kinder halten an dem fest, was sie erfahren haben... Viele hingebungs-

---

24. 11.04.2019 – An John, einem amerikanischen Katholiken, erging der Ruf des Herrn im Alter von zehn Jahren, da er im Rollstuhl saß. Internet-Seite: Johnmariani.homestead.com

volle Priester treten jetzt in eine Zeit der Verfolgung innerhalb der Kirche ein. Betet für sie, damit sie in dieser Zeit der weltweiten Verfolgung stark sind.«

MARIA, Königin des Friedens zu Sulema[25]
Jetzt kommt die Zeit der großen Verwirrung, in der das Schiff der Kirche in seinen Tiefen erschüttert wird, in der die Gläubigen zersprengt werden. Betet, betet, betet, meine Kinder, damit ihr nicht der Versuchung der Verzweiflung, der Entmutigung und der Angst erliegt. Bereitet euch auf diese Tage des großen Schmerzes, der großen Traurigkeit vor! Nutzt die Zeit, die euch bleibt. Geht zum Heiligen Messopfer, solange ihr noch jeden Tag eine Messe besuchen könnt, denn der Tag naht, da ihr euch nicht mehr jeden Tag vom Brot der Engel, der heiligen Eucharistie[26] ernähren könnt. Die heilige Liturgie wird verändert, ihr werdet wegen eures Glaubens verfolgt werden. Die Verwirrung auf der Erde wird sehr groß sein, denn **die Kinder dieser Welt werden die Glaubenswahrheiten ändern,** die in der Heiligen Schrift und im Evangelium stehen, die mein göttlicher Sohn euch hinterlassen hat.

JESUS zu Linda Noskewicz[27]
Oh, meine Kinder... ihr seid meine Wonne, und ich wünsche euch, dass ihr in der Freude des *Göttlichen Willens meines Herzens verweilt.* Wie die Probleme dahinschmelzen, wenn man sich darauf einlässt!

---

25. *Ich bereite euch auf dieses Ereignis vor: Die Erleuchtung eures Gewissens,* Band 3, Sulema, 06.04.2013, Parvis-Verlag.
26. u.a. in der Pandemie
27. 12.06.2020

Meine Kinder, **die Zukunft wird chaotisch sein.** Euer Glaube wird schwer geprüft werden. Wer schwach ist im Gebet, unbeständig, und Angst hat vor dem Urteil der Menschen, wird nicht bestehen können. Und doch werden sie in ihrer Liebe zu mir stets die Erlösung erhoffen. Ich Bin ein GOTT voll Liebe und ich flehe jede Seele an, sich Mir zuzuwenden. Solange sie zu mir reuigen, aufrichtigen Herzens zurückkehren, verleugne ich sie nicht und wende mich auch nicht von den Eigensinnigsten ab. Ich umarme sie und ich fordere euch auf, auch die zu umarmen, die euch wegen ihres Verhaltens mir gegenüber missfallen... Vertraut meiner Liebe zu euch und sorgt euch nicht um **die chaotischen Zustände in dieser Welt.** Ja, es wird noch schlimmer werden, aber wenn ihr in meinem Göttlichen Willen lebt, seid ihr fröhlich, indem ihr in meinem Licht und stets in meinem Herzen, in meinem Heiligsten Herzen fortbesteht. Meine Kinder, lasst **euch nicht wissentlich in Verwirrung bringen.** Legt eure Herzen in meine liebenden Hände und öffnet euch für den Frieden. Für die Freude, den Frieden und das Licht seid ihr bestimmt. Lasst euch von meiner Liebe auf dem rechten Weg führen, und eure Sorgen werden euch nicht mehr bedrängen. Alle Erschütterungen werden sich in Frieden auflösen. Jede Art der Verwirrung kann vom Bösen unterschieden werden. Meine Schafe, vertraut Mir!

♥

Der ewige VATER zu Maureen[28]

Ich sehe eine große Flamme, die ich als das Herz GOTTES des Vaters erkenne. Er sagt zu mir: Ich Bin euer Vater, der nur euer Bestes will. Ich komme nicht, um für euer Wohlbefinden zu sorgen, sondern zur **Erleuchtung des Herzens der Welt.** Allzu oft schaut ihr nur auf das, was Satan euch als Wahrheit vorgaukelt. Er öffnet dem dritten Weltkrieg die Tür. Hört nicht auf jene, die vom Frieden

---

28. Holy Love Ministries (Werk der Heiligen Liebe), 26.03.2018

reden, ihn aber nicht fördern. Betet für den Mut und die Weisheit der Unterscheidung des Geistes der Lüge. Satan gewinnt die Herzen. Ihr habt keine Zeit, um euch auf eine solche List einzulassen. Die Weisheit ist das Licht der Wahrheit. Wählt dieses Licht anstatt der **Verwirrung** der Mächte der Finsternis. Nur so kann die Menschheit auf dem Weg zum neuen Jerusalem mit Erfolg fortschreiten.

♥

JESUS zu Sulema[29]

Seht meine Kinder, die mächtigste Waffe, die mein Feind derzeit benutzt, ist die Angst, die Furcht und der Stress. Ein verängstigtes Herz, das in der Furcht lebt, verschließt allen Gnaden die Tür. Und ohne Frieden könnt ihr alle diese Prüfungen nicht durchstehen, die zu eurer Läuterung gehören... In dieser Zeit der großen Verwirrung, der Spaltung und der Finsternis bin ich darauf angewiesen, dass ihr Zeugen des Lichtes, des Friedens und Meiner Freude seid. Passt auf! Nicht die Freude dieser Welt ist gemeint, sondern meine FREUDE!

♥

JESUS zu Kinder der Erneuerung[30]

Ich Bin mit dir. Mit der Zeit wird es immer schlimmer. Seid Mein Licht! **Chaotische Zustände werden die Folge sein.** Seid Mein Friede! Der Hass wird in den Herzen jener, die sich Mir widersetzen, stärker werden. Seid meine Liebe. Die Leute werden über ihre verletzlichen oder weniger verletzlichen Mitmenschen herfallen. Seid Werkzeuge der Heilung. **Jetzt ist es angezeigt!** Erinnert euch, dass ich den Sturm in euren Herzen besänftigen kann, wie ich die stür-

---

29. *Ich bereite euch auf dieses Ereignis vor: Die Erleuchtung eures Gewissens*, Band 3, Sulema, 22.03.2013, Parvis-Verlag.
30. Dezember 2019. – Internet-Seite: www.childrenoftherenewal.com

mischen Wogen für meine Apostel geglättet habe. Ich Bin in eurem Boot, es gibt also nichts zu befürchten. Kümmert euch um die Angelegenheiten Meines Vaters, wie ich getan habe, als ich für Meine irdischen Eltern als verloren galt. Am Ziel unseres Vaters soll euch gelegen sein. Meine Mutter wird euch führen und euch anweisen. Hört auf sie. Alles wird gut sein. Mein Schäfchen, meine Mutter wird dir auf der einen Seite die Hand geben und Ich auf der anderen. Meine Engel umgeben euch. Habt keine Angst. Ich werde für euch sorgen.

♥

UNSERE LIEBE FRAU von Anguera-Bahia zu Pedro Regis[31]
Meine Kinder, sucht meinen Sohn Jesus, der euch liebt und euch mit offenen Armen erwartet! Wendet euch nicht von der Wahrheit ab! Ihr lebt in der Zeit **der großen spirituellen Verwirrung.** Schwere Zeiten stehen euch bevor. Gottlose Menschen säen Spreu und Weizen zur Verwirrung der Gläubigen. Passt auf! Es werden viele Wahrheiten verkündet, unter denen es aber Lügen und Halbwahrheiten gibt, um Verwirrung zu stiften. Vergesst nicht, dass die Wahrheit nur in der katholischen Kirche unbehelligt aufrechterhalten wird. Mein Jesus ist am Kreuz für Seine Kirche gestorben. Lasst nicht zu, dass der Teufel euch hinters Licht führt. **Was auch immer geschehe, bleibt bei Jesus und hört auf die wahrhaftige Lehre Seiner Kirche...**

♥

> **Hoffnung braucht Geduld.**
> **Die Geduld das Wissen, dass wir säen,**
> **aber dass es Gott ist, der wachsen lässt.**
> *Papst Franziskus (14.08.2020)*

---

31. 19.02.2019

UNSERE LIEBE FRAU, Königin des Friedens, zu Pedro Regis[32]

Meine lieben Kinder! **Ihr lebt in einer Zeit großer spiritueller Verwirrung.** Beugt eure Knie im Gebet! Ihr werdet noch Gräuel auf Erden sehen. Ich bin deine Schmerzensmutter und ich will dir sagen, dass GOTT es eilig hat. Verlasst nicht den Weg der Umkehr.

Dichte Finsternis hat sich über die ganze Erde ausgebreitet. Sucht das Licht des Herrn auf! Lasst euch vom Heiligen Geist erleuchten und ihr werdet den Sieg davontragen! Passt auf in dieser schwierigen Zeit! Der Teufel wird gegen die gläubigen Männer und Frauen vorgehen. **Eine Zukunft großer Verwirrung steht euch bevor,** und viele werden ihren Glauben verlieren.

Seid guten Mutes, fühlt euch nicht allein gelassen! Mein Sohn Jesus ist an eurer Seite. Tut euer Bestes und ihr werdet euch am endgültigen Triumph meines Unbefleckten Herzens beteiligen. Vergesst nicht: in allem, GOTT an erster Stelle!

♥

Vision von Papst Leo XIII.[33]

Eine Vision ist wie eine von Gott gesandte Prophezeiung, damit der Mensch sich bewusst wird, dass es Satan ist, der am Werk ist, mittels der Menschen, die mächtig wurden dank seiner Macht. Nachdem er die Messe in der Kapelle des Vatikans zelebriert hatte, hielt Leo XIII., von einigen Kardinälen und Mitgliedern des Personals umringt, laut Aussagen dieser Zeugen, am Fuß des Altars plötzlich während ungefähr zehn Minuten inne. Er stand da wie in Trance, sein Gesicht wurde totenbleich. Danach ging er sofort in sein Büro und verfasste das Gebet zum heiligen Erz-

---
32. 26.03.2020
33. 13.10.1884

2. KAPITEL – FINSTERNIS, VERWIRRUNG UND CHAOS

engel Michael und befahl, es überall nach einer stillen Messe zu beten. Dieser Befehl wurde treu befolgt bis zum II. Vatikanischen Konzil, als er auf dem Altar des Modernismus geopfert wurde! Auf die Frage seiner Umgebung, was geschehen sei, erklärte er, dass er plötzlich beim Verlassen des Altarfußes zwei Stimmen hörte, die eine sanft und wohlwollend, die andere aus der Kehle kommend und rau. Die Stimmen schienen aus der Richtung des Tabernakels zu kommen. Er hörte folgendes Gespräch. Die raue Stimme, die Stimme Satans, prahlte voller Stolz vor dem Herrn mit folgenden Worten:

«Ich kann deine Kirche zerstören!»
Die sanfte Stimme des Herrn antwortete:
«Du kannst es? So tue es doch.
– Dazu brauche ich mehr Zeit und mehr Macht.
– Wieviel Zeit?
– 75 bis 100 Jahre, und mehr Macht über jene, die sich meinem Dienst unterwerfen.[34]
– Du bekommst diese Zeit und diese Macht. Tu damit was du willst.»
Später erzählte der Papst, dass er dieses Gespräch von Jesus und dem Satan vor einer erschütternden Vision der Hölle gehört hatte: «Ich habe die Erde gesehen wie in Finsternis gehüllt, in einem Abgrund, aus welchem Legionen von Teufeln entkamen und sich auf der ganzen Erde zerstreuten, um die Werke der Kirche zu zerstören und die Kirche selbst bis aufs Äußerste anzugreifen. Da

---

34. Sicher hatte der Betrüger angenommen, dass es nach zwei Weltkriegen mit der Kirche ein Ende nehmen würde... und obschon er von Natur aus stolz ist, ist er vorsichtig vorgegangen, als er sich eine Periode von 100 Jahren einräumen ließ. Und jetzt sind es 136 Jahre her, was wiederum beweist, dass die Sicht dieses Affen trübe ist, obschon er sich in die Zeit versetzen kann. Das Böse ist unklar, zweideutig! Und das beweist auch, dass der Herr ihm mehr Zeit zugesteht, als er von ihm verlangt hat... Jetzt ist es so weit! *«Aber die Mächte der Unterwelt werden sie nicht überwältigen!»* (Mt 16,18)

erschien der heilige Michael und drängte die bösen Geister in den Abgrund zurück. Dann sah ich den heiligen Erzengel Michael am Werk, nicht sofort, sondern später, nachdem die Menschen ihre flehentlichen Gebete an den Erzengel gerichtet hatten.

♥

Am 31. Dezember 1983 (Hundert Jahre nach der Vision von Leo XIII.) bestätigte die Jungfrau von Medjugorje: «**Die Macht, die Satan besitzt, wird ihm in kurzer Zukunft entzogen werden.** Dieses Jahrhundert stand unter seiner Macht. Da er sich jetzt bewusst wird, dass er den Kampf verlieren wird, wird er angriffslustiger. Er greift die Familien an, entzweit die Eheleute. Er stiftet Spaltungen im Kreis der Priester und der Nationen.»[35]

♥

---

35. Deshalb ist es von grundlegender Bedeutung, Zuflucht zu den Herzen Jesu und Marias zu nehmen, ein Thema, das in Kapitel 7 ausführlicher behandelt wird.

2. KAPITEL – FINSTERNIS, VERWIRRUNG UND CHAOS

**Wenn GOTT den Schatten erschaffen hat,
dann, damit das Licht besser zum Vorschein kommt.**

Papst Johannes XXIII.

♥

Wir sollten keine Menschenangst haben. Wir sind nicht von ungefähr auf dieser Welt. Jede Person wurde nach dem «Bild und Gleichnis» Dessen erschaffen, der der Urheber von allem ist, was existiert. Wir sind zu Weisheit und Tugend fähig.
Mit diesen Gaben und mit der Hilfe der Gnade Gottes können wir für das kommende Jahrhundert und Jahrtausend eine Zivilisation erstehen lassen, die der menschlichen Person würdig ist, eine echte Kultur der Freiheit.
Wir können und wir müssen es tun!
Und bei diesem Bestreben werden wir feststellen, dass die Tränen dieses Jahrhunderts einem neuen Frühling des menschlichen Geistes die Bahn geebnet haben.

Heiliger Johannes Paul II.

EIN LEUCHTTURM IN DER NACHT

UNSERE LIEBE FRAU zu Mirjana[36]
Meine lieben Kinder! Heute rufe ich euch mit mütterlicher Liebe auf, für alle Seelen, die in der Finsternis der Unkenntnis der Liebe GOTTES sind, ein **Leuchtturm** zu sein. Damit eure Leuchtkraft noch strahlender wird, und ihr noch mehr Seelen anziehen könnt, solltet ihr den Lügen, die aus eurem Mund kommen, nicht erlauben, euer Gewissen zum Schweigen zu bringen. Seid vollkommen! Ich führe euch an meiner Mutterhand – eine Hand voll Liebe. Ich danke euch.

♥

Ihr seid meine Zeugen und **ihr werdet die Leuchttürme sein, die die spirituelle Dunkelheit erleuchten, in der sich die große Mehrheit der Nationen befinden.** Meine Vielgeliebten, bereitet euch vor, denn euer Vielgeliebter wird zu euch kommen. Ich werde euch von jedem Makel der Sünde reinigen und euch mit neuen Kleidern ausstatten, um euch Meiner würdig zu machen.[37]

♥

Meine vielgeliebten Kinder! Dies ist Mein Sohn. In eurem Dunkel steht Er vor euch wie das Leuchten der strahlenden Sonne. Nähert euch Meinem vielgeliebten Sohn! Lasst Ihn eure Hände in die Seinen legen, damit Er euch zu Mir, Seinem liebenden und ewigen Vater, führe. Er ist mein vielgeliebter Sohn und Ich liebe, den, den Er liebt; und wem Er verzeiht, dem verzeihe Ich auch.[38]

---

36. Medjugorje, 02.02.2010 – In Neapel in Italien.
37. JESUS, der Gute Hirte, zu Enoch, 16.03.2017.
38. GOTT zu Linda Noskewicz, 27.04.2017

3. KAPITEL
DIE REINIGUNG

«Kleine Warnungen» münden
ein in die «Große Warnung!»

Ah! Die Reinigung! Die Reiter! Die Apokalypse! Das sind Ankündigungen, die Angst einflössen können! In der Tat lösen alle diese Ereignisse tatsächlich Angst aus. Aber, die Angst ist nicht von GOTT. Dieser Aussage setzt die kleine Therese, Kirchenlehrerin, entgegen: «Es ist das Vertrauen und nichts als das Vertrauen, das zur Liebe führt!»[39]

Die Angst ist ein ausgezeichnetes Messinstrument unserer mangelnden Hingabe an GOTT. Sie ist auch ein außerordentlicher Marketing-Motor! Die Medien glauben es: die Angst treibt zum Kaufen. Das konnten wir feststellen beim Ausnutzen des Coronavirus durch die Medien: die Medien informieren uns nach ihrem Gutdünken und bedienen sich dabei auch der Angst. Bedenken wir ebenfalls, dass die meisten der Inhaber dieser Medien sich viel von der Globalisierung erwarten, und so entspricht die Information oft nicht der Wahrheit.

Für den Herrn ist die Stunde gekommen, sein Reich zu errichten. Aber, nehmen wir an, dass das Reich GOTTES sich auf einer Erde ausbreiten kann, die verseucht und dem Bösen unterworfen ist, wie es jetzt der Fall ist? Nein! Die Menschheit befindet sich total unter dem Joch der Sünde und jetzt hat die Stunde des großen Reinemachens geschlagen. GOTT will den Teufel und seine Mächte der Finsternis,

---
39. Briefe von Therese, Nr. 197.

die nunmehr das Ziel verfolgen, die ganze Schöpfung zu zerstören, neutralisieren. Um in diese verlorene Welt wieder Ordnung zu bringen, versucht der Herr seine Geschöpfe wieder an sich zu ziehen, aber viele folgen seinen Weisungen nicht.

Es ist der Wille Gottes, die Herrschaft zu ergreifen, und zwar auf zwei Weisen:

1. Durch den Triumph der Liebe mittels seiner Kenntnisse, seiner Wunder und seiner unermesslichen, unendlich großen Güter, oder
2. durch das Gericht, das heißt die Drangsale, die jene bedrohen, die den Triumph seines Willens nicht wahrhaben wollen. Es wird also erwartet, dass alle Geschöpfe GOTTES wählen, wie sie Seinen Willen befolgen wollen.[40]

Zurzeit ist es ohne das Eingreifen GOTTES unmöglich, den Trend des Verfalls der Erde zu wenden.[41] *GOTT reinigt, nicht weil er uns nicht lieben würde, sondern vielmehr, um uns nicht zu verlieren und um uns mit in die Zeit der Erneuerung der Welt, die er vorbereitet, zu nehmen. Was der Himmel sich wünscht, ist das Große Erwachen des Volkes GOTTES, damit es auf die Glorreiche Wiederkunft Jesu, die kurz bevorsteht, vorbereitet sei. Wir sind von GOTT geliebt, unter Achtung unserer Freiheit. Er wird alles tun, um uns in das Gehege zurückzuholen, freiwillig oder als verlorene Söhne.*

♥

---

40. Luisa Piccarreta, 19.11.1926
41. *L'Echelle prophétique vers le Retour de Jésus-Christ*, Marcel Laflamme, S. 77, Editions du Parvis, (nur auf Französisch erhältlich).

MARIA, Königin des Friedens, zu Sulema[42]

Ihr steht kurz vor der großen Prüfung, vor der großen Bekundung der göttlichen Gerechtigkeit und der göttlichen Barmherzigkeit. Ihr seid bereits mitten in dem, was im letzten Buch der Bibel, der Geheimen Offenbarung, angekündigt wurde.

♥

JESUS, zu Agnès-Marie

Besonders auffallend ist das Ausmaß der Korruption, der Katastrophen und der Kriege. Diese Ereignisse werden verstärkt durch die Meister der Neuen Weltordnung, die die Welt beherrschen wollen, indem sie den Widerstand vernichten und Chaos stiften, um die Menschheit unter ihre Kontrolle zu bringen hinsichtlich ihrer eigenen Bereicherung.

Wirtschaftskrise, Gesundheitskrise, die nächste Krise wird noch schlimmer ausfallen, wenn das gewünschte Ziel nicht erreicht wurde: Sozialkrise, Krieg, Katastrophen von nie gekanntem Ausmaß. Alles zielt darauf ab, die Widerstände auszuräumen und eine Neue Ordnung, die nicht von Mir ist, sondern gegen Mich gerichtet ist, aufzuzwingen.[43]

Demzufolge begeben wir uns auf den Weg des finanziellen Ruins, und da die Welt den Götzen des Mammon abgöttisch verehrt, wird dieser Verlust zu denen zählen, die am schwersten zu ertragen sind. Wenn das Geld keine Macht und keinen Wert mehr haben wird, wird man lernen müssen, mit dem Lebenswichtigsten zu leben und zu teilen.

♥

---

42. *Ich bereite euch auf dieses Ereignis vor: Die Erleuchtung eures Gewissens*, Band 3, Sulema, Parvis-Verlag.
43. Agnès-Marie, Frankreich, 07.05.2009.

JESUS zu seinen Auserwählten[44]

Ihr lebt in einer Epoche, in der die ganze Welt geläutert werden soll, wobei mit Meiner Kirche begonnen wird. Wenn der Vater in Seinem Liebesplan eine oder mehrere Personen auserwählt, um diese Erde zu läutern, überhäuft Er sie mit ganz besonderen Gnaden – so wie es derzeit bei dir und bei allen, die dieses Buch mit einem offenen und aufnahmebereiten Herzen lesen, der Fall ist. Diese Erneuerung geschieht durch die Läuterung der Herzen. Ein Herz, das einen Ruf und Gnaden zur Läuterung empfängt, kann sich nicht weiterhin von den falschen Gedanken der Welt nähren und sich von ihnen beeinflussen lassen, selbst wenn diese Unwahrheiten in einen Teil Meiner Kirche eingedrungen sind. Jeder hat also eine Wahl zu treffen: auf den Ruf und die Gnaden zu antworten, oder dem Weltgeist zu folgen. Beides zugleich ist nicht möglich; man muss sich für das eine oder das andere entscheiden, denn das eine ist dem anderen entgegengesetzt.

♥

MARIA, Königin des Friedens, zu Sulema[45]

Bereitet euch vor, meine Kinder, denn ihr seid bereits in die Endzeit eingetreten. Ihr werdet das Toben der Ozeane erleben, das Meer wird so hoch ansteigen wie noch nie. Große Bergketten werden beben wie nie zuvor. Der Wind wird unbarmherzig sein und alles hinwegfegen, wo er vorbeikommt. Die Natur wird sich mit einer nie dagewesenen Wut entfesseln. Ihr werdet von Grauen und Entsetzen gepackt werden. Ich habe euch mehrmals angekündigt, dass die Rückkehr meines Sohnes in Herrlichkeit jetzt unmittelbar bevorsteht. Betrachtet die Vorboten, wenn ihr es nicht glaubt: Die

---

44. *Meinen Auserwählten zur Freude»*, Léandre Lachance, Band 1, § 23, Parvis-Verlag
45. *Ich bereite euch auf dieses Ereignis vor: Die Erleuchtung eures Gewissens*, Band 3, Sulema, 30.11.2013, Parvis-Verlag.

3. KAPITEL – DIE REINIGUNG

Verbreitung von Irrtümern, die zum Verlust des Glaubens und zum Glaubensabfall führen. Passt auf, lasst euch nicht von falschen Propheten täuschen, die eine große Zahl von Leuten täuschen werden. Denkt daran, dass der Tag des Herrn nicht kommt, bevor der Glaubensabfall sich nicht verbreitet... und bevor die Verfolgung derer, die Jesus und seinem Evangelium treu bleiben, stattfindet. Ich habe euch die schwere Krise der Kirche vorhergesagt, die von diesem großen Glaubensabfall, dem Widerstand gegen den Papst und der Ablehnung seines Lehramtes, kommt. Seht, wie Papst Franziskus derzeit angegriffen wird!

♥

DER HIMMLISCHE VATER zu Tochter der Sonne[46]

Die Mächtigen dieser Welt, die Gesetze erlassen, die den meinen zuwiderlaufen, werden vor das himmlische Gericht geladen; sie tragen große Verantwortung. Wer meine drei Weißen[47] (die Eucharistie, die Jungfrau Maria und der Heilige Vater) mit Füssen tritt, wird es bitter bereuen; ihre Gotteslästerungen werden Wunden in ihren Herzen schlagen. Ich werde für sie das gleiche Maß anwenden, das auch sie gebraucht haben, um meine Kirche zu verwüsten...

♥

JESUS zu Kinder der Erneuerung[48]

Mein Kind, die Welt ändert sich. Man wird mit ihr ins Gericht gehen. Ihr müsst diese Prüfung über euch ergehen lassen, wie ich meine Passion durchgestanden habe. Danach kommt die Auferstehung. Die Zeit der Reinigung wird schwierig sein, aber notwendig.

---

46. 11.04.2009
47. Siehe die Vision des Heiligen Don Bosco über die Verfolgung der Kirche in der Endzeit.
48. 12.04.2020

Hab keine Angst! Ich Bin bei dir. Ich Bin mit Meiner Kirche. Betet! Betet! Betet! Opfert alle eure täglichen Mühsale in Verbindung mit meinem Göttlichen Willen auf! Danke, mein Kind, dass du einer Person, die sich einsam fühlt, meine göttliche Liebe offenbart hast! Daraufhin fühlt sie sich weniger einsam.

DIE REITER DER APOKALYPSE

Die Menschheit bewegt sich auf den Abgrund zu und die Zeit der Widerwärtigkeiten hat schon begonnen. Die Apokalypse wird erfüllt. Die vier Reiter nähern sich rasch und der Laufschritt ihrer Pferde wird großen Jammer und Tod bringen! Diese Reiter sind eine symbolische Darstellung der vier bedauerlichen Aspekte der Welt, die sich zurzeit am Horizont abzeichnen; sie sind in den Versen 1 bis 8 des 6. Kapitels der Offenbarung beschrieben. Alle diese Folgerungen aus den Grundgedanken, diese Plagen, diese Reiter, all das ist miteinander verwoben und überschneidet sich: die Verwirrung, die Folgen der Sünde, der jetzige Zeitabschnitt, aber auch die näheren Umstände der neuen Weltordnung, die sich tückisch abzeichnet... Kurzum: [49]

1. ***Der Reiter auf dem weißen Pferd mit einem Bogen in der Hand:*** *Falscher Christus und Irrlehren* (Offb 6,2)
2. ***Der Reiter auf dem feuerroten Pferd:*** *Krieg* (Offb 6,4)
3. ***Der Reiter auf dem schwarzen Pferd:*** *Hungersnot* (Offb 6,5)
4. ***Der Reiter auf dem fahlen Pferd:*** *Tod und Zerstörung* (Offb 6,8)

Wir wollen uns nicht der Angst preisgeben, denn alles muss in Erfüllung gehen: «Wenn ihr von Kriegen und Unruhen hört, lasst euch dadurch nicht erschrecken; denn das muss als erstes geschehen.

---

49. *L'Echelle prophétique vers le Retour de Jésus-Christ*, Marcel Laflamme, S. 71, Editions du Parvis (nur auf Französisch erhältlich).

3. KAPITEL – DIE REINIGUNG

Aber das Ende kommt noch nicht sofort... Ein Volk wird sich gegen das andere erheben und ein Reich gegen das andere, es wird gewaltige Erdbeben und an vielen Orten Seuchen und Hungersnöte geben; schreckliche Dinge werden geschehen, und am Himmel wird man gewaltige Zeichen sehen...»[50]

Die Zeit der jetzigen Reinigung und die der Erleuchtung der Gewissen sind die letzten Zeiten der Barmherzigkeit GOTTES hinsichtlich unserer Umkehr, unserer Zuflucht zu den Herzen Jesu und Marias. In dieser Zeit wird der Weizen von der Spreu getrennt, und letztere erhält noch bis zum Ereignis eine Chance zur Entscheidung, ob sie zum guten Weizen gehören will oder nicht. Für die guten Christen, die sich für die Radikalität und die Heiligung entscheiden, ist die Zeit der Reinigung auch noch eine außergewöhnliche Zeit, in der sie Seelen gewinnen können. Ohne uns viel Rechenschaft darüber abzulegen, beteiligen wir uns an der Entstehung der Neuen Zivilisation der Liebe, die anbricht. Denn während alles zusammenzubrechen scheint, entsteht lautlos die Neue Kirche, die Neue Zivilisation. Der Neue Frühling ist auf der ganzen Erde am Kommen. Werden wir uns einstweilen der Ereignisse im Rahmen der laufenden Reinigung bewusst, die dem kurz bevorstehenden Ereignis vorausgeht... Und verherrlichen wir GOTT für seine unendliche Liebe!

1. DER REITER DES FALSCHEN CHRISTUS UND DER IRRLEHREN

Der falsche Nachahmer Christi und seine falschen Propheten stiften spirituelle Verwirrung durch eine schwärmerisch-humanitäre Religion, in der jede Person sich selbst einen kleinen Gott zurechtmacht. Diese Widersacher fordern stets offensichtlicher GOTT heraus, machen sich über Ihn lustig, und lenken das Volk von der heiligen

---

50. Lk 21,5-19

Bibel ab. (Jesaja 5,20)*:* «Weh denen, die das Gute bös und das Böse gut nennen, die die Finsternis zum Licht und das Licht zur Finsternis machen.»

♥

MARIA, Königin des Friedens, zu Sulema[51]
Seht, es kommen Tage großer Verzweiflung und Traurigkeit, in denen viele meiner Kinder ihren Glauben aufgeben. Sie werden sich von allen möglichen falschen Lehren beeinflussen lassen und vergessen, dass mein göttlicher Sohn euch gesagt hat, dass Er bis zum Ende der Zeiten bei euch ist. Das bedeutet, dass ihr diesem großen Kampf, der vor eurer Tür steht, nicht allein die Stirn bieten müsst.

♥

JESUS zu Lucie[52]
Meine Tochter! Alles ist Liebe, und der wahre Friede, die wahre Freude sind in GOTT! Ein Hauch von Liebe, ein Wind der Liebe sind im Kommen... Schon fühlst du die Vorboten... Aber der Sturm zieht auf, der Irrsinn der Welt hat seinen Höhepunkt erreicht... Fürchte dich nicht! Höre inmitten all dieser Aufruhr das sanfte Pfeifen des Hirten... Er ruft seine Schafe. Ich Bin der Gute Hirte. Sie sollen alle in mein Herz kommen, das ist ihr Heimatshafen! Fürchtet GOTT und zollt dem Allmächtigen Respekt, aber habt keine Angst vor der LIEBE. Das Wort, das ich dir gebe, ist ein Hauch der Liebe, der über die Seelen hinwegzieht. In manchen bewirkt er Beruhigung und Trost. Andere setzt er in Brand. Noch

---

51. *Ich bereite euch auf dieses Ereignis vor: Die Erleuchtung eures Gewissens*, Band 3, Sulema, 18.02.2013, Parvis-Verlag.
52. Internet-Seite: Oeuvrecoeurcroix.free.fr (Oktober 2019)

andere werden entzündet. Und es gibt auch jene, die erleuchtet werden und sich freuen. Alle sind, im Verhältnis ihrer Bedürfnisse, entzückt. Wie ich dir gesagt habe, die Welt bedarf der Liebe, aber, **von schlechten Geistern geführt, die falsche Lehren verbreiten,** wird sie getäuscht. Und so verirrt sie sich... Deshalb öffne ich in diesen Zeiten in einem letzten Aufwallen der Liebe mein Herz ganz weit, damit mein Geist der Liebe sich in alle Herzen ergieße. Mein Kind, schau! Das ist die Majestät deines GOTTES!

♥

JESUS zu Maria Valtorta[53]

Wie ein Quellbrunnen werde Ich inmitten Meiner wiederversammelten Herde stehen. Ich werde Meinen Geist über alle Erlösten der Erde ausbreiten. Ich, der König der Gerechtigkeit und Weisheit, werde die Götzenbilder der falschen Lehren zerstreuen, die Erde von den falschen Propheten reinigen, die euch in so viele Irrtümer hineingerissen haben. Ich werde Mich selbst an die Stelle aller Gelehrten, aller mehr oder weniger schlimmen Propheten setzen. Ströme von Licht und Gnade werden aus Meinen Wunden hervorgehen, aus denselben Wunden, die den Gottessohn getötet haben, die Menschheit aber heilen werden. Die lebendigen Karfunkelsteine Meiner Wunden werden den Unbußfertigen, den Halsstarrigen, den Satansknechten ein Schwert sein, den «Kleinen» jedoch, die Mich als liebenden Vater lieben, wie eine Liebkosung.

Diese Liebkosung Christi wird auf ihre Schwachheit niedersteigen und sie stärken, und Meine Hand wird sie zu der Prüfung geleiten, die nur der, der Mich in wahrer Liebe liebt, besteht. Ein Drittel. Aber dieses wird würdig sein, die himmlische Stadt, das Reich Gottes, in Besitz zu nehmen. Dann komme Ich nicht mehr als

---

53. *Die Hefte 1943*, Maria Valtorta, 11.12.1943, Parvis-Verlag.

Lehrer, sondern als König, um Meine Streitende Kirche in Besitz zu nehmen, die dann die Eine und Allgemeine sein wird, wie Mein heiliger Wille es gewollt hat.

♥

Die MADONNA von Trevignano Romano zu Gisella Cardia[54]

Meine Vielgeliebten! Danke, dass ihr euch hier an diesem gesegneten Ort versammelt habt und meinem Ruf in euren Herzen nachgekommen seid. Meine vielgeliebten Kinder, nutzt diese Zeit, um euch GOTT zu nähern, nicht nur durch das Gebet, sondern indem ihr eure Herzen öffnet. Ich bin wieder hier, um euch zu unterrichten über das, was auf euch zukommen wird, über all das, was für diese Menschheit vorbereitet wurde und über das Treffen mit dem Antichristen, der sich bald als Retter offenbaren wird. Meine Kinder, alles bricht zusammen; der Schmerz wird groß sein. Wenn ihr Jesus nicht in euer Herz einlasst, könnt ihr nicht im Frieden, in der Liebe und in der Freude sein und schwierige Situationen meistern. Meine Kinder, vielleicht habt ihr noch nicht verstanden, dass ihr **am Anfang der Apokalypse lebt!** Betet für die Kirche, die mir so teuer ist, auf dass sie bald in Verbundenheit und Liebe zu GOTT erneuert werde. Betet für Japan. Heute werdet ihr viele Gnaden empfangen; das wird das Zeichen meiner Gegenwart sein. Jetzt verlasse ich euch und spende euch meinen mütterlichen Segen, im Namen des Vaters, des Sohnes und des Heiligen Geistes. Amen. Die Jungfrau trug einen rosaroten Mantel und einen weißen Schleier; auf ihrer linken Hand befanden sich drei Rosenkränze.

♥

---

54. 03.06.2020 – Während des Rosenkranzgebets hat ein «Sonnenwunder» stattgefunden; es wurde gefilmt. Youtu.be/PS-PpH2pSXI

UNSERE LIEBE FRAU, Königin des Friedens, zu Pedro Régis[55]

Liebe Kinder, der Weg zur Heiligkeit ist mit Hindernissen übersät, aber vergesst nicht, dass der Weg zum Himmel über den Kalvarienberg geht. Ohne das Kreuz zu tragen, könnt ihr nicht in den Himmel kommen. Öffnet eure Herzen und nehmt den Willen GOTTES für euer Leben an. Die Menschheit hat sich vom Schöpfer abgewandt und beschreitet Wege der Zerstörung, die die Menschen eigenhändig vorbereitet haben. **Der Rauch des Teufels hat sich überall verbreitet und viele meiner armen Kinder gehen umher wie Blinde, die von Blinden geführt werden.** Vergesst nicht: in euren Händen, der Rosenkranz und die Heilige Schrift, in euren Herzen, die Liebe zur Wahrheit! Eine schmerzhafte Zukunft steht euch bevor. **Im Haus GOTTES wird Zwietracht herrschen und die Geweihten werden sich im Kriegszustand befinden. Reicht mir eure Hände und ich werde euch zum Großen Sieg führen.** Sei mutig! Du bist nicht allein! Mein Jesus geht an deiner Seite. Los, ohne Angst! Das ist die Botschaft, die ich euch heute hinterlasse im Namen der Allerheiligsten Dreifaltigkeit.

♥

Prophetische Worte des heiligen Charbel (Mittlerer Orient)

Der Weg zu eurem Kalvarienberg in diesem Teil der Welt ist lang und in diesem Orient tragt ihr das Kreuz Christi auf euren Schultern. Ihr habt viele Feinde, weil sie Gegner des Kreuzes sind. Betrachtet sie nicht als eure Feinde; redet stets mit ihnen über das Kreuz, auch wenn sie euch deswegen feindlich gesinnt sind. Die kommenden Monate und Jahre werden sehr schwierig sein, sehr hart, bitter, und so schwer wie das Kreuz. Ertragt sie im Gebet. Euer Gebet gehe aus eurem Glauben hervor, die Hoffnung

---

55. 13.06.2020

aus eurer Geduld, und das Kreuz möge eure Liebe zum Wachsen bringen. Die ganze Erde wird unter dem Zeichen der Gewalt stehen. Der Planet wird unter den Messerstichen der Ignoranz und des Hasses leiden. Alle die euch umgebenden Völker werden unter der Last des Leidens schwanken; die Angst wird sich auf der ganzen Welt verbreiten wie ein Sturm; Traurigkeit wird aus den Herzen aller quellen. Unwissende und feindliche Menschen werden das Los ihrer Völker bestimmen; wegen des blinden Grolls, den sie «Gerechtigkeit» nennen und der traurigen Unkenntnis, die sie als «Glauben» bezeichnen, werden sie sie in große Not und in den Tod führen. In allen Himmelsrichtungen werden Rachsucht und Ignoranz vorherrschen. Widersetzt euch und steht, wie Petrus, fest im Glauben und in der Barmherzigkeit. Das Angesicht der Welt wird sich ändern, aber ihr werdet am Antlitz Christi festhalten. Grenzen, Gemeinschaften und Staatsordnungen werden aufgehoben und neu bestimmt, die Völker werden unter der Last des Feuers und der Eisen wanken, aber ihr werdet eure grenzenlose Liebe aufrechterhalten. Haltet eure kirchliche Gemeinschaft bei; eure Regel sei das Evangelium.

♥

MARIA, Königin des Friedens, zu Sulema[56]

Öffnet euer Herz, um die Gnaden aufzunehmen, die euch helfen, diese neue Etappe zu durchqueren, die vor euch steht, und bittet um die Einsicht, denn sie wird unentbehrlich sein. Ihr seid von falschen Lehren, von Lügen und Schwärze umgeben, denn derzeit steckt die Welt in einer großen Verwirrung. Deshalb bereite ich euch vor und lehre euch, im Frieden zu sein und zu beten.

♥

---

56. *Ich bereite euch auf dieses Ereignis vor: Die Erleuchtung eures Gewissens*, Band 3, Sulema, 22.06.2013, Parvis-Verlag.

3. KAPITEL – DIE REINIGUNG

MARIA zu Maria Esperanza Madrano[57]
Die Einheit ist dringend notwendig, besonders im Kreis der Priester. Wir müssen mehr denn je geeint sein. Die Kirche ist heilig, makellos, vollkommen, aber die Menschen können unvollkommen, sündig und schwach sein. Aber niemand kann die Kirche zerstören. Es wird jedoch versucht werden. Die Kirche wird angegriffen werden, indem die Priester angegriffen werden, um die Kirche zu schwächen. Deshalb bitte ich euch für die Priester zu beten. Sie sind heilig. Sie sind die Lichtquellen der Welt.

♥

UNSERE LIEBE FRAU, Königin des Friedens, zu Pedro Régis[58]
Meine lieben Kinder! Die Menschheit entfernt sich vom Schöpfer und meine armen Kinder gehen umher wie die Blinden, die andere Blinde führen. Schwierige Tage stehen bevor und das Leid der Gerechten wird groß sein. Betet viel für die Kirche! Die Kirche wird verfolgt werden. Die Menschen werden sie angreifen, sie widerlegen, ihre Lehre verwerfen; groß wird das Leid der Treuen sein.

♥

JESUS zu Mgr. Ottavio Michelini[59]
Alle werden sich bewusst, dass die jetzige Lage der Völker und meiner Kirche äußerst widersprüchlich und auf gefährliche Weise elektrisch geladen ist. Alle stellen fest, dass düstere, drohende Wolken am Horizont aufziehen. Dank einer eigenartigen,

---

57. Am 31. Januar 2010 hat Mgr Paul Bootkoski der Diözese Metuchen N.J., einen Gottesdienst zur Eröffnung des Seligsprechungsprozesses von Maria Esperanza Bianchini gefeiert.
58. 17.10.2009
59. *Die Menschheit an der Schwelle ihrer Befreiung*, Offenbarungen Jesu an Priester und Gläubige, Msgr. Ottavio Michelini, Parvis-Verlag.

geheimnisvollen und von der göttlichen Vorsehung anberaumten Intuition, machen sich alle auf derart wichtige Ereignisse gefasst, dass sie den Lauf der Geschichte ändern könnten. In dieser angespannten Atmosphäre, die gekennzeichnet ist durch Feuersbrünste hier und dort, bemühen sich Regierende, Politiker, Vertreter der Kultur. In einem Klima von Intrigen und Komplotten versuchen Kirchenvertreter mit den Großen der Welt die Übel zu bekämpfen, die sie zum Teil selbst verursacht haben... **Die Schicksalsstunde der Welt und der Kirche wird bald schlagen.**

— ♥ —

2. DER REITER DES KRIEGES

Der zweite Reiter kündigt furchtbare Kämpfe an, die in nächster Zeit stattfinden werden; interne Aufstände und ein dritter Weltkrieg stehen bevor.

Der ALLERHÖCHSTE zu seiner Kleinen Tür der Morgenröte[60]
Die Nationen werden sich gegenseitig befeinden. Die Stunde hat geschlagen. Alles wird heillos kippen. Die Zeit ist erfüllt. Meine kleinen Kinder, Der Ich Bin wird euch in Gewahrsam nehmen.

♥

MARIA, Königin des Friedens, zu Sulema[61]
Schaut umher, es gibt Kriegsdrohungen in verschiedenen Teilen der Welt! Deshalb bitte ich euch mit so großem Nachdruck, für

---

60. Auszüge, 29.06.2017
61. *Ich bereite euch auf dieses Ereignis vor: Die Erleuchtung eures Gewissens*, Band 3, Sulema, 30.11.2013, Parvis-Verlag.

den Frieden in der Welt zu beten. Habt keine Angst, wenn ihr von Kriegen hört, das muss geschehen. Das Böse wird sich derart verbreiten, dass die Völker gegeneinander kämpfen werden. Nation gegen Nation. In eurer Zeit erfüllt sich die Botschaft, die ich euch in Fatima gegeben habe: Die große Strafe, die diese arme Menschheit treffen wird. Ihr werdet begreifen, wie wichtig diese Botschaft für die Kirche und für die ganze Menschheit ist, denn sie betrifft das Ende der Zeiten, das heißt, die Vorbereitung der Wiederkunft meines Sohnes Jesus in Herrlichkeit.

♥

Eine große Katastrophe droht der ganzen Welt. Die Großmächte sind in einem Rüstungswettlauf begriffen. Die atheistische Supermacht des **Kommunismus** wird die noch freien Länder überfallen. Italien wird das erste sein.[62][63]

♥

JESUS und MARIA zu Luz Amparo (Escorial)[64]
Der Planet Erde steht kurz vor seiner Zerstörung. Wie viele **Seelen können gerettet werden** durch Gebete und Opfer! Viele **Seelen werden verdammt, weil niemand für sie betet. Redet den Leuten von GOTT und verbreitet die Botschaften eurer Mutter in der ganzen Welt!**

Russland ist die Geißel der ganzen Menschheit; betet, dass dieses Land sich bekehrt! Es hat vor, die Menschheit mit Atomwaffen zu

---

62. Josef Auricchia, 25.09.2011
63. Viele Hinweise der Aktualität zeigen uns, welch einen Druck China zurzeit auf die ganze Welt ausübt, und mehrere Länder schließen mit diesem Land Bündnisse hinsichtlich der Aufteilung der Weltmacht ab.
64. 20.01.1983

zerstören. Dank eurer Gebete und eurer Opfer kann es sich bekehren. Ihr werdet für eure Opfer belohnt. Erinnert euch an die Worte GOTTES: alle, die Seelen retten, retten ihre eigene. Fürchtet euch nicht; handelt in Demut, ohne zu zögern! Seid Apostel der Endzeit! Ihr müsst **vielen Seelen helfen, die in großer Gefahr sind.** Meine Tochter, **schau mein Herz, es ist voller Dornen. Welch einen Schmerz muss es für alle seine Kinder, unbeachtet der Rasse, ertragen!**

♥

MARIA, Königin des Friedens, zu Sulema[65]
Betet, betet, betet, um die Folgen dieses noch nie zuvor dagewesenen Krieges zu mildern, der mehrere Nationen auslöschen wird. Alles kann von einem Augenblick zum anderen kippen. Nehmt meine Rufe und meine Worte ernst! Es wird entsetzlich sein, meine Kinder; für einige Nationen wird es ein Grauen sein. Denn es wird ein Atomkrieg sein, der die Ausrottung eines großen Teils der Menschheit zur Folge hat. Helft mir, ich will euch retten! Ich will euch nicht leiden sehen.

♥

GOTT Vater zu Lec von den Philippinen[66]
Der Ausbruch eines sehr großen Krieges wird die ganze Welt in Panik versetzen; euer Finanzsystem wird zusammenbrechen.

♥

---

65. *Ich bereite euch auf dieses Ereignis vor: Die Erleuchtung eures Gewissens*, Band 3, Sulema, 10.08.2013, Parvis-Verlag.
66. 18.06.2008

3. KAPITEL – DIE REINIGUNG

Der ewige VATER zu Maureen[67]

Meine Kinder! Ihr müsst euch bewusst sein, dass für jeglichen Sieg der Kampf zuerst erkannt werden muss. In diesen Zeiten ist das menschliche Herz das Schlachtfeld. **Zwischen Gut und Böse spielt sich ein beständiger, intensiver Kampf in jedem Herzen ab;** es ist ein Kampf, den die meisten nicht einmal erkennen. Jene, die den Kampf verloren haben, versuchen, die andern davon zu überzeugen, dass das Gute das Böse ist und das Böse das Gute. Ihre Waffe ist die Verwirrung, indem sie versuchen, den Kampf für Satan zu gewinnen. **Ihr müsst stets auf eurer Hut sein, um diesen Krieg zu gewinnen!** Wenn ihr euch nicht mehr verteidigt, nützt Satan diese Zeit zu seinen Gunsten aus. Der Ausgang dieses Krieges ist für den Platz der Seele in der Ewigkeit bestimmend. Viele Seelen sind von dem Sieg oder der Niederlage betroffen. Ganze Nationen stiften sichtbare Kriege in der Welt an. **Millionen Menschen werden durch überhebliche Führer getäuscht.** Ehe es in der Welt zum Frieden kommt, muss der Kampf zwischen Gut und Böse in den Herzen durch die Wahrheit und die Gerechtigkeit gewonnen werden – ein Friede, der über alle Sünden, über den Neid und egoistische Ruhmsucht erhaben ist.

♥

JESUS zu Julie Whedbee[68]

Ihr werdet von Kriegen hören, und Nachrichten über Kriege werden euch beunruhigen. Gebt acht, lasst euch nicht erschrecken. **Das muss geschehen. Es ist aber noch nicht das Ende. Denn ein Volk wird sich** gegen ein anderes erheben, ein Königtum gegen ein anderes. An verschiedenen Orten wird es zu Erdbeben kommen; es wird Hungersnot geben. Das wird erst der Beginn der Leiden sein.

---

67. Holy Love Ministries (Werk der Heiligen Liebe), 09.01.2020.
68. 29.08.2014

Euer Heiliges Herz JESU zu Sulema[69]

Verschließt euer Herz nicht, sondern hört auf die Stimme des Herrn, der euch vor der großen Gefahr warnt, die euch auflauert. Jetzt kommt die Stunde der Finsternis, das Erwachen des großen roten Drachens des Kommunismus.[70] Er benutzt den Krieg und das Blut als Werkzeug. Mit dem Feuer, das aus seinem Mund kommt, wird er die Erde verschlingen. Betet für den Frieden auf der Welt und tut Busse, meine Kinder, denn die große Prüfung kommt für die ganze Menschheit. Das hat meine heilige Mutter euch in Fatima prophezeit, und das gehört zu dem Geheimnis, das euch nicht enthüllt wurde. Darin kündigt sie euch an, dass die Welt durch den Krieg, den Hunger und die große Verfolgung gegen die Kirche und den Heiligen Vater gestraft wird. Deshalb bat sie um die Weihe Russlands und um die Sühnekommunion an den ersten Samstagen des Monats, um all das zu vermeiden.

♥

JESUS zu Catalina Rivas[71]

Meine Herrschaft ist viel näher als ihr alle erahnen könnt. Aber vorher werden die Menschen sich gegenseitig zerstören wegen der grenzenlosen Begierde nach Macht, Reichtum und wegen der Herrschsucht. Der Mensch hat mein Gebot vergessen und stürzt sich in einem zügellosen Lauf in seinen bevorstehenden Untergang.

♥

---

69. *Ich bereite euch auf dieses Ereignis vor: Die Erleuchtung eures Gewissens*, Band 3, Sulema, 04.10.2013, Parvis-Verlag.
70. Der rote Drache bedeutet hier den Kommunismus (atheistischer Materialismus). Gemäß einem Artikel, der am 30. April 2020 in dem ernst zu nehmenden Magazin von Quebec *L'Actualité* erschienen ist, wird China demnächst in der UNO mit der Verteidigung der Menschenrechte beauftragt.
71. 14.01.1996

3. KAPITEL – DIE REINIGUNG

Wir haben es heute mit dem größten Kampf der Menschheit zu tun. Ich glaube nicht, dass die christliche Gemeinschaft das in seinem ganzen Ausmaß verstanden hat. Wir stehen heute vor dem Endkampf zwischen Kirche und Anti-Kirche, zwischen dem Evangelium und dem Anti-Evangelium.[72]

— ♥ —

3. DER REITER DES WIRTSCHAFTLICHEN ZUSAMMENBRUCHS UND DER HUNGERSNOT

Der dritte Reiter steht für eine weltweite Hungersnot, die sich im Zusammenhang mit der Verarmung und den Naturkatastrophen ereignen wird. Sogar die Natur reagiert auf die Sünden der Menschen. Die Erde lehnt sich angesichts der Vielzahl der Sünden auf. Diese Problematik spielt sich im Rahmen eines Wirtschaftszusammenbruchs ab. Die Botschaften verkünden es, aber auch Wirtschaftswissenschaftler, die auf mehrere Faktoren hinweisen, auf Grund derer man schließen kann, dass die Börse, die seit der Krise von 2008 voll im Schwung ist, nur noch «auf geborgte Zeit» funktioniert.

♥

JESUS zu Enoch[73]
Der totale Zusammenbruch der Wirtschaft steht bevor; das Geld wird wertlos werden. Viel Reichtum wird verloren gehen und im Staub enden. Viele werden um ihre Reiche bangen. Das Wasser wird an vielen Orten immer knapper werden und viele Nationen

---
72. Kardinal Karol Wojtyla, zukünftiger Johannes Paul II., 09.11.1976.
73. 20.01.2013

werden unter Hunger und Durst leiden. Die Stürme des Krieges rücken heran. Die Boten des Bösen beabsichtigen, den Frieden zu untergraben, um dem Antichristen den Weg vorzubereiten und auf Erden seine Staatsform der Versklavung und der Unterjochung der Nationen einzuführen.

♥

Maria Esperanza im Gespräch mit ihrem Engel[74]
Auf meine Frage, wie die Reinigung bewerkstelligt werde, antwortet er, das sei sehr einfach, weil unsere Gesellschaft auf viele sehr anfällige Faktoren, wie Energie und Transport, angewiesen sei.

– Engel, was würde passieren, wenn diese sehr komplexen und heiklen Wirtschaftssysteme anfangen würden, sich aufzulösen?
– «Wir haben eine Gesellschaft von grausamen und egoistischen Leuten gebildet und gerade die Natur dieser Gesellschaft wird betroffen sein.» Er hat mir gezeigt, was passieren wird: die Leute werden in den Geschäften die Ware stehlen, sich gegenseitig fast umbringen, um zu Benzin und Reifen zu kommen und folglich wird das System zusammenbrechen und es wird sich im Chaos wiederfinden.

♥

JESUS-EUCHARISTIE zu Sulema[75]
Die Welt geht einem sehr großen wirtschaftlichen Chaos entgegen. Ihr werdet lernen müssen, nur mit dem Wesentlichen zu leben und

---

74. *The Bridge to Heaven: Interviews with Maria Esperanza of Betania*, von Michel Harold Brown, Queenship Publishing, 2003.
75. *Ich bereite euch auf dieses Ereignis vor: Die Erleuchtung eures Gewissens*, Band 1, Sulema, 15.12.2010, Parvis-Verlag.

zu teilen. Nicht weil GOTT will, dass es so sei, sondern weil der Mensch alles zerstört hat!

— ♥ —

DIE HUNGERSNOT

Heiliger Johannes Bosco (Prophezeiung)[76]
Von Süden kommt der Krieg, von Norden kommt der Friede. GOTT wird Frankreich dreifach strafen: Bei der ersten Heimsuchung durch Niederlagen, durch Ausplünderung und durch die Vernichtung der Ernte, der Tiere und der Menschen. Bei der zweiten Strafe wird Paris Hunger leiden; die Einwohner werden mit Schrecken und Angst erfüllt werden. Das Pantheon wird in Schutt und Asche gelegt werden. Bei der dritten Strafe wird diese Stadt in fremde Hände fallen, die Paris niederbrennen und in einen Ruinenhaufen verwandeln werden. Aber der Papst wird dem Kriegshelden aus dem Norden, dessen schwarzes Banner weiß werden wird, entgegentreten. Er und die Seinen werden dem Papst die Ehre erweisen.
Italien wird verwüstet werden, unter Hunger, Pest und Krieg leiden. Rom wird vierfach bestraft werden: Zuerst werden seine Ländereien und seine Bewohner erschüttert. Die zweite Strafe wird Vernichtungen bringen bis an seine Mauern. Bei der dritten Strafe werden Abwehr und Streitkräfte zerstört. Terror wird herrschen und Verwüstung. Die Geißeln der vierten Heimsuchung werden Krieg, Pest und Hunger sein. Rom wird ein Trümmerhaufen werden. Der Teufel wird Uneinigkeit zwischen den Ratgebern des Papstes stiften.

---
76. *Le temps qui vient selon les prophéties*, José Luis de Urrutia, Editions François-Xavier de Guibert (nur auf Französisch erhältlich)

Unsere Mutter MARIA zu Anna-Marie[77]

Dieser Bitte haben zahlreiche Menschen Folge geleistet, und ich möchte, dass sie es auch weiterhin tun. Ich ersuche alle Apostel, auch weiterhin für ihre eigene Nation zu beten. **Eine große Hungersnot zeichnet sich am Horizont ab.** Jene, die jetzt beten und sich darauf vorbereiten, werden vor den schlimmsten Auswirkungen verschont werden. Opfert den kostbaren Leib und das Blut meines Göttlichen Sohnes zur Abschwächung der großen Hungersnot, die fast alle Nationen bedroht, auf.

♥

MARIA, Königin des Friedens, zu Sulema[78]

Weltweit und auf allen Kontinenten wird es eine große Hungersnot geben, die von den verheerenden Kriegen und Naturkatastrophen verursacht wird. Auch Seuchen werden sich ausbreiten. Andererseits werdet ihr sehen, wie die göttliche Vorsehung des dreimal heiligen GOTTES dank der Großzügigkeit der Kinder des Lichtes vorsorgt.

Noch nie zuvor war eine Generation so böse wie die derzeitige, die alle Grenzen überschritten hat. Der Mensch hat alles zerstört, da er sich vom Geist des Bösen beeinflussen ließ. Wenn die Weltwirtschaft zusammenbricht, stellt die Verschlechterung der gesellschaftlichen Situation sich schnell ein. Der weltweite Hunger wird vor eurer Türe stehen, überall wird es Naturkatastrophen geben. Ich warne euch, damit ihr aufpasst, damit ihr euch von nichts und niemandem beeinflussen oder ablenken lasst, damit ihr euch dem Heiligsten Herzen Jesu und meinem Unbefleckten Herzen weiht.

---

77. 14.06.2015
78. *Ich bereite euch auf dieses Ereignis vor: Die Erleuchtung eures Gewissens*, Band 1, Sulema, 05.03.2011, Parvis-Verlag.

3. KAPITEL – DIE REINIGUNG

Wir werden euer Zufluchtsort sein, denn ich bin die Arche des Neuen Bundes.[79]

Schaut umher, die Natur enthüllt euch gerade, dass etwas geschehen wird, und auch da begreift ihr nichts, Die Zeichen am Himmel werden intensiver werden, die Sonne wird euch völlig überraschen. Passt auf, meine Kinder, ihre Strahlen werden sehr gefährlich sein. Schaut, wie die Bäume, die Pflanzen, das Gras infolge der Gewalt der Sonnenstrahlen bereits verbrannt sind. Die Tage werden heißer und die Nächte kälter werden. Was ist die Folge, meine Kinder? **Der Hunger wird sich auf der ganzen Welt ausbreiten.**[80]

♥

JESUS zu Enoch[81]
Der Reiter der Hungersnot leert seinen Kelch über die Bewohner der Erde. Meine Kinder! Ich sage euch noch einmal: seid bereit, denn die Zeit der Knappheit und der Dürre steht kurz bevor.

♥

Euer VATER zu Enoch[82]
Wie zu Ägyptens Zeiten **naht eine große Hungersnot,** Seuchen und unheilbare Krankheiten werden auftauchen und einen großen Teil der Menschheit auslöschen. Die Technologie des Todes wird

---

79. *Ich bereite euch auf dieses Ereignis vor: Die Erleuchtung eures Gewissens,* Band 1, Sulema, 19.04.2011, Parvis-Verlag.
80. *Ich bereite euch auf dieses Ereignis vor: Die Erleuchtung eures Gewissens,* Band 1, Sulema, 13.07.2012, Parvis-Verlag.
81. 13.10.2012
82. 20.04.2015

es sich nicht nehmen lassen, den Menschen selbst zu töten. Mein Volk! Der Stolz und die Gier nach Macht werden Krieg hervorrufen und somit zu Tod und Verzweiflung führen... Tod wird sich an mehreren Orten einstellen, die Luft des Planeten wird verseucht sein und die Wissenschaft des Menschen wird nichts ausrichten können. Meine Schöpfung wird gegen den Menschen aufbegehren wegen der so vielen schlechten Behandlungen und des ihr zugefügten Missbrauchs; Strahlungen werden ganze Regionen verwüsten und meine Geschöpfe werden Missbildungen davontragen, die Vögel werden mit den Meerestieren sterben und die Erde wird nur schlechte Früchte hervorbringen... Mein Volk! Wache aus deinem Halbschlaf auf, denn **die Könige dieser Welt bereiten sich auf den Krieg vor;** die Zerstörer sind schon startbereit und die eisernen Vögel fliegen schon; alles ist bereit und geplant, um meine Schöpfung in Trauer zu versenken und die menschliche Bevölkerung zu dezimieren...

Mein Volk, bereite dich vor, denn der Kriegsschrei ergeht schon; meine Mutigen, bereitet euch vor und stimmt Siegesgesänge an, denn der Tag eurer Befreiung ist nah!

♥

JESUS zu Agnès-Marie[83]

An mehreren Stellen des Globus sind große Erdbeben kurz davor auszubrechen. Ihr werdet erschüttert werden, euer Haus wird vor euren Füssen in Trümmern liegen und ihr werdet es nicht glauben können, denn euer Geist kann die Wirklichkeit nicht mehr fassen. Er ist entstellt nach so vielen Jahren der Propaganda durch eure Medien, aber ihr wolltet euch ja nicht für mich, die Einzige Quelle der Wahrheit, die Ich Bin, entschließen. Kriege, Erdbeben, Orkane, Tsunamis, Feuer, Hagel, Sturmwind, Über-

---

83. *Joie de Dieu*, Band 3, Agnès-Marie, 24.03.2011, Editions Résiac (nur auf Französisch erhältlich).

schwemmungen, Schlamm, Lava, Asche, **Hungersnot,** Verzweiflung, Chaos, das alles steht euch bevor... und ihr habt es schon! Ja, das steht vor euch. Noch immer erfahrt ihr die Wahrheit nicht; die Medien verschweigen euch wissentlich die Zeichen, dessen, was Ich, euer Gott, nicht scheue, euch anzukündigen. Aber, ihr werdet die Anzeichen ihrer Angst sehen. Denn sie glauben, ganz auf dem Sicheren zu sein, sind aber nun nicht mehr ganz davon überzeugt. Bald werdet ihr an den Börsen die Folgen feststellen können. Ihr künstlicher Wohlstand, der, unbeschadet der Weltereignisse, auf der Annahme ihrer Sicherheit beruht, bröckelt ab und wird rissig. Meine Kinder, ich rede von jenen, die sich als die Herren der Welt ausgeben, und es nur in ihrem Wahn sind, denn Ich, Ich Bin der Herr der sichtbaren und unsichtbaren Welt! Durch dieses Erdbeben habe ich ihre künstliche Sicherheit ausgeräumt. Ich habe ihren falschen Glauben, der aus ihrem Stolz hervorgeht, erschüttert. Ich habe ihre Vorhersagen Lüge gestraft und ich werde ihren Meister zwingen, sich früher als erwartet zu zeigen. **Verfolgt die Zeichen dieser panischen weltweiten Aufregung,** und ihr werdet merken, dass ich euch die Wahrheit verrate, wie nur Ich es tun kann. Aber vorher werden die Völker und die Nationen, die ich für mich gewinnen will, um aus ihnen meine Nationen zu machen, von Widerwärtigkeiten, dem Kometen, und der Finsternis heimgesucht.
Gewisse Grenzen werden geändert werden, gewisse Nationen werden verschwinden; andere werden sich, auf meinen Befehl hin, neu bilden. Meine Kinder, freut euch, ja, freut euch, denn ihr lebt in GOTTES Zeiten, Zeiten wie sie noch nie erlebt und von den euch vorausgehenden Generationen sehnlichst erwartet wurden...

♥

GOTT Vater zu Maureen[84]

Jetzt ist die Zeit angebrochen, in der der Antichrist offensichtlicher seine Finger in das Herz der Welt legen wird. Jene, die sein teuflisches Programm kennen, werden die Beweise seiner Identität deutlicher sehen sowie diejenigen, die er gebrauchen wird, um sein Reich aufzubauen. In der Vergangenheit habt ihr seine Diener kommen und gehen gesehen – Hitler, Mussolini – und manch andere. Ihre Taten haben für das Böse gesprochen, das sie unter dem Joch Satans gefesselt hielt. Beobachtet nun die Nationen, die von dem gleichen Übel heimgesucht werden. Betet für seine Niederlage.

— ♥ —

4. DER REITER DER PEST, DES TODES UND DER VERWÜSTUNG

Wir sind beim vierten Reiter angelangt, der infolge der drei ersten Boten von Krieg, Hungersnot, Naturkatastrophen und eine große Welle von Epidemien und Krankheiten, Tod und Verwüstung bringt.

UNSERE LIEBE FRAU, Königin des Friedens, zu Pedro Régis[85]

Liebe Kinder! Wendet euch Dem zu, der euch liebhat und euch beim Namen ruft. GOTT erwartet viel von euch. Dies ist wahrhaftig die beste Zeit, umzukehren und sich mit Ihm zu versöhnen. Die Menschheit erlebt starke Spannungen und bewegt sich einem tiefen Abgrund zu. Die Kräfte der Natur erzeugen **noch nie da gewesene Erscheinungen**. Gegenstände werden von der Erde in

---

84. 11.08.2020
85. 31.10.2009

die Luft geschleudert mit einer Kraft, die die Menschen sich nicht erklären können. Aus den Tiefen der Erde werden Kräfte aufsteigen, die die Menschen verängstigen werden, aber ich kann euch versichern, dass GOTT sein Volk nicht im Stich lässt. Ihr werdet Dinge sehen, die noch kein Menschenauge geschaut hat.

♥

JESUS zu Tochter der Sonne[86]

Hier und da werden Plagen die Welt heimsuchen, Naturkatastrophen, Überschwemmungen, Orkane; Attentate werden mit mörderischer Gewalt aufeinander folgen. Frankeich wird das ihm Gebührende abbekommen. Die Ostblockstaaten werden nicht verschont bleiben. Es wird Weinen und Zähneknirschen geben. Ich werde es geschehen lassen, bis ihr verstanden habt, dass man mit dem GOTT des Universums nicht den Spott treibt...

♥

JESUS zu Maria von den Philippinen[87]

Ich frage meine Kinder, zu wem sie Zuflucht nehmen. Nehmt ihr Zuflucht zu den weltlichen Vergnügen oder ist mein Herz euer Zufluchtsort? Ich habe euch von **der Kälte** berichtet, die kommen wird, und jetzt rede Ich zu euch von **dem Wind,** der kommen wird und auf den **das Feuer** folgt. Die Winde werden über die Ebenen Amerikas wehen und im Herzen dieser Nation wird ein Erdbeben stattfinden, das dieses Land radikal spalten wird.

♥

---

86. 11.04.2009
87. 01.02.2010

Vision von Johannes Friede

Zu diesem Zeitpunkt wird die Menschheit terrorisiert sein. Die Vögel werden wie Reptilien sein und ihre Flügel nicht gebrauchen. In Angst und Bange, werden die Landtiere ein derartiges Geschrei erheben, dass die Herzen der Menschen beben werden. Sie werden ihre Wohnungen fluchtartig verlassen, um nicht Augenzeugen von diesem eigenartigen Ereignis zu werden. Die Welt wird in totale Finsternis versenkt werden... Ohne Licht, werden die Menschen in einen Schlaf verfallen, aus dem manche nicht mehr erwachen werden, vor allem jene, die keinen Funken spirituelles Leben in sich haben. Wenn die Sonne wieder aufgehen wird, wird die Erde von einer Schicht von Asche bedeckt sein[88], wie Schnee im Winter, nur dass diese Asche schwefelfarben ist. Ein feuchter, von vulkanischem Gas beleuchteter Nebel wird aus der Erde aufsteigen... Wenn das künstliche Licht ausfallen wird, **wird das große Ereignis am Himmel bevorstehen.**

♥

JESUS, der gute Hirte, zu Enoch[89]

Meine Herde! Der Reiter der Pest, des Krieges, der Hungersnot und der Plagen wird seinen Kelch bald über die Bewohner der Erde leeren. Bald wird eure Erde von Millionen schädlicher Tiere[90]

---

88. Im 3. Band des Werkes Sulemas (26.09.2013) heißt es: Die Vulkane werden bald wach werden und sehr, sehr heftige Ausbrüche, über die ganze Erde verstreut, erzeugen. Wegen des Staubes und der Asche in der Luft wird der Tag zur Nacht werden.
89. 22.11.2018
90. Im Frühling 2020, als die Coronavirus-Epidemie auf Hochtouren war und weltweit die Medien beschäftigte, wurden mehrere Länder Afrikas, des Mittleren Orients bis hin zu den Grenzen Chinas von einer gigantischen Plage einiger hundert Milliarden Heuschrecken heimgesucht, die die Ernten zerstörten. Es bestand Gefahr, dass diese Zahl der Insekten um das 500fache hätte ansteigen können. Ohne Zweifel handelt es sich hier um die schlimmste Plage von Wandertieren der Welt! Eine Wolke der Größe Roms kann an einem Tag so viel Nahrung vertilgen wie die Bevölkerung Kenias, äußert sich

3. KAPITEL – DIE REINIGUNG

aller Art befallen werden, die die Ernte vertilgen, sowie Dürre und Hungersnot verursachen werden. Kein Pestizid, kein Pflanzenbekämpfungsprodukt wird dieser Plage Herr werden, nur das Gebet, Fasten und Busse werden diese Schädlinge entfernen. Das Gegenmittel zur Bekämpfung der Plagen wird der Lobpreis sein und das Flehen zu GOTT. Wie zu den Zeiten Ägyptens die Plagen[91] und Insekten das Land heimsuchten, wird dies ein weiteres Zeichen des Himmels sein, in der Hoffnung, dass diese Menschheit überlegt und wieder zur Liebe zu Gott zurückfindet. **Eine Zeit lang werdet ihr mit allerlei Plagen, Insekten und Stechmücken leben, die gegen eure Pestizide immun sind.** Die Sündhaftigkeit dieser Menschheit, der übertriebene Einsatz von chemischen Produkten und Pestiziden werden in den Tiefen der Erde ein Erwachen einer Vielfalt von schädlichen Tieren und Stechmücken, die eine Mutation aufweisen oder die euch noch unbekannt sind, zur Folge haben. Mein Vater wird den Befall durch diese schädlichen Tiere erlauben in der Hoffnung, dass das Herz dieser undankbaren und sündhaften Menschheit, die die Existenz GOTTES ablehnt, erweicht wird. Wie Ägypten zu Moses Zeiten, ist diese Menschheit in dieser Endzeit voll Auflehnung und Stolz.

Deshalb wird mein Vater euch die Plagen schicken; ihr sollt wissen, dass ER das Universum regiert, dass er weder Mythos noch eine Legende, kein Wesen eurer Einbildungskraft ist, sondern der lebendige GOTT, der mit Barmherzigkeit, Gerechtigkeit und Weisheit die Schöpfung und deren Geschöpfe regiert. Meine Herde! Seid vorbereitet und verzweifelt nicht, wenn der Reiter der Pest, des

---

Keith Cressman, Agrarexperte der Welternährungsorganisation (FAO). Im Juli 2020 stellte die Welternährungsorganisation fest: Die beispiellose Bedrohung der Ernährungssicherheit und Überlebensmöglichkeiten durch die Wanderheuschrecken hält im Horn Afrikas an und wird noch intensiver im Südwesten Asiens.» Am 11. September war die Lage im Jemen und in gewissen Teilen Ostafrikas ernst... S. Internet-Seite Fao.org

91. Die zehn Plagen Ägyptens sind die zehn Strafen, die Gott, laut Buch des Exodus, Ägypten auferlegt, damit der Pharao das versklavte Volk Israel ziehen lässt. Und welche Versklavungen gibt es heute?

Krieges, der Hungersnot und der Plagen seinen Kelch über die Erde ausgießt. Versammelt euch im Gebet und stimmt Loblieder eures Vaters im Himmel an, auf dass ER diese Tage erträglicher gestalten möge. Ich kündige euch also die Ereignisse im Voraus an, damit ihr euch vorbereiten könnt und ihr durch nichts überrascht werdet.

♥

JESUS zu Sulema

Ihr müsst im Frieden sein. **Der Wind wird erbarmungsloser denn je sein,** er wird alles hinwegfegen, denn die Natur schreit vor Entsetzen. Ihr seht diese Überschwemmungen und doch bleiben eure Herzen gleichgültig. Ihr wollt nicht begreifen, dass die Natur euch eben warnt.

Das ganze Universum, die ganze Schöpfung gehorcht der Stimme des Vaters, der Mensch ist der Einzige, der sich weigert, auf die Stimme des Vaters zu hören und ihm zu gehorchen. Die Tiere geben euch eine Lehre, meine Kinder, sie gehorchen den Gesetzen der Natur besser. Ich sage euch: Wacht auf, bevor es zu spät ist, denn das Universum und die Schöpfung werden durch die Verwandlung der Erde zutiefst erschüttert.

Man sagt, dass diese Generation völlig aus dem Geleise geraten ist und es eine schlechte Generation ist, doch wer ist schuld daran? Man verurteilt meine Kinder, aber es gibt immer weniger Eltern, die über GOTT sprechen, und manchmal lässt man die Großeltern nicht sprechen. Ihr habt vergessen, dass ihr eine Seele habt und dass eure Seele vor Hunger nach dem Wort GOTTES, vor Durst nach der Liebe GOTTES stirbt.[92]

---

92. *Ich bereite euch auf dieses Ereignis vor: Die Erleuchtung eures Gewissens*, Band 3, Sulema, 29.06.2013, Parvis-Verlag.

Euch ist es zu verdanken, meine Kinder des Lichts, mein kleiner treuer Rest, dass ich die letzten Tröpfchen meiner Barmherzigkeit und die Gnade der Reue ausstreuen kann. Ich bin auf euer Fürbittgebet angewiesen. Seid großzügig, der Himmel braucht euch, Es stimmt, Ich bin GOTT, Ich bin der Allmächtige, aber Ich achte euren Willen und eure Freiheit. Deshalb bitte Ich euch zu beten und Fürbitte zu halten. Im Augenblick der großen Drangsal, wenn die Natur toben wird, müsst ihr den kleinen Barmherzigkeitsrosenkranz und den heiligen Rosenkranz mit eurem Herzen beten, dann werdet ihr sehen, wie meine Mutter gegenwärtig ist, euch beschützt, euch tröstet und euch in diesen Momenten des Grauens beisteht. Vertraut ihr, sie will euch alle retten, sie hört nicht auf, für euch zu beten.[93]

♥

UNSERE LIEBE FRAU, Königin des Friedens, zu Pedro Régis[94]

Aus den Tiefen der Erde werden riesige Feuerflüsse entweichen. **Schlafende Riesen werden sich erheben** und viele Länder werden viel darunter zu leiden haben. **Die Erdachse wird sich verschieben** und meine armen Kinder werden Zeiten großer Drangsale erleben.

♥

JESUS zu Göttliche Weisheit[95]

Mein schwerwiegender Arm muss auf die widerwärtige Welt fallen, um alles zu entfernen, was faulig und korrupt ist. Meine Vielgeliebten! Denkt an Mein Herz, als ich die Entscheidung traf, eine

---

93. *Ich bereite euch auf dieses Ereignis vor: Die Erleuchtung eures Gewissens*, Band 3, Sulema, 28.09.2013, Parvis-Verlag.
94. 24.04.2010
95. 01.04.2005 – Internet-Seite: Sapienzaweisheit.com

Sintflut über die Erde kommen zu lassen! Meine vielgeliebte Braut, Mein Herz leidet furchtbar, wenn es eine Strafe verhängen muss, wenn es die Gaben zurücknehmen muss, anstatt sie zu vergrößern... Meinen Engeln habe ich schon den Befehl erteilt, meinem Willen gemäß weise vorzugehen. Wie ein Weizenfeld wird die Erde von Grund auf umgepflügt werden; was nicht mehr dient, muss verschwinden. **Ich habe den Meinen, meinen Dienern, die ein vollkommenes Leben führen, ein Zeichen auf die Stirne geprägt.** Ihr werdet sehen, wie schnell sich überall auf Erden, in kurzer Zeit alles ändern wird...

♥

JESUS zu Göttliche Weisheit[96]

Meine vielgeliebte Braut, wenn der Höhepunkt erreicht ist, wenn die Kräfte der Natur ihren Gesetzen nicht mehr folgen, werden meine Trostengel auf die Erde herabsteigen, dorthin, wo ich es ihnen befehlen werde; **meine Gläubigen werden sich eines besonderen Schutzes durch meine Engelscharen erfreuen.** Der Himmel wird andere Farben annehmen. Jetzt könnt ihr feststellen, dass er himmelblau und bei Tagesanbruch rosa ist, aber in dieser großen, entscheidenden Stunde wird der Himmel noch nie gesehene Farben annehmen und meine Engelscharen werden den großen Tag der Wahrheit ankündigen.

♥

---

96. 02.02.2005 – Internet-Seite: Sapienzaweisheit.com

3. KAPITEL – DIE REINIGUNG

JESUS zu Marie-Elisabeth[97]

Die Welt ist in Finsternis getaucht, aber Ich Bin das Licht. Die Welt hat einen anderen Weg gewählt, den des Verfalls, aber Ich komme, um sie zu befreien... Die Kriege haben Tendenz noch mehr zu toben, aber Ich Bin der siegreiche König... Ich verkürze die Tage dieser Reinigung... Die Stunde kommt - und sie ist schon da – da die Menschheit Den sehen wird, den sie abgelehnt hat. Haltet die Wölfe fest, bildet eine Barrikade, sammelt euch, seid zu Taten bereit, die über euren Egozentrismus hinausreichen. Diese Entwicklung darf nicht auf der Ebene der Gedanken stehen bleiben, sie muss ins Herz fallen. Öffnet den Panzerschrank der Liebe und verbreitet alle miteinander das, was der Welt fehlt. Ohne Versöhnung der Nationen wird es keinen Frieden, keine Gerechtigkeit geben. Apostel der Endzeit, der letzten Tage, in meinem Namen sollt ihr die Dämonen von der Erde vertreiben! Ich bitte euch darum. Schenkt euren Brüdern diesen Barmherzigkeitserweis, sie leiden unter der Reinigung der Erde, helft ihnen! In meinem Namen und mit meiner Liebeskraft werdet ihr euch am großen Sieg des Auferstandenen beteiligen. (Durch mein glorreiches Kreuz). Betrachtet, was ich euch sage!

— ♥ —

DIE PANDEMIE

Das Coronavirus geht in die Geschichte ein. Welche Umwälzungen hat es verursacht? Der Sport-Gott wurde in knapp einigen Tagen gestürzt. Das hat es noch nie gegeben! Alle Sportarten legten gleichzeitig eine Pause ein! Alle Meisterschaften wurden vertagt oder abgesagt. Die Weltwirtschaft hatte ausgerechnet vor dem weltweiten «Lock down»

---

97. *Toi aussi, annonce ma Venue*, 05.04.1999, Editions du Parvis (nur auf Französisch erhältlich).

einen Höhepunkt erreicht und viele Länder klagten über Arbeitskräftemangel, was darauf schließen lässt, dass sie sich der Vollbeschäftigung erfreuten. Und ein Virus hat das Spiel verdorben.

Etliche stellen sich Fragen, wie: Stammt dieses Virus aus Menschenhand?

Die Wissenschaftler selbst sind geteilter Meinung. Herr Luc Montagnier, Nobelpreisträger in Medizin, behauptet seinerseits, dass das Virus genetisch manipuliert wurde... Er sagt aus, dass Sequenzen des VIH (AIDS) *-Virus beigefügt wurden...Er fügt hinzu:* « Es ist fachmännische Arbeit eines Molekularbiologen... es ist äußerste Präzisionsarbeit... Der Entwurf soll aus einem Laboratorium aus Wuhan, China, stammen...»

Obwohl Prof. Dr. Montagnier sich behauptet und für seine Ausführungen einsteht, wird seine Studie von der wissenschaftlichen Gemeinschaft heftig umstritten und schließlich von den Urhebern selbst zurückgezogen... «Meine Arbeit ist es, Tatsachen darzulegen... Zurzeit herrscht der Wille, die Sache zu vertuschen... Als Nobelpreisträger kann ich frei arbeiten... Kein Druck, der auf mich ausgeübt würde, könnte mich davon abhalten, meine Meinung zu sagen...»

Seine Artikel wurden von den traditionellen und sozialen Medien vertuscht. Ist die Verwirrung nicht offensichtlich? Wer hat Unrecht? Monate vergingen und der Graben zwischen Wahrheit und Lüge wurde immer tiefer. Ich kann bezeugen, dass die Wahrheit oft als Verschwörungstheorie dargelegt wurde. Ich kann bezeugen, dass die Medien meistens die Verteidigung der Lüge ergriffen. Wenn man die Festnahme Christi, der die Wahrheit war, betrachtet, stellt man fest, dass er auf Grund der Lüge gekreuzigt wurde, mit der Zustimmung der Mehrheit.

Die Pandemie wurde Luisa Piccarreta **seit 1910** *vorausgesagt! Man könnte zu Unrecht annehmen, das würde zu weit zurückliegen! Die*

Prophezeiungen von Piccarreta sind aber für unsere Zeit und fangen jetzt an, bekannt zu werden! Nehmt genau Kenntnis dieser Botschaft, die Italien betrifft, eines der Länder, die am meisten unter dieser Krankheit gelitten haben.[98]

♥

Luisa Piccarreta[99]

Jesus lässt mich verstehen, welche Plagen er vom Himmel auf uns herabkommen lassen wird. Er wird die Völker in Trauer und bittere Tränen stürzen. Das bisschen Unbill, das er in mich gesenkt hat, wird unsere Stadt verschonen, zumindest teilweise. Er ließ mich viele Todesfälle in Folge der Epidemien[100] und der Erdbeben sehen, sowie anderes Unheil. Welch eine Verzweiflung, welch ein Elend!

♥

Luisa Piccarreta[101]

Mein sanfter Jesus flieht blitzschnell, ich möchte ihm folgen, aber in diesem Blitz habe ich die Erscheinung ansteckender Krankheiten gesehen, die sich über alle Nationen, auch über Italien[102], verbreiten werden. Viele starben, die Häuser wurden leer. In gewissen Ländern wütete die Geißel mehr als in den anderen, aber sie

---

98. Internet-Seite: Sites.google.com/site/cenacledeladivinevolonte. Wir danken Nicole Boulanger, die als erste diese Botschaften auf das Coronavirus bezogen hat. Kurz umrissen: Die Schriften von Luisa wurden von 1947 bis 1970 verschwiegen, als eine Veröffentlichung in Italienisch erfolgte. 1996 erschien eine erste Ausgabe in Amerika, die einige Jahre später in Französisch übersetzt wurde.
99. *Buch des Himmels*, 9. Band, Luisa Piccarreta, 19.08.1910.
100. Der Herr redet von Epidemien, während die WGO von einer Pandemie redet. Viele Fachleute behaupten, dass der Covid-19 nur eine Epidemie ist.
101. *Buch des Himmels*, 20. Band, Luisa Piccarreta, 29.12.1926.
102. Das bezieht sich auf die Tatsache, dass Luisa Italienerin ist. Wir wissen auch, dass Italien eines der Länder ist, die am meisten unter der Pandemie gelitten haben.

waren alle mehr oder weniger davon betroffen. Man hätte sagen können, sie würden sich das Wort geben, um den Herrn zu beleidigen...

♥

GOTT Vater zu Maureen

Meine Kinder! Heutzutage stellen das Coronavirus und seine tödlichen Folgen nicht die größte Bedrohung der Menschheit dar. Es ist sogar nicht einmal der Krieg. Die größte Bedrohung ist und war stets der Mangel an Liebe in den Herzen, der die Menschen dazu verleitet, sich von meinem Göttlichen Willen zu entfernen. Das ist die offene Tür zur Sünde und schließlich zur Liebe zum Bösen.[103]

Die Tiefe und die Macht meiner Gnade, die ich der Menschheit gewähre, nimmt der Schwierigkeit der Zeiten entsprechend zu. In diesem Sinn werden die euch gewährten Gnaden im Verhältnis der Schwierigkeit der Situation vertieft. Das zählt auch für diese Zeit, da die ganze Menschheit von der Drohung dieses tödlichen Virus herausgefordert wird und gleichzeitig auf den Beistand eines Kultortes verzichten muss. Meine tiefe Gnade kommt den Herzen dieser wahrhaften Gläubigen zu, die sich weigern, ihren Glauben erschüttern zu lassen. Das hängt mit meiner Gnade einem vertrauensvollen Herzen gegenüber zusammen. Angst und Mutlosigkeit sind Feinde, die von Satan hervorgerufen werden, um die Gläubigen zu entwaffnen. Jeder Augenblick trägt in sich die Gnade, in der Wahrheit zu verbleiben. Zwei identische Augenblicke gibt es nicht. Jeder verfügt über seine einzigartigen Gegebenheiten von Umständen und Gnaden. Ihr werdet zu jedem Augenblick alles, was ihr benötigt, erhalten, um durchzuhalten

---

103. 04.05.2020

und den andern behilflich zu sein, ebenfalls durchzuhalten. Das möge die Grundlage eures Mutes sein.[104]

♥

JESUS zu Vassula[105]
Ohne Reue und ohne Aufrichtigkeit in eurem Gebet wird das Übel *(Coronavirus)* länger dauern als ihr denkt; wendet euch Mir zu, eurem GOTT, und bereut eure Verfehlungen; ein aufrichtiges, universales Gebet wird mich erreichen; durch Fasten werden die Teufel in die Flucht geschlagen; Ich nehme jedes Opfer an; legt euren lethargischen Geist ab und verzichtet auf eure schlechte Lebeweise; schließt Frieden mit Mir, eurem GOTT; lasst Mich hören: «*Herr, hab Erbarmen mit mir armem Sünder!*» und Ich werde Mitleid mit euch haben und Segnungen auf euch alle regnen lassen; Kommt zu Mir, fürchtet euch nicht, Ich höre euch zu...

GOTT wird uns zuhören, wenn wir unsere Lauheit Ihm gegenüber fallen lassen, und Er wird uns die Gnade des Friedens schenken. Wir müssen für die Welt beten; wir müssen GOTT bitten, sein Antlitz zu enthüllen und über uns leuchten zu lassen; wir müssen Ihn anflehen, unsere Bitten anzunehmen... *(Vassula)*

♥

UNSERE LIEBE FRAU von den Rosen in San Damiano[106]
Vor langer Zeit, vor Jahren habe Ich euch angekündigt, dass euch eine große **Epidemie** bevorstehe. Nach dieser Epidemie werden die

---

104. 08.05.2020
105. 13.03.2020
106. 12.12.1969

Strafen[107] erfolgen. Nehmt eine gründliche Gewissenserforschung vor und erweckt Reue und Leid solange es noch nicht zu spät ist! Seid wieder zu Versöhnung und Liebe bereit! Ich werde alles für euch tun. Ich werde euch zuhören. Eine Mutter tut alles für ihre Kinder! Los, los, meine Kinder! Los, mit dem Kreuz auf euren Schultern. Das Kreuz ist das, was euch in den Himmel befördert, wenn ihr es in Liebe angenommen habt. Bittet am Fuße des Kreuzes um Erbarmen und Barmherzigkeit, damit Jesus euch reinige und heilige!

♥

UNSERE LIEBE FRAU zu Dory Tan[108]

Mein Kind! Teile deinen Brüdern und Schwestern, vor allem eurer Gruppe mit, dass das, was ihr durch euer Bemühen zum Wohl eurer Mitmenschen tut, indem ihr ihnen euer Herz schenkt, mich und meinen Sohn Jesus sehr, sehr glücklich gemacht hat. Dank dieser Organisation zur Unterstützung eures Nachbarn helft ihr auch den Menschen der ganzen Welt, die unter dem Coronavirus leiden. Hilfe ist möglich durch das Gebet und den Dienst, den ihr heute verrichtet habt. Ich verspreche, all die Mitglieder eurer Gruppe, die diesen Dienst unterstützen, in mein Herz zu schließen. Gebt nicht auf, denn die Welt wird gerettet werden durch Gebet und Hilfsbereitschaft. Erinnert euch, dass das Allerheiligste Herz meines Sohnes euch schützt und sein Kostbares Blut euch bedeckt.

♥

---

107. Das wissen wir jetzt!
108. 27.03.2020 – Exerzitien auf den Philippinen.

JESUS zu Matthew (Six25to34)[109]

Viele meiner Kinder leben jetzt in der Angst dieses Virus… Nehmt nicht die letzte Rolle Toilettenpapier in den Läden für euch, da euer Bedarf schon gedeckt ist, sondern gebt sie lieber dem, der sie tatsächlich braucht und tut es im Verborgenen, damit euer himmlischer Vater, der sieht, was im Geheimen geschieht, es euch vergelte. Meine Kinder, denkt nicht an euch, sondern an die anderen.

♥

Jabez in Action[110]

Öffnet mir eure Herzen! Überlasst euch mir vertrauensvoll! Erteilt mir die Erlaubnis! Ich warte auf euch, denn ich werde nie euren freien Willen übergehen. Geht ein in meinen göttlichen Willen. Ehrt mich in allem, was ihr sagt, denkt und tut! **Habt keine Angst, angesteckt zu werden!** Habt keine Angst vor dem Tod. Meine Kleinen, der Tod ist nur ein Hinübergehen in den spirituellen Bereich. Verlangt mehr denn je, bei mir zu sein. Heftet euren Blick auf das Kreuz und lebt auf der Erde als Botschafter. Satan tobt und lässt seine Wut auf der Erde aus. Das soll nicht eure Sorge sein. Er ist besiegt. Ihr solltet euch daran erinnern![111]

Krönt mich zu eurem König! Betet für dieses Anliegen: viele Seelen hängen davon ab. Millionen sind so fern von Mir und lehnen ab, mit mir in Kontakt zu treten. Betet, dass der göttliche Wille in die Herzen der Männer, Frauen und Kinder der ganzen Welt Einzug halte! Seid gläubig und großherzig! Ich habe euch ein sehr großherziges Herz geschenkt. Übt eure Befugnisse in Jesus Christus aus!

---

109. 19.03.2020 – Internet-Seite: https://matthewsix25to34.wordpress.com/
110. 27.03.2020
111. 19.03.2020

Fesselt und vertreibt den Teufel Covid-19 aus eurem Leben! Es ist ein von satanischen Agenten erdachtes Virus zur Beseitigung der verletzlichen Personen, zur Beherrschung der Welt und Einführung der neuen Weltordnung.[112]

LEUCHTTURM IN DER NACHT

Tagebuch von Pelianito[113]

Die Tage verfinstern sich rasch. Auch wenn die Dunkelheit um euch herum dichter wird, habt keine Angst! Euer Befreier steht vor der Tür, und wenn er kommt, wird sein Licht alle Finsternis vertreiben. O, meine Kinder! Glaubt an mich und betet! **Eure Gebete sind ein Leuchtturm im Dunkel des Gewitters!** Leuchtet den Verlorenen durch Gebet und Busse auf ihrem Weg! Meine Kinder, ich bin euch nah.

♥

Die Liebe kennt keine Angst,
und vollkommene Liebe vertreibt die Angst.

(1 Johannes 4,18)

---

112. 19.03.2020
113. 19.08.2012 – Internet-Seite: https://pelianito.webs.com/PJB_2003_2014.pdf

4. KAPITEL
KOMET UND GLORREICHES KREUZ DER GROSSEN WARNUNG

Ist sie nicht faszinierend, diese Geschichte des Kometen? Wenn in chaotischen Zeiten alles zusammenzubrechen scheint, ein oder zwei Kometen auftauchen und die Presse «den Weltuntergang» ankündigt, ist es verständlich, dass die Ungläubigen völlig in Panik geraten. GOTT mag Doppeltreffer. Die Angst, die uns derart würgt, dass wir auf die Knie fallen mit dem Gesicht zu Boden, diese Angst wird GOTT in nichts auflösen und in eine Flut von Gnaden verwandeln, die in das Ereignis einmünden. Das sind Erscheinungen, die das Herz der Kinder, deren Lampen randvoll mit Öl gefüllt sind, höherschlagen lassen. Sie werden eine Bresche für jene schlagen, die trotz allem noch ein wenig Licht in sich haben und sich abheben von denen, deren Lampen gänzlich leer sind.

♥

Die JUNGFRAU von Garabandal[114]
Am Himmel wird ein Zeichen erscheinen wie von **zwei Sternen, die mit einem fürchterlichen Knall zusammenstoßen**, unter Erzeugung von großem Licht. Aber sie werden nicht herabfallen. Die Menschheit wird in Angst versetzt sein.

♥

---
114. 1962

JESUS zu Enoch[115]

Aus dem Zusammenprall von zwei Asteroiden geht mein Glorreiches Kreuz hervor. Der Aufprall lässt die Erde erbeben und von ihrer Achse abweichen. Der heilige göttliche Wille meines Vaters wird den zwei Himmelskörpern den Zusammenstoß mit der Erde, der für die Schöpfung und ihre Geschöpfe katastrophal wäre, nicht erlauben. Mein Vater wird einverstanden sein mit dem Zusammenprall im Weltraum als Beweis seiner Größe und seiner Barmherzigkeit zum Wohl der Menschheit. Anstatt der verhinderten Katastrophe wird die Menschheit das **Glorreiche Kreuz** sehen, das einige Tage und Nächte am Himmel leuchten wird und auf diese Weise das Bevorstehen der Warnung ankündigt. Meine Kinder! Bereitet euch auf dieses große Ereignis vor und fürchtet euch nicht! Das Glorreiche Kreuz wird vielen Heilung und Erlösung bringen, während andere es ablehnen und lauthals beteuern werden, dass es keine wichtige himmlische Erscheinung ist. Die Wissenschaftler werden eine Erklärung finden, aber du, mein Volk, wirst wissen, dass es ein Zeichen des Himmels zu deiner Vorbereitung auf die Erleuchtung der Gewissen ist.

♥

Die HEILIGE JUNGFRAU zu Agnès-Marie[116] [117]

... alle werden den Stern aus der Sonne hervorgehen sehen... Alle werden Christus in ihrem Herzen sehen... Und vergesst nicht das Sonnenwunder in Fatima, denn es wird am Vortag der Großen Warnung erneuert werden. Das Zeichen der Sonne ist das Zeichen des Kometen. Ihr werdet den Eindruck haben, die Sonne würde auf die Erde stürzen. Viele, die nicht glauben, dass sie in der in der Heiligen Schrift erwähnten Endzeit leben, werden erschüttert sein.

---

115. 03.08.2012
116. *Joie de Dieu*, Band 3, Agnès-Marie, 12.05.2011, Editions Résiac (nur auf Französisch erhältlich).
117. *Joie de Dieu*, Band 3, Agnès-Marie, 16.12.2009, Editions Résiac (nur auf Französisch erhältlich).

Der VATER zu Linda Noskewicz[118]

Ihr, die ihr leidet, verzweifelt nicht! Ich sehe euren Willen und bitte euch, trotz eurer Angst, mutig zu sein. Vertraut mir, eurem Herrn und GOTT, der euch mehr als alle anderen liebt. **Ich werde euch aus der Finsternis heraus in das Licht meiner Liebe führen.** ICH BIN Liebe. Schenkt Mir eure Liebe. Wenn ihr Mir eure Liebe schenkt, schenkt ihr sie auch Meinem Sohn, denn Er und Ich, Wir sind Eins und voll Freude, wenn ihr eurer Liebe zu Uns Ausdruck verleiht. Schreitet fort auf dem erleuchteten Weg, den Mein vielgeliebter Sohn euch gezeigt hat. Kommt nicht von dieser Bahn ab und liebt das Licht des Lebens, das euch zu Mir bringt, zu Seinem vielgeliebten Vater, der euch so sehr liebt!

♥

GOTT VATER zu Lec von den Philippinen[119]

Die Kräfte des Weltraums sind sensibilisiert; ihre Reaktion wird Terror bei den Leuten auslösen. Die unvorhersehbaren Folgen werden die Bevölkerung rasch treffen. Die Leute werden nicht wissen, was sie tun, wohin sie laufen sollen... Das alles entzieht sich nicht meiner Aufmerksamkeit: Ich halte alles unter Kontrolle. Ich weiß, wer wahrhaftig zu Mir steht. In der Stunde des Unglücks werden sie getröstet werden. Jene, die unvorbereitet sind und nichts von meiner Warnung wissen wollen, werden schockiert und verzweifelt sein.

♥

---

118. 08.06.2015
119. 28.05.2008

MARIA zu Maureen[120]

Ich habe eure Herzen vorbereitet, indem ich euch diese Ereignisse vorausgesagt habe. Heute ziehen die meisten vor, an sich selbst zu denken anstatt an Gott und an ihren Nächsten; sie geben dem Tod anstatt dem Leben, dem Hass anstatt der Liebe den Vorzug. Aus Respekt gegenüber dem freien Willen des Menschen hat GOTT nur indirekt eingegriffen, indem er mich in die Welt gesandt hat, um zur Umkehr aufzurufen. Betrachtet mein Kommen mit der Botschaft der *Heiligen Liebe* als Gnade der letzten Stunde, durch die der Himmel hofft, vielen das Heil zu bringen.

Während ich mich heute an euch richte, finden kosmische Ereignisse statt. Es bestehen Strukturen, aber **gewisse Konstellationen** haben unvorhergesehene Bahnen gewählt. Wegen des Bösen in den Herzen hat GOTT, der nicht strafen will, aber nicht eingreifen wird, diese Abweichungen erlaubt.

Dem universalen Gericht des Menschen wird ein Zusammenstoß von zwei Himmelskörpern vorausgehen. Euer Planet wird von seiner normalen Bahn abweichen. 3 Tage lang werden die Naturgesetze außer Kraft gesetzt sein. Die Erde wird in Dunkelheit getaucht sein – und das zugleich in den Herzen und in der Welt. Das Gute wird zu finden sein in meinem Unbefleckten Herzen als Zufluchtsort und Schutz vor dem Tod. Wehe denen, die auf dem Weg des Verderbens sind; manche werden aus Angst sterben, andere werden sich umbringen. In dieser Zeit werden **jene die sich der Flamme meines Unbefleckten Herzens geweiht haben, geschützt werden.** Diese Seelen werden das Licht in der Finsternis sein. Keine Nation wird während dieser drei Tage Zuflucht gewähren können, aber mein Herz wird es tun für die mir Geweihten. Ich komme nicht, um euch zu erschre-

---

120. Holy Love Ministries (Werk der Heiligen Liebe), 28.07.1996

cken. Ich komme, um euch den Weg des Friedens zu zeigen, das heißt, mein Mutterherz. Ich bin stets bereit, meine Kinder in Schutz zu nehmen, die Ungerechtigkeit zu mildern, den Glauben zu beschützen. Sagt es weiter!

♥

MARIA zu Sulema[121]

In diesen Tagen, in denen ihr lebt, sind die Kinder der Erde blind. Sie sehen die Ereignisse, die sie umgeben, und verstehen sie immer noch nicht. Ihr Herz ist so schwerfällig, wenn es darum geht, den zahlreichen Warnungen zu glauben, die der Himmel ihnen gegeben hat, sowie den Prophezeiungen über die **Erleuchtung eures Gewissens.** Meine Kinder, ob ihr es glaubt oder nicht, sie naht mit Riesenschritten; mein göttlicher Sohn Jesus hat es gesagt. Ihr gehen alle Arten von Katastrophen voraus: Erdbeben, Tsunamis, Überschwemmungen, Hagel, eisige Kälte, ein Wind, der alles wegfegt, ungeheure Gewitter, eine tödliche Hitze beim **Nahen des Kometen**... Seht ihr, wie ihr davor gewarnt werdet und doch nicht glauben wollt? Nur ein kleiner Rest hat unseren Ruf zur Umkehr, zur Rückkehr zur Gnade ernst genommen und empfängt regelmäßig das Sakrament der Vergebung.

♥

---

121. *Ich bereite euch auf dieses Ereignis vor: Die Erleuchtung eures Gewissens,* Band 1, Sulema, 27.04.2011, Parvis-Verlag

Die Tochter des Ja zu Jesus[122]

Die Mutter GOTTES hat uns beauftragt, zu beten, Opfer zu bringen... im Frieden zu bleiben um nicht zu leiden, wenn Kanada überschwemmt sein wird...

Die Maße (der Komet), die die Erde streifen wird, wird große Kälte erzeugen.

Das wird die hohe Welle (Tsunami) auslösen... bei gleichzeitiger Erwärmung des Planeten.

Die Atmosphäre wird apokalyptische Formen annehmen.

Trotz der geänderten Bahn, wird die Maße (der Komet) ganz nahe an uns vorbeikommen. Die Maße bewegt sich vorwärts.

Die Geschwindigkeit wird von der NASA nicht berechnet werden können, denn während ihres Laufs wird ihre Geschwindigkeit zunehmen. Was sie auf ihrer Bahn mitreißt, wird aufgewirbelt; daraus ergibt sich, dass sie alles, was sie umringt, mit sich reißt, und dass alles, was sie außerhalb umgibt, furchtbar kalt ist, während ihr Zentrum loderndes Feuer, also sehr warm ist.

Diese eiskalte Maße wird in die Atmosphäre vordringen. Weil sie in die Atmosphäre vorrückt, wird alles, was betroffen ist, sich dieser Kälte nicht verwehren können.

GOTT besitzt die Macht. Es ist GOTT, der Herr über Leben und Tod ist. GOTT ist der Schöpfer, er hat die Schöpfermacht ausgeübt. Hat er nicht dem Wind befohlen, still zu sein, als er mit den Aposteln im Boot saß? Hat der Wind nachgelassen? (Antwort: Ja). Er

---

122. 19.02.2011

besitzt diese Macht. Erinnert euch, dass der Herr gesagt hat, «das Gebet sei die maßgebende Bedingung für alles». Satan will nicht, dass man betet.
Er hat die Erwärmung des Planeten hervorgerufen. Er hat in das Herz der Menschen gelegt, der Erde und ihren Bewohnern keine Liebe zu erweisen.
Wenn die Maße (der Komet) vorbeikommen wird, wird unser Durchhaltevermögen in dieser Kälte auch an die Bedingung des Gebets gebunden sein.

Wenn die Kälte hereinbrechen wird, werden all jene, die den Frieden wahren, all jene, die sich in ihren inneren Zufluchtsort zurückgezogen haben, die Kälte nicht auf die gleiche Weise erleben wie die andern, weil Jesus mit ihnen sein wird; das wird ihre Kraft sein.

♥

Mutter des Ewigen Lichts[123]
Verschwendet nicht diese Stunde. Wenn die Menschen weiterhin ihren GOTT beleidigen, wo werden sie dann ihre Zeit verbringen, wenn die letzte Stunde naht? Werden sie dann eine offene Kirche finden, um zu beten? Wenn ja, werden sie noch die rechten Worte finden? Werden sie genügend Zeit haben, um über ihr Leben nachzudenken? Und wie werden sie sich dessen erinnern, was sie vernachlässigt haben? Oder werden sie wie früher damit weitermachen, zu tun, was ihnen gefällt und den Willen GOTTES ignorieren? **Wenn ein feuriger Komet sich am Himmel abzeichnen wird, werden sie dann Zeit genug haben, um GOTT eine Antwort zu geben?**

♥

---

123. 22.09.2007

Die MADONNA von Trevignano Romano zu Gisella Cardia[124]

Perlen meines Herzens, danke, dass ihr euch hier versammelt habt! Meine Kinder, hört zu und betrachtet die Zeichen! Nach so vielen Belehrungen fordere ich euch noch immer dringend zur Umkehr und zur Liebe auf. Liebe Kinder! Bald wird die Welt eine Warnung erhalten, die Sterne werden verschmelzen, um ein großes rotes Kreuz zu bilden, das überall in der Welt sichtbar sein wird. Danach wird euer Gewissen von einem großen Licht durchflutet werden, und das wird die letzte Chance des Heils sein. Habt keine Angst, Ich bin und ich werde bei euch sein, aber bereitet euch vor! Betet, dass Russland nicht in den Krieg eintreten wird. Mit meiner mütterlichen Liebe gebe ich euch meinen Frieden und meinen Segen, im Namen des Vaters, des Sohnes und des Heiligen Geistes. Amen.

— ♥ —

DAS GLORREICHE KREUZ

JESUS, euer Retter, zu Sulema[125]

Dieses Ereignis ist ein einmaliger Augenblick in der Geschichte der Menschheit. Man wird einen ohrenbetäubenden Lärm hören. Dann wird das leuchtende Kreuz am Himmel strahlen. Es wird sich von Osten bis Westen erstrecken und das Nahen der Erleuchtung der Gewissen ankündigen. Sobald ihr seht, dass der Himmel sich verfinstert, sollt ihr, den Rosenkranz in der Hand, niederknien und beten, beten, beten, denn alles wird sehr schnell gehen. Der

---

124. 03.08.2017
125. *Ich bereite euch auf dieses Ereignis vor: Die Erleuchtung eures Gewissens*, Band 2, Sulema, 28.08.2012, Parvis-Verlag.

Tag wird zur Nacht; wie in Fatima wird sich die Sonne um sich selbst drehen und drei Stunden lang erlöschen. Der Mond wird sich verfinstern und ihr werdet gewaltige Naturphänomene auf der ganzen Erde erleben!...

Wenn das Kreuz am Himmel erscheint, wird es das Zeichen meiner Wiederkunft in Herrlichkeit sein, denn Ich komme mit diesem Zeichen, um mein Glorreiches Reich in der Welt zu errichten. Es wird die Tür sein, die das Grab öffnet, in dem die Menschheit liegt, um sie in das Reich des Göttlichen Willens zu führen. Zugleich wird es schreckliche Angst und großen Schmerz darüber geben, meine Botschaften und die meiner Mutter nicht beizeiten angenommen zu haben. Dann ist es zu spät für die, die nicht im Stand der Gnade sind, um zu bereuen, sich zu bekehren und Busse zu tun. **Wenn ihr am wenigsten damit rechnet, wird die Warnung kommen,** zweifelt nicht daran. Dann werdet ihr mein Kreuz am Himmel sehen. Was Ich sage, das tue Ich.

♥

JESUS zu Enoch[126]

Mein Glorreiches Kreuz wird euch einige Tage lang begleiten. Einige werden geheilt und befreit werden, andere werden umkehren. Die Wissenschaftler werden behaupten, dass es sich um eine Erscheinung am Himmel handle, und etliche werden es glauben. Um die Liebe Gottes zu verstehen, bedarf es des Glaubens; um den Plan GOTTES zu verstehen, der die Menschheit retten will, ist Glauben gefordert. **Mein Glorreiches Kreuz wird den Geist meiner treuen Kinder stärken und ihre Seele heilen; wenn mein Glorreiches Kreuz verschwinden wird, wird meine Erleuchtung der Gewissen mit der Kraft meines Heiligen Geistes stattfinden,**

---

126. 02.08.2013

um euch in die Ewigkeit zu führen (wo der Zustand eurer Seele euch gezeigt werden wird, damit ihr in diese Welt zurückkehren könnt, euer Heil ernsthaft in Erwägung zieht und die Tage der großen Reinigung überstehen könnt). **Wenn ich euch meine Warnung nicht senden würde, wäret ihr nicht imstande, die Tage dieser Prüfung zu überstehen.**

♥

UNSERE LIEBE FRAU zu Gisella Cardia[127]

Ich bitte euch erneut, eure Türen und eure Arme zu öffnen: schenkt den Kindern, die ich euch schicken werde, Liebe, Zuversicht und Kraft. Bereitet sichere Zufluchtsorte für die kommende Zeit vor[128]; die Verfolgung ist schon im Gang. Seid immer auf der Hut! Meine Kinder, ich erwarte von euch Kraft und Mut, betet für die Toten, die es schon gibt und noch geben wird; **Epidemien** wird es geben, bis meine Kinder das Licht GOTTES in ihrem Herzen spüren werden. *Das Kreuz wird bald am Himmel leuchten* und das wird die letzte Tat der Barmherzigkeit sein. Es wird sehr bald geschehen! Alles wird schnell aufeinander folgen, und zwar so schnell, dass ihr glauben werdet, so viel Schmerz nicht aushalten zu können. Vertraut eurem Retter alles an, denn er ist bereit, alles zu erneuern, und euer Leben wird in ein Auffangbecken von Freude und Liebe verwandelt werden! Fürchtet euch nicht, denn Ich werde an eurer Seite sein und bald wird mein Unbeflecktes Herz mit euch triumphieren. Euer ganzes Leben wird sich ändern. Seht, der Heilige Geist wird weiterhin am Wirken sein!

♥

---

127. 21.04.2020
128. Im siebten Kapitel kommen wir darauf zurück.

MARIA zu Sulema[129]

Es gibt Kinder, die Nein zur Liebe sagen werden, die sich über das Kreuz lustig machen werden, **denn alle meine Kinder werden mein Kreuz am Himmel sehen.** Ich werde da sein und sie werden sich über Mich lustig machen. Ich bitte euch zu beten, denn die Wissenschaftler werden sagen, dass alles normal ist, dass es der Zusammenstoß zweier Kometen ist. Sie werden sagen, dass es die Angst ist, die euch dazu bringt, an Gott zu glauben, denn Ich sage es noch einmal: der Erleuchtung eures Gewissens oder der Warnung werden sehr schwere Leiden vorausgehen.

♥

JESUS zu Angela[130]

Ja, meine Tochter, Unser Vater hat einen Bund mit seinem Volk geschlossen. Durch meinen Tod am KREUZ habe ich ihn erneuert. Mit meinem Glorreichen Kreuz werde ich nun mein Bündnis auf ewig zur Vollendung bringen.

♥

JESUS zu JNSR[131]

In dieser Nacht der Finsternis werde ich ein Licht aufleuchten lassen; es wird das Kreuz des Herrn sein, das in seiner Herrlichkeit erstrahlen und Leben dorthin bringen wird, wo schon der Tod in einer Welt ohne GOTT herrschte. Es wird die Geister zur Liebe GOTTES erwecken, den Schlaf vernichten, der sich der ganzen Erde

---

129. *Ich bereite euch auf dieses Ereignis vor: Die Erleuchtung eures Gewissens*, Band 3, Sulema, 23.06.2013, Parvis-Verlag.
130. 16.03.2000
131. *Zeugen des Kreuzes, Erlebt mit mir die Wunder der neuen Schöpfung des Vaters*, Botschaften Jesu an JNSR, 1997, Parvis-Verlag.

ermächtigt hat, im Laufe der Jahrhunderte immer tiefer wurde und darauf schließen ließ, der Mensch existiere nur zum Leben, Schlafen und Essen. Ich habe euch zweitausend Jahre lang Freiheit gelassen, damit ihr, von dieser falschen Auffassung geheilt, euch mir wieder zuwenden sollt. Nun wird das KREUZ euch und einem jeden von euch zu verstehen geben, dass GOTT seinen einzigen Sohn, empfangen durch den Heiligen Geist, geboren von der Jungfrau Maria, der ganz Reinen, in die Welt gesandt hat. Jesus hat Fleisch angenommen, um euch den Weg der Rückkehr zum Vater und zu dem Leben, für das ihr alle erschaffen wurdet, zu zeigen...

♥

MARIA zu Sulema[132]

Ich habe euch gesagt, dass ihr zum Himmel schauen sollt, denn dort wird ein großes Zeichen erscheinen. Es wird das Erhöhte Kreuz meines göttlichen Sohnes Jesus sein, und alle werden es sehen. Es ist das Zeichen, das euch auf die Erleuchtung eures Gewissens vorbereitet; es wird von Osten kommen, um die ganze Menschheit zu wecken... Leider werden nicht alle Leute es glauben[133], die Wissenschaftler werden alle möglichen menschlichen Dummheiten erfinden! Und viele werden dieses Zeichen ablehnen! Doch ihr wisst dann, dass es das Zeichen ist, das euch auf die Erleuchtung eures Gewissens vorbereitet.

♥

---

132. *Ich bereite euch auf dieses Ereignis vor: Die Erleuchtung eures Gewissens*, Band 2, Sulema, 04.08.2012, Parvis-Verlag
133. Das erklärt u.a. die grundsätzliche Notwendigkeit der Großen Warnung. Erinnern wir uns an die Heilung der zehn Aussätzigen (Lk 17,11-19); sie wurden alle zehn von Jesus geheilt, aber nur einer kam zurück, um Jesus zu danken...

JESUS zu JNSR[134]

«Es ist genug!» wird der Vater rufen, und alles wird still werden; die Kämpfe werden beendet werden; die Elemente werden in der Stille ihren gewohnten Platz wieder einnehmen. Dann **wird mein glorreiches, leuchtendes Kreuz sich herabsenken;** vor der Wiederkunft Jesu Christi wird das Kreuz durch die Wolken zwischen Himmel und Erde leuchten; alles wird schon gereinigt sein. Dann wird der Gesang der Engel sich mit den Gebeten der Menschen zu GOTT in die Unendlichkeit erheben.

♥

Botschaft erhalten von Jean-Marc[135]

Das Zeichen des Kreuzes ist das Zeichen des Heils, das Zeichen des ewigen Lebens. Jeder Getaufte muss dieses Kreuzzeichen mit höchstem Respekt, würdevoll und mit Liebe machen. Ihr müsst euren Leib mit dem Zeichen Jesu Christi bekreuzigen, ganz langsam, indem ihr euch von der Liebe des Erlösers durchfluten lasst sowie von dem Blut, das über euch kommt, wenn ihr seinen göttlichen Segen erbittet. Meine Kinder, es sind so wenige, die das Kreuzzeichen so machen, wie es sein müsste, und aus diesem Grund gehen so viele Gnaden verlustig. Meine Söhne, meine Töchter, ich bitte euch, Jesus inständig zu lieben, indem ihr sein heiliges Kreuz verehrt. Es soll sich in allen Räumen eurer Wohnung, an eurem Arbeitsplatz befinden, und zwar so, dass alle es sehen können... Jeder Gläubige soll ein gesegnetes Kreuz ehrfürchtig tragen, und er soll das Zeichen Jesu, dieses Kreuz aus Holz, von dem das Kostbare Blut des Göttlichen Erlösers herabfloss, oft in der Hand

---

134. 03.12.1995
135. 01.01.2006 – Hochfest von der Gottesmutter Maria

halten. Wie viele Seelen würden große Fortschritte erzielen, wenn sie das Zeichen lieben würden, das ihren Erlöser darstellt!

♥

JESUS CHRISTUS zur heiligen Faustina Kowalska[136]
Noch bevor Ich als gerechter Richter kommen werde, komme ich als König der Barmherzigkeit. Bevor der Tag der Gerechtigkeit anbricht, wird den Menschen folgendes Zeichen am Himmel gegeben werden: Alles Licht am Himmel erlischt und große Finsternis wird auf der ganzen Erde sein. Dann **erscheint das Zeichen des Kreuzes am Himmel**, und aus den Öffnungen, wo die durchbohrten Hände und Füße des Erlösers waren, werden große Lichter fluten, die eine Zeitlang die Erde beleuchten.

♥

JESUS zu Madeleine Aumont[137]
An den Tagen, die der Sintflut vorausgegangen sind, waren die Menschen vor der Wasserflut, die sie mitgerissen hat, ahnungslos. Heute aber seid ihr gewarnt: Ihr lebt in den Zeiten, die ich für diese Erde vorausgesagt habe, an denen es Katastrophen aller Art geben wird. Die Sünde wird Elend und Hungersnot erzeugen, ganze Nationen werden in Angst und Bange leben; am Himmel und auf Erden werden sich Wunder ereignen und es werden Zeichen erscheinen. Alsdann macht euch bereit, denn die Zeit der Mühsale, wie die Welt seit ihrer Erschaffung bis heute noch keine gekannt hat und auch in Zukunft nicht mehr kennen wird, steht euch bevor. Fürchtet euch nicht, denn ihr werdet am Himmel das Zeichen des Menschensohnes sehen, das Madeleine von Osten

---

136. *Tagebuch der Schwester Maria Faustyna Kowalska*, Absatz 83 und 84, 02.08.1934, Parvis-Verlag
137. 04.17.1975

bis Westen hat leuchten sehen. Würdenträger der Kirche, wahrlich, Ich sage euch, dass die Nationen durch dieses Kreuz, das sich über die Welt erhebt, gerettet werden.
Ein riesiges, leuchtendes Kreuz, ganz aufrechtstehend, blendend, beeindruckend, wunderbar, aber mild anzusehen, dessen Licht den ganzen Horizont überflutet. Kein Licht dieser Welt kann mit der Klarheit seiner Helligkeit verglichen werden.

♥

JESUS zu Françoise[138]

Meine Wiederkunft steht unmittelbar bevor, Wiederkunft in den Herzen und in Herrlichkeit. Die Zeit ist erfüllt... Bald werden alle Menschen wissen, dass Ich bin... **Das Glorreiche Kreuz wird euch am Himmel gezeigt werden,** und alle Augen werden es sehen. Freut euch im Heiligen Geist, denn wenn das leuchtende Kreuz am Himmel erscheint, beginnt die von ihrer Sünde verblendete Erde wieder zum Licht zurückzukehren. Selig, wer bereit ist, dieses Zeichen mit einem reinen Herzen aufzunehmen, denn er wird strahlen. Wer Mich abgelehnt hat, wird traurig und manchmal auch gequält sein, denn dann erkennt er seine Sünde und wie schwarz seine Seele ist. Betet, damit so viele Seelen wie möglich mit dem Zeichen des Glorreichen Kreuzes bezeichnet werden, nicht aber mit dem des Feindes.

♥

---

138. *Umkehr der Herzen*, Band 8, 09.12.2005, Parvis-Verlag.

JESUS zu JNSR[139]

Wenn ihr annehmt, dass das Glorreiche Kreuz, das ihr **am Himmel** in großem Licht **erscheinen** seht, das gleiche ist wie das Kreuz der Weltversöhnung zur Beschwichtigung von 738 Meter, das Unser Herr Jesus in Dozulé erbeten hat, irrt ihr euch. Es wird das Kreuz meines Gerichts sein, das Kreuz meiner heiligen Gerechtigkeit, das meine Liebe in euch wecken wird. Ich habe euch bereits gesagt: **ein regelrechtes Erwachen von Seele und Körper muss notgedrungen einhergehen mit einer Erschütterung.** Das Kreuz wird leuchtend und riesig sein, denn jeder wird es sehen, von einem Ende der Welt zum anderen. Dann kann niemand mehr behaupten, es würde GOTT nicht geben. In meinem heiligen Licht **wird jeder sich sehen, wie er ist und mich sehen, wie Ich Bin.**

♥

JESUS Licht der Welt, zu Sulema[140]

Auf die Fürbitte der Opferseelen hat der Vater euch eine kleine Verlängerung gewährt. Doch ihr müsst wissen, meine Kinder, dass diese kurze Zeit ihrem Ende entgegengeht. Die Zeit der göttlichen Barmherzigkeit ist fast zu Ende. Sehr bald wird der Vater sagen: «Es reicht!» Dann beginnt die Zeit der Gerechtigkeit. Das ist dann die Zeit, in der Ich zurückkomme. Ihr werdet Mein Licht sehen, das vom Himmel in diese so finstere Nacht herabkommt, in der dann alles stillsteht und eine große Stille eintritt, denn alles wird schweigen, um Mein Glorreiches Kreuz anzubeten, das am Himmel erscheinen und die Erde erleuchten wird. Dann werden alle

---

139. *Messages depuis le Secret de Marie*, 1. Buch, JNSR, 23.11.2003, Editions Résiac (nur auf Französisch erhältlich).
140. *Ich bereite euch auf dieses Ereignis vor: Die Erleuchtung eures Gewissens*, Band 2, Sulema, 08.08.2012, Parvis-Verlag.

Menschen begreifen, dass Ich das Licht der Welt bin und dass Ich auch komme, um eure Seele zu erleuchten...

♥

Die JUNGFRAU zu Don Gobbi[141]
Das leuchtende Kreuz, das den Horizont von Osten bis Westen überfluten wird, wird das Zeichen der Wiederkunft Jesu in Herrlichkeit sein. Das leuchtende Kreuz des Galgens wird in den Thron seines Triumphs verwandelt werden, denn Jesus wird auf ihm zur Übernahme seiner glorreichen Herrschaft über die Welt kommen. Das leuchtende Kreuz, das am Ende der Reinigung und der Mühsale am Himmel erscheinen wird, wird die Tür zum großen, finsteren Grab sein, in dem die Menschheit ruht, um sie in das neue Reich des Lebens zu führen, das Jesus bei seiner glorreichen Wiederkunft errichten wird.

♥

MARIA, Mystische Rose, zu Enoch[142]
Ich, eure Heerführerin, lasse diesen Ruf an euch ergehen, um euch physisch, psychologisch und spirituell auf den spirituellen Kampf vorzubereiten, der euch befreien wird. Das Zeichen des Kreuzes meines Sohnes am Himmel wird euch warnen, dass alle die in der Heiligen Schrift GOTTES angekündigten Ereignisse, sowie in den Botschaften, die wir der Menschheit in dieser Endzeit durch unsere Boten vermitteln, kurz bevorstehen.

Ich kündige euch an, dass die Zeit der Gerechtigkeit GOTTES plötzlich ihren Lauf nehmen wird, dass das Kreuz meines Sohnes

---

141. *Die Muttergottes an die Priester, ihre vielgeliebten Söhne*, 01.04.1994, Marianische Priesterbewegung.
142. 01.10.2012

in nächster Zeit am Himmel erscheinen wird und dass alle es sehen werden. Wer es annimmt und es verehrt, wird viele Gnaden erhalten; es ist das Kreuz des Golgotha, das euren Geist stärken und euch auf die Warnung vorbereiten wird. Auf dem Banner des streitenden Heeres Mariens wird das Abzeichen meines Rosenkranzes und des Kreuzes meines Sohnes auf rot-weißem Hintergrund, mit dem Bild unserer zwei Herzen sichtbar sein. Das ist die Fahne, die ihr herstellen und mit in den Kampf nehmen müsst. Mein Widersacher wird fliehen, wenn ihr sie im Glauben einsetzt. Hisst meine Flagge wie unser Diener Moses seinen Hirtenstab, der dem Volk Israels zum Sieg verholfen hat, eingesetzt hat.

Ich, eure Heerführerin, werde bei euch sein mit Michael und dem himmlischen Heer, um euch zum Sieg zu führen. Auf, meine Streiter, in der Gewissheit, dass der Sieg unseren zwei Herzen gehört!

Meine Kinder! Während der sieben Tage und Nächte, da das Glorreiche Kreuz meines Sohnes am Himmel sichtbar sein wird, bitte ich euch, euch von all eurem Elend und euren Sünden zu befreien (durch die Beichte); Tut es auch für eure Familienangehörigen, die fern sind von GOTT, damit sie während der Erleuchtung der Gewissen umkehren und zum Heer des Großen Hirten stoßen können.

Meine Kinder, die Zeitspanne zwischen der Warnung und dem Großen Wunder wird kurz sein, **aber zur großen Evangelisation auf der ganzen Erde genügen.** Alle meine treuen Kinder werden behilflich sein, die lauen Seelen zu wecken, damit sie nicht verloren gehen und es ihnen gelingt, ihre Haltung ein für alle Mal zu bestimmen.

Das Wunder wird der Augenblick der großen Ernte sein, der Weizen wird von der Spreu getrennt und die Schafe von den Böcken. Meine kleinen Kinder, bleibt also wachsam, schlaft nicht ein aus

Angst, die Nacht könnte euch überraschen, ohne dass ihr darauf vorbereitet wärt! Erinnert euch, dass die Zeit nicht mehr die Zeit ist und dass in dieser Nicht-Zeit jeden Augenblick alles ausgelöscht werden kann!

♥

JESUS zu Françoise
Das Böse soll aufhören durch die Macht Meines liebenden Blickes und durch die Kraft Meines Glorreichen Kreuzes, des Siegreichen Kreuzes. Beim Anblick meines Kreuzes werdet ihr verstehen, wie sehr Ich euch liebe. Ihr, Meine Diener, die ihr Mir von ganzem Herzen «Ja» gesagt habt, jeder von euch wird von Meiner Liebe erfüllt werden mit der Facette Meines Herzens, die Ich für ihn bestimmt habe... Plötzlich wird die Warnung auf die Menschheit herabkommen. Das wird das Ende dieser Zeit sein, das von den Propheten angekündigt und von den Märtyrern erlitten wurde...[143]

Jedes Auge wird Mein Glorreiches Kreuz sehen, denn Ich habe euch durch das Kreuz gerettet. In diesem gnadenreichen Augenblick werden Mich viele als den alleinigen GOTT, Vater, Sohn und Heiligen Geist erkennen. Angesichts der Dunkelheit eures Lebens werdet ihr kommen und Mich um Verzeihung anflehen, so sehr werden manche von euch entsetzt sein über das, was sie getan haben.[144]

---

143. *Umkehr der Herzen*, Band 6, 22.08.2000, Parvis-Verlag
144. *Umkehr der Herzen*, Band 6, 01.01.2001, Parvis-Verlag.

5. KAPITEL
ERLEUCHTUNG DER GEWISSEN
(Gewissenserforschung unter dem Blick Gottes)

[Christian] Genug der Übel? Nicht für alle! Indem ich diese paar Zeilen schreibe, versetze ich mich an die Stelle eines Fötus, in der wohligen Wärme des Mutterschoßes... «Ich spüre Mutters Gemütsregungen... Ich fühle mich schuldig... Was habe ich denn getan? Ich bin auf sie angewiesen, sie ist meine Mutter! Ich liebe sie zu Tode, wie es im Lied heißt! Oh ja, ich liebe sie schon zu Tode, meine Mutti... und trotzdem schickt sie sich an, mich abtreiben zu lassen. «Mutter! Hab Mitleid mit mir, Mutter! Höre nicht auf sie! Ich liebe dich so sehr! Nur eines möchte ich tun: mich in deine Arme werfen und mich von dir liebevoll wiegen zu lassen, indem ich deinem sanften Singen lausche... Ich dürste nach deinen Liebkosungen, nach deiner Zärtlichkeit, ich habe mich so danach gesehnt, dich zur Mutter zu haben! Warum, Mutter? Wozu?» Gerührt, denke ich an den Gräuel der Abtreibung. Ist das nicht eine abscheuliche Tat? Und ich weiß, dass jede Sekunde eine Abtreibung in der Welt begangen wird. Wie viele Abtreibungen sind das ab 1980 bis heute? Wissen Sie es? Versuchen Sie, es auszurechnen... Auf Grund der Internet-Adresse numberofabortions.com, wären es bis zur Verfassung dieses Buches mehr als 1,6 Milliarden Abtreibungen gewesen! Der Zahl von 1,6 Milliarden abgetriebener Föten entspricht ungefähr der Zahl von 1,6 Milliarden Müttern, nicht wahr, von denen die meisten wahrscheinlich noch am Leben sind (das gleiche gilt für die Zahl der Väter). Da kann man ja noch auf einiges gefasst sein! Diese Warnung wird überwältigend sein, bei gleichbleibendem Angebot der Gabe der Barmherzigkeit, der barmherzigen Liebe! Dabei muss ich an die Abtreibungsärzte denken, die sich bekehrt haben: Einer von

ihnen hat auf dem Berg Krizevac, in Medjugorje, einen Berg kleiner Baby-Schädel von abgetriebenen Kindern gesehen und hat sich auf der Stelle bekehrt. Ein anderer, ein Neuseeländer, hat sich wie folgt geäußert: «Ich war genau wie die Nazis.»

Papst Franziskus bekundet seinerseits: «Im vorigen Jahrhundert war die ganze Welt skandalisiert über das Vorgehen der Nazis zur Sicherung der Reinheit der Rasse. Heute tun wir das Gleiche, mit weißen Handschuhen... Warum sieht man auf der Straße keine Kleinwüchsigen mehr? Weil es bei vielen Ärzten heißt: es wird anormal geboren, man wird sich dessen entledigen.»[145] *Während des weltweiten Lockdown zur Bekämpfung des Coronavirus wurden die Versammlungen in den Kirchen verboten, aber die Abtreibung wurde weiterhin betrieben... Wissen Sie, dass Präsident Trump im Mai 2020, als einer der Ersten, die Wiedereröffnung der Kultstätten erlaubt hat? Hier seine Worte:*

«Heute betrachte ich die Kultstätten (die Kirchen, Synagogen und Moscheen) als lebenswichtige Orte, an denen unabdingbare Dienste verabreicht werden. Ich fordere die Regierenden auf, unseren Kirchen und Kultstätten sofort zu erlauben, wieder zu öffnen. Sollten sie es nicht tun, werde ich sie übergehen. Gewisse Regierende haben den Verkauf von alkoholischen Getränken sowie die Kliniken, in denen Abtreibungen praktiziert werden, als lebenswichtig bezeichnet, und haben die Kirchen und andere Kultstätten ausgegrenzt. Das ist ein Fehler! Ich behebe also diese Ungerechtigkeit, indem ich die Kultstätten als lebenswichtig erkläre. In Amerika brauchen wir mehr Gebet und nicht weniger.»

---

145. Wird GOTT anlässlich der Warnung allen Christen vorwerfen, den Kampf zur Einstellung der Abtreibung vernachlässigt zu haben? Handelt es sich um eine Unterlassungssünde? Wird das Sprichwort: «Wer schweigt, willigt ein», angewandt werden?

5. KAPITEL – ERLEUCHTUNG DER GEWISSEN

Ohne Eingreifen Gottes ist es zurzeit nicht mehr möglich, den Verfall der Welt noch zu wenden. Aber die Stunde des ERWACHENS nähert sich mit Riesenschritten![146]

---

146. Und glaubt bloß nicht, mit der Beichte warten zu können. Erinnert euch an das, was während des weltweiten Lockdown geschehen ist: Wo waren die Priester? Auch sie eingeschlossen... Wie kommunizieren, wie beichten? Und das geschah nicht in Zeiten der Bekämpfung der Religion, was noch zwingender gewesen wäre. Was die Sakramente betrifft, leben wir einstweilen noch in Zeiten des Festmahls (cf. Luk 14,17). Nutzen wir die Zeit...

100 LEUCHTTURM-BOTSCHAFTEN

- 1 -

Heiliger Papst Paul VI.
Die Reife des Gewissens, die heute so schwer zu schätzen ist, besteht in der Unterscheidung von Gut und Böse. Die Menschheit hat so viele schlechte Taten vollbracht, dass ihr Gewissen nun verdunkelt ist. **Wir benötigen eine furchtbare Warnung, aber viele werden nicht hinhören.** Die meisten werden sich keine Rechenschaft ablegen, obschon es von grundlegender Bedeutung wäre, das heutige moralische Verhalten auszutauschen. Viele haben ihr ganzes Leben damit verbracht, ihre Freiheit zum Genuss aller Arten von Vergnügen zu gebrauchen, und das unter dem Blick unseres Gottes. Das Gericht wird unmittelbar kommen – bei seiner gleichzeitigen Zärtlichkeit – und sie werden gezwungen sein, ihre Sünden im Unterschied zum Guten zu erkennen. Diesmal werden die Sünden der Welt offen liegen.

- 2 -

Marie-Julie Jahenny[147]
Es gibt zwei Warnungsarten:

1. Die Zeichen zugunsten der Gerechten, um sie von dem Bevorstehen der großen Stürme zu warnen und sie zu trösten.

---
147. Internet-Seite: Marie-julie-jahenny.fr

2. Die Zeichen für die Vielzahl der schlafenden und der hartnäckigen Sünder, um ihnen nahezulegen, dass sie umkehren oder sterben müssen. Diese Zeichen sind Beweise der Barmherzigkeit GOTTES, der seinen Geschöpfen nur Gutes wünscht.

Die Warnungen erfolgen eine gewisse Zeit im Voraus, um den Menschen zu erlauben, wieder auf den rechten Weg zu gelangen oder den rechten Weg zu finden. In dieser Periode des Erwachens müssen die Gerechten die Rolle der entgegenkommenden Leiter übernehmen, Stützen sein für jene, die nach dem Sinn all dieser Zeichen suchen. Sie müssen sich auf diese heikle Aufgabe vorbereiten. Die Warnungen sind beeindruckende Zeichen. Sie können heftige Gemütswallungen hervorrufen und den Tod gefährdeter Personen verursachen. Sie sind nie harmlos, denn sie kündigen die Art der Strafe an und sind Symbole der Sünden, die sie aufdecken.

- 3 -

Garabandal

Die Warnung wird weniger als zwölf Monate vor dem Großen Wunder stattfinden. Mari-Loli war die Jahreszahl bekannt, aber leider ist sie am 20. April 2009 gestorben. Es war übrigens nicht ihre Aufgabe, das Datum bekannt zu geben, im Gegenteil zu Conchita, die das Datum des Wunders kennt und es acht Tage im Voraus verkünden muss.

1975 hatte Mari-Loli anlässlich eines Interviews bekannt gegeben, dass die Warnung in einem Jahr mit einer geraden Zahl stattfinden würde. Das Große Wunder ebenfalls. Zu unserer Vorbereitung auf das Wunder, würde zwischen den beiden Ereignissen eine Zeitspanne von einigen Wochen bis zu drei Monaten liegen.

Nachstehend einige Zitate aus den Aussagen von Conchita[148]

Die Warnung, die die Jungfrau uns senden wird, kommt einer Züchtigung gleich, mit dem Ziel, die Guten näher zu GOTT zu bringen und die anderen zu warnen.

Worin wird die Warnung bestehen? Ich kann es nicht aufdecken. Die Jungfrau hat mich nicht beauftragt, es zu tun. GOTT möchte, dass wir uns durch die Warnung bessern und weniger gegen ihn sündigen.

Wenn die andere Strafe mir nicht bekannt wäre, würde ich sagen, dass es keine größere Züchtigung gäbe als die Warnung.

Alle werden Angst haben, aber die Katholiken (die im Stand der Gnade sind) werden sie gelassener ertragen als die anderen.

Sie wird nur sehr kurze Zeit dauern.

Conchita bemerkte später, dass «sehr kurze Zeit» nicht nur einige Augenblicke bedeutet, sondern wahrscheinlich 15 Minuten.

Diese kurze Zeit wird zum Erlebnis ausreichen, mit der Gerechtigkeit GOTTES konfrontiert zu werden.

Die Warnung kommt direkt von GOTT. Sie wird in der ganzen Welt sichtbar sein, egal wo man sich befindet.

Sie kommt einer inneren Aufdeckung unserer Sünden gleich. Die Gläubigen sowie die Ungläubigen und die Leute, egal welcher Gegend, werden sie sehen und wahrnehmen.

Die Warnung ist eine Art Reinigung im Hinblick auf das Wunder. Es ist eine Art Katastrophe. Dieses Ereignis lässt uns an die Toten denken, das heißt, dass wir lieber tot wären, als die Warnung erleben zu müssen!

Am wichtigsten ist, dass die ganze Welt ein Zeichen wahrnehmen, eine Gnade oder eine Strafe erhalten wird, in anderen Worten, eine Warnung. Alle werden ihr Gewissen GOTT allein zwecks Prüfung unterwerfen. Sie werden alle ihre Sünden, sowie die Folgen ihrer Sünden erkennen.

---

148. «Erinnerung eines spanischen Priesters aus einer ländlichen Gegend», 19.06.1965

O ja! Die Warnung ist furchtbar! Tausend Mal schlimmer als Erdbeben.
Es wird wie Feuer sein. Dieses Feuer wird unser Fleisch nicht verbrennen, aber wir werden es physisch und innerlich spüren.
Alle Nationen und alle Menschen werden es gleicherweise wahrnehmen. Niemand wird ausgenommen. Die Ungläubigen werden gottesfürchtig werden.
Auch wenn du dich in dein Zimmer verkriechst und die Fensterläden schließt, wird sie dir nicht erspart bleiben, du wirst sie dennoch erleben.
Aber nach der Warnung wirst du den lieben Gott viel mehr lieben. Wir werden verstehen, dass wir die Warnung erleben müssen, wegen unserer Sünden.
Sie kann zu jeder Zeit stattfinden.
Wir sind selbst schuld an der Art der Warnung, die wir für Jesus annehmen werden, wegen der Beleidigungen, die wir GOTT zugefügt haben.
Wenn wir sterben werden, dann nicht wegen der Warnung an sich, sondern wegen der Aufregung, die damit verbunden ist.

- 4 -

Heiligstes Herz JESU zu Sulema[149]

Der Tag naht, an dem ihr alle vor Mir stehen werdet, an dem alles innehalten und Stillschweigen bewahren wird, um meine Stimme zu hören. Ihr werdet mein Kreuz am Himmel sehen und unter der Regung des Heiligen Geistes in dieses große Wirken der Liebe eintreten: die Erleuchtung eures Gewissens. Ihr werdet euch alle mit meinem Blick sehen, wie Ich euch in meinem Blick sehe. Ihr werdet

---

149. *Ich bereite euch auf dieses Ereignis vor: Die Erleuchtung eures Gewissens*, Band 3, 01.11.2013, Parvis-Verlag.

sehen, wo eure Sünden euch hingeführt haben. In diesem Augenblick wird die Liebe Wurzeln in euch schlagen und euer Herz wird sich öffnen, um die Wahrheit und das Licht aufzunehmen, dann werdet ihr sehen, wo eure Sünden euch hingeführt haben.

- 5 -

GOTT zu Tochter des Ja zu Jesus[150]

Meine Kinder! Die Zeiten der Warnung werden demnächst eure Nacht unterbrechen. In den Köpfen von gewissen meiner Kinder scheint das Wort «Warnung» so unrealistisch zu klingen, dass sie davon abgehalten werden, zu glauben, dass sie wachsam sein und sich vorbereiten müssen, um später nicht zu leiden. Ihr alle, weckt eure Sehnsucht nach dem Leben, das in euch ist und schreit laut, dass es nicht verschwinden will. Eure Seele drängt euch, euch voll bewusst zu werden, dass ihr sie vernachlässigt. Auf! Tut, was sie von euch verlangt! Durch ihre ständigen Ermahnungen fleht sie euch an, euch nicht in das Verderben zu stürzen… Ihr werdet leiden in dem Maß der Sünden, die ihr in euch tragt, nur ihr selbst habt euch entschlossen, in diesem Zustand zu verharren. Die Last der Sünden, die ihr tragen wollt, wird euch bedrücken. Ja, ihr werdet nach all den Mängeln an Liebe der vergangenen Jahre gerichtet. Es ist an euch festzustellen, ob ihr eurem Nächsten, euch selbst und Uns, der Liebe, Böses angetan habt. Seht! Wir, der Göttliche Wille, offenbaren euch unseren Plan: Zuerst wird das erste Gericht kommen. Ein weiteres wird erfolgen, das wird dann das letzte große Gericht sein, zu dem die Toten auferstehen mit ihrem Körper, der sich wieder mit ihrer Seele verbinden wird, während ihr diesem Gericht mit eurem Körper und mit eurer Seele beiwohnen werdet. Wir, der Ewige Wille, bestätigen es euch.

---

150. *Amour pour tous les miens, Jésus*, 4. Band (nicht auf Deutsch erhältlich).

Ihr werdet in euch sein und GOTT wird sich euch zeigen und ihr werdet vor eurem Erlöser, vor Ihm stehen, so wie ihr seid.

Euer Inneres wird sich öffnen, wie ein großes Buch, und ihr alle werdet eure Taten sehen. Die guten [Taten] werden vor euch liegen und die schlechten ebenfalls; nichts wird euch verborgen sein. Es ist euer Gericht!

Ihr könnt eurem eigenen Urteil nicht entgehen, denn alles wird sich in euch abspielen und ihr werdet euch vor Gott, dem Sohn, befinden.

Die Liebe GOTTES zu euch wird euch offenbar werden; wir besitzen diese Liebesmacht.

Ihr werdet seine Liebe in euch vernehmen und es wird euch offenbar werden, was er für euch getan hat.

Die Liebe GOTTES wird in euch sein, bis zum Schluss. Unser Gericht wird ohne Zweideutigkeit sein.

Sie wird erst aufhören, wenn alles zu Ende sein wird.

GOTT wird die Liebe zu Seinem Gericht in euer Herz legen; ihr könnt dann nicht umhin, euch zu richten, und zwar nur mit dieser Liebe.

Dann wird euer Gericht beginnen, es wird gerecht sein.

Die Macht GOTTES wird euch durchdringen, damit eure Augen sich öffnen, und nichts von dem, was ihr sehen werdet, wird euch entgehen: alles wird im Licht Gottes offenbar. Ihr selbst werdet die kleinsten Einzelheiten eurer Taten und den kleinsten eurer Gedanken sehen; alles wird euch gezeigt werden.

Ab eurer Geburt bis zum Tag eures ersten Gerichts wird alles, was ihr getan habt, gemessen[151] und geprüft, alles, von der kleinsten Tat bis zur größten, ob schlecht oder gut. Dieser Justiz könnt ihr nicht entgehen.[152]

---

151. Das Ereignis wird unterschiedlich erlebt, je nachdem, ob wir im Stand der Gnade sind oder nicht.
152. Das ist die Großartigkeit der Gabe GOTTES. Die Gabe des Bewusstseins! Und diese Begegnung mit Ihm, mit der Liebe, bei vollem Licht, erlaubt uns, alles zu sehen und zu verstehen, im Licht und in der

Ihr werdet mit eurer Wahl konfrontiert, ihr werdet nicht leugnen können, dass ihr vernachlässigt habt, euch auf euer ewiges Leben vorzubereiten. Ihr werdet alle gewarnt sein, bevor dies eintrifft, niemand wird es verbergen können.

... Die Rechtsprechung bleibt sich selbst treu. Weil ihr unsere Warnungen nicht wahrnehmen wollt, werdet ihr mit eurem eigenen Urteil konfrontiert. Ihr wollt es so haben. Seht! Wenn ihr nichts zugunsten eures ewigen Lebens unternehmt, werdet nur ihr selbst diese Last tragen müssen; bald wird diese Last auf die Waage gelegt werden und wird das Gegengewicht dessen sein, was ihr hättet tun müssen, um das ewige Leben zu erlangen. Wer Ohren zum Hören hat, der höre! Wer Augen zum Sehen hat, der sehe! Niemand kann sich selbst entgehen. Möge dieses Dunkel, das über dich kommen wird, auf dass du dich verinnerlichst, dir zu verstehen geben, dass Gott dich liebt und dich für sich gewinnen will.

Vernimm in dir meinen Liebesschrei: «Komm, mein zärtliches Kind, komm in mich. Ich bin dein Liebes-Gott, der dich liebt und Ich schlage dir vor, dir das Glück zu schenken, wenn du der Liebe dein Ja gibst. Komm! Komm! Ich warte auf dich. Amen»

- 6 -

JESUS zu Vassula[153]

Ich werde auf sie herabsteigen und sie umwerben, im Bewusstsein, dass ich ihre Herzen gewinnen werde; was ihre ungebührende

---

Liebe. Danach wird das Verlangen nach Barmherzigkeit und Lobpreis zum Motor werden, zum Motor in den Rädern, die uns voranbringen, zu Segeln, die uns in die Weite tragen, im Vertrauen, in der Hingabe und in der Freude! Welch ein Glück!

153. 21.08.2018

Redensart betrifft, wird der starke Strom meiner Gnade sie durchfluten, um ihren Unwillen in einen Strom der Liebe zu verwandeln. Ich werde erstaunliche Werke vollbringen, die von meinem heilsamen Beistand zeugen werden; meine Stimme werden sogar die Rüpel vernehmen; **die entlegensten Nationen werden mein Licht empfangen,** Leute, die Mich nie gekannt haben, die nie von Mir gehört haben; Meine Worte werden in ihren Ohren wie Musik klingen und sie werden sich über meine heilbringende Gerechtigkeit freuen.

– [Christian]: Mein eigenes Urteil voraus –

Am 12.04.1999 fuhr ich in Quebec mit meinem Auto auf der Autobahn, als meine Seele sich erhob und sich auf der anderen Seite des Schleiers befand... Ich habe diesen Höhenflug bewusst empfunden, obschon ich die Gewissheit hatte, dass dieses Erlebnis auf der Ebene meines Herzens stattfand, so als ob eine Tür zum Himmel sich öffnen würde... Mein Körper befand sich stets hinter dem Steuer... Ich habe erlebt, wie ich mich zuerst vor Familienangehörigen befand... und dann vor einer Feuerkugel, die der schönsten aller Sonnen glich, aber zugleich auch einer Kugel aus goldenem Honig. Diese Kugel stellte einen Tropfen des Kostbaren Blutes unseres Herrn Jesus Christus dar, da es sich um die Natur der Gnade handelte, die mir erwiesen wurde. Zwei Engel befanden sich, je einer zu jeder Seite dieser Sonne. Ein jeder zollte ihr großen Respekt, aber auch meiner Seele. Das war äußerst erstaunlich, da meine Selbstwertschätzung damals nicht bedeutend war. Diese Engel zeugten von tiefer liebevoller Achtung dem (von Gott erschaffenen) Geschöpf GOTTES gegenüber, das ich bin, und ich empfand meinerseits einen unendlichen Respekt ihnen gegenüber, aber auch eine außerordentliche Verbindung! Ich verstand alles! Mein Bewusstsein war voll erleuchtet.
Das erinnert mich an folgenden Auszug aus einer Botschaft von Vassula[154]: «*Und obschon du noch immer unter den Menschen*

---

154. 25.10.1094

weilst, wird dein Geist im Himmel sein, und obschon dein Leib sich noch immer auf Erden bewegt, werden deine Seele und dein Geist wie die der Engel sein... Ich werde dich lehren, dass Wir das Leben sind und dass du in Uns nicht zu bestehen aufhören wirst.»

... Und [auch] an dieses Zeugnis von Vassula:
«Wenn du meinem Heiligen Geist erlaubst, deine Seele zu erfüllen, kann Er sie von einer Wüste in einen Garten verwandeln, in dem Ich mich in dir ausruhen kann. Wenn du es Meinem Heiligen Geist erlaubst, kann Er deine Seele in einen Palast umwandeln, in dem Ich König sein und über dich herrschen kann; wenn du es erlaubst, kann mein Heiliger Geist deine Seele verklären. Er kann deine Seele in einen Himmel verwandeln, in dem du Mich verherrlichen kannst...»

Das war die Gnade meines Lebens! Die Erleuchtung meines Gewissens, mein eigenes Urteil voraus... Während dieser Gnade bin ich dreimal hinter dem Steuer wieder in meinen Leib zurückgekehrt, machte dann wieder einen Höhenflug und bei jeder Bewegung von innen nach außen und von außen nach innen flossen Tränen aus meinen Augen; ich hatte das Gefühl, als würden ganze Tränenströme aus meinen Augen fließen. Als ich mich zum dritten Mal vor der göttlichen Sonne befand, hatte ich den Eindruck, wieder in meinem Körper zu sein, als wäre die Verbindung von Seele und Körper «wieder hergestellt»; meine Seele sang (ich hatte keine körperliche Kontrolle über dieses Geschehen); während ich dem Gesang der Engel lauschte, und die vollendete Schönheit sah, lobte ich den Herrn... aber meine Seele bewegte sich wieder auf die andere Seite und dann war ich schweigsam, als Zuschauer dessen, was der Herr mir darbot!...

Kommen wir zu dem zurück, was JESUS Vassula offenbart hat:
«Plötzlich wird die Welt der Vergangenheit mit allem was war, allmählich in dir verblassen und vergehen. In einem Augenblick wird

der Gleichmut, die Tugend der Engel, in deinem Herzen erblühen, sowie eine Wonne, wie die, die sich bei der beseligenden Schau einstellt. Die mannigfaltigen engelhaften Tugenden werden sodann deine Krone sein, denn sie stellen das dar, das Ich dir als Gaben zum Erreichen der Vollkommenheit anbieten würde. Der absolute GOTT wird dich dann in den feinen Düften der Hochzeitskammer umarmen und Eins mit dir sein, indem er mit dir in seinem Licht verschmelzen wird, bis du selbst Licht wirst. Von meinem Heiligen Geist umfangen, wird dein Mund mein Mund sein, deine Glieder meine Glieder, deine Augen meine Augen, dein Wort mein Wort; deine Taten und deine Gedanken werden ganz göttlich sein. Alsdann werden dein ganz erleuchtetes Wesen und deine ganz erleuchtete Seele von Mir belebt werden. Das wird der Beginn deines neuen Lebens in Mir sein.»[155]

- 7 -

JESUS zur heiligen Schwester Faustina Kowalska[156]

Noch bevor Ich als gerechter Richter kommen werde, komme Ich als König der Barmherzigkeit. Bevor der Tag der Gerechtigkeit anbricht, wird den Menschen folgendes Zeichen am Himmel gegeben werden: Alles Licht am Himmel erlischt und große Finsternis wird auf der ganzen Erde sein. Dann erscheint das Zeichen des Kreuzes am Himmel, dort, wo die durchbohrten Hände und Füße des Erlösers waren, werden große Lichter fluten, die eine Zeitlang die Erde beleuchten.

♥

---

155. 30.04.2003
156. *Tagebuch der Schwester Maria Faustyna Kowalska*, 1934, Seite 42, § 83-84, Parvis-Verlag.

Die heilige Faustina[157]

Sofort erkannte ich den Zustand meiner Seele, so wie Gott sie sieht. Ganz klar erkannte ich, was Gott nicht gefällt. Ich wusste nicht, dass man sogar über kleine Schatten vor dem Herrn Rechenschaft abgeben muss. Was für ein Augenblick! Wer beschreibt ihn? – Dem Dreimal Heiligen gegenüberzustehen!

– 8 –

Anna Maria Taïgi

Die selige Anna-Maria Taïgi sprach von einer großen Strafe, die über die Welt kommen würde, der aber eine Erleuchtung des Gewissens der Menschen (Warnung) vorausgehen würde. Durch diese Erleuchtung würde sich jeder einen Augenblick lang so sehen, wie GOTT ihn sieht. Dank **dieser Erleuchtung des Gewissens** würden viele Seelen sich bekehren und ihr vergangenes Leben bereuen.

1920 seliggesprochen, gilt Anna Maria als Vorbild der Frauen und Mütter; sie war nicht nur eine Prophetin für ihre Zeit, sondern auch eine der außerordentlichsten Mystikerinnen in der Geschichte der Kirche. Vom Alter von 20 Jahren an bis zu ihrem Tod, im Alter von 63 Jahren, war sie von einem geheimnisvollen Licht begleitet (einem leuchtenden Globus), in dem sie Ereignisse der Vergangenheit, der Gegenwart und der Zukunft erkannte. Sie vertiefte sich in dieses Licht nur auf einen inneren Impuls hin… eine Art Befehl des Herrn und des Heiligen Geistes. Wenn sie dieses Licht betrachtete, wurde gewöhnlich von ihr die Aufopferung eines besonderen Leidens im Anliegen einer Person oder der Kirche verlangt. In diesem Licht sah Anna-Maria zukünftig eine große Strafe über die Menschheit kommen, **der aber ein großer Segen vorausgehen würde:**

---

157. *Tagebuch der Schwester Maria Faustyna Kowalska*, Seite 22, § 36, Parvis-Verlag.

Die Warnung als letzte Chance der Umkehr.

Anna-Maria sagte, dass diese Erleuchtung des Gewissens zahllosen Seelen zum Heil gereichen wird, weil sie durch diese Warnung, durch dieses Wunder der persönlichen Erleuchtung, ihre Verfehlungen bereuen würden.

Sie sprach von der Erleuchtung der Gewissen, die sei so, als sähe sich plötzlich jeder mit den Augen GOTTES.

Durch die Warnung werden wir der Gegenwart GOTTES in unserem Leben bewusst.

Alle, Gläubige und Ungläubige, werden erklären, dass Gott uns mit seiner unermesslichen Macht berührt hat.

Er wird beispiellos eingreifen, um der Welt seine Existenz, seine Barmherzigkeit, seine königliche Herrschaft, seine Liebe zu uns und seine Sorge um unser Heil, bewusst zu machen. GOTT existiert und Er ist gut.

Durch die Warnung wird die Existenz GOTTES eine Gewissheit werden, die alle Zweifel oder Spekulationen ausschließt.

Die Sünde – unsere Verweigerung, zu lieben wie GOTT – geht aus einer Vielzahl von lieblosen Gesten, Entscheidungen und Haltungen hervor. Im strahlenden Licht der Erleuchtung unserer Seele wird das allen einleuchten.

In diesem Augenblick wird unser Gewissen total erleuchtet werden und die egozentrische Begierde, in der wir uns so oft wohlgefühlt haben, an den Tag bringen, sowie die Erinnerungen an Situationen, die nie von Liebe geprägt waren, ebenso die Lügen, die wir uns eingeredet, sowohl als auch die Kompromisse, in die wir eingewilligt haben.

Wegen der Warnung wird es **nicht mehr möglich sein, seinem Gewissen auszuweichen.** Plötzlich, in einem Blick, wird sich unsere Vergangenheit in allen Einzelheiten vor unseren Augen entfalten. Dann werden wir einsehen, wie scharf der Blick GOTTES alle Hindernisse durchdringt und die verborgensten Geheimnisse enthüllt. Wir werden verstehen, worin unser ewiger Zustand bestehen wird: das Licht oder die Finsternis unserer Seele. Während eines Augenblicks werden wir den von unseren Sünden und den durch die Trennung von GOTT verursachten Schmerz erleiden, sowie die Schmerzen des Fegefeuers oder der Hölle. Es wird uns offensichtlich sein, ob wir es wollen oder nicht.

Die Warnung ist die Barmherzigkeit GOTTES. Er gewährt allen eine letzte Chance. Durch die Warnung werden wir uns bewusst, dass wir noch nicht so sind, wie GOTT uns haben möchte. Es ist sein Wille, dass wir werden wie Er und dass wir uns Ihm annähern. Nur die Sünde steht diesem Wunsch im Weg. Sie ist das Hindernis auf dem Weg zur Vollkommenheit und zur ewigen Seligkeit.

Während der Warnung werden unsere Sünden aufgedeckt, nicht aus Rache, sondern aus Liebe und Barmherzigkeit, denn die Rache ist dem Herzen GOTTES fremd.

Es ist interessant festzustellen, dass *der heilige Edmund Campion, ein englischer Jesuit und Märtyrer,* diese Offenbarung 300 Jahre vor der seligen Anna-Maria erhalten hat. Diese Prophezeiung behauptete er bis zu seinem Tod. Es ist wichtig zu wissen, dass *die Warnung universal ist,* das heißt, dass jeder unmittelbar von GOTT berührt werden wird, wo immer er sich befinden und wer er sein mag, gläubig oder ungläubig. Durch dieses Vorgehen beabsichtigt

GOTT, uns den Zustand unserer Seele auf übernatürliche Art zu zeigen, uns zu läutern und uns auf das Wunder vorzubereiten. Das Ziel dieses Ereignisses ist offensichtlich unsere Umkehr.

- 9 -

MARIA zu Luz Amparo (Escorial)[158]

Diese Welt geht ihrem Ende zu *(es ist nicht das Ende der Welt, sondern einer Welt)*, aber Ich wünsche, dass die Menschen sich ändern, Ich wünsche, dass ihr Ordnung in euer Leben bringt:

Ihr werdet die Warnung erleben und den Zustand eurer Seele wie im Spiegelbild sehen, das heißt, das, was ihr gewesen seid während eurer ganzen Existenz, meine Tochter, eurer ganzen Existenz! Das ist das Geheimnis GOTTES, das der Mensch nie enthüllt hat.

Viele werden entsetzt sein und es nicht glauben wollen, sie werden nicht einmal dem Wort GOTTES Glauben schenken. Meine Kinder, deshalb bitte ich euch flehentlich, den Heiligen Geist um seinen Bestand zu bitten, damit ihr in diesem Augenblick verstehen könnt, wie geheimnisvoll und verborgen die Pläne GOTTES sind.

Es ist sehr wichtig, im Stand der Gnade zu sein. Meine Tochter, am Tag der Warnung werden Menschen aus Entsetzen, aus furchtbarem Entsetzen sterben. Versucht, in dieser Nacht im Gebet vor dem Allerheiligsten Sakrament oder in eurer Wohnung bei fest geschlossenen Türen zu sein.

Kein Gefäß könnte die Tränen fassen, die Meine Mutter täglich für euch alle vergießt.

---

158. 30.07.1983

Die Engel der Gerechtigkeit sind auf die Warnung und die Tilgung des Bösen auf Erden vorbereitet.

Mögen die Menschen ihre Sünden vor der Stunde der Strafe bereuen, denn der Kampf wird furchtbar sein. Meine Tochter, warne sie alle! Sie sollen sich nachher nicht beklagen, nicht gewarnt worden zu sein. Sie sollen ihre Verfehlungen bereuen, sie beichten und sich bemühen, sich am Tag der Auserwählten zur Rechten des Vaters zu befinden. Denn es wird abscheulich sein, dem Feind folgen zu müssen. Sag allen, sie sollen ihre Sünden bereuen und den ewigen Vater um Verzeihung bitten, denn der ewige Vater erwartet sie alle.

Die Warnung wird schlimmer sein als vierzig Erdbeben nacheinander, die die Welt zerstören. Die Strafe wird furchtbar sein und niemand wird ausgenommen, niemand! **Alle werden die Strafe erleben** und verstehen, was sie bedeutet.

- 10 -

YAHUSHUA (Jesus) zu Julie Whedbee[159]

Mein Herz brennt aus Liebe für mein Volk, und bald werdet ihr **die größte Kundgebung dieser Liebe** erfahren, da Ich meinen Geist, den Geist meines verzehrenden Feuers ausgießen werde. Diese Feuersglut wird die Herzen all jener berühren, die mich suchen, sich geleert und sich mir gewidmet haben, indem sie sich für meine Pläne geheiligt haben. Sie kennen schon mein «Innewohnen» in ihnen. Das Feuer meines Richterspruchs greift jetzt schnell um sich, aber bald werdet ihr das Feuer meines Geistes erfahren, wie es so seit dem ersten Pfingsten noch nie der Fall war. Das Feuer, das ich ausgießen werde, wird diesmal so viel mehr Seelen betreffen,

---

159. 30.05.2020

und mit diesem Feuer werde ich meinem Rest große Kraft, Macht, und Vollmacht vermitteln. Befürchtet nicht, ein weiteres Pfingsten sei schon eingetroffen, und ihr hättet euch nicht verwandelt. Alles ist mir bekannt und mein *Timing* ist perfekt. Ich werde nicht versäumen, mein Volk heimzusuchen und der Feind, euer Widersacher, wird nicht den Spott mit mir treiben. Mein Plan ist perfekt, und bald werdet ihr, meine Lieben, meine Wege viel klarer überschauen können. Vertraut mir also weiterhin und seid mir gehorsam. **Leere Gefäße werde ich füllen**, und ihr könnt mir vertrauen, dass ihr inmitten der Finsternis Frieden und Liebe im Übermaß erhalten werdet. **Jene, die ihr Herz mir gegenüber verhärtet haben**, müssen mit großer Angst und Entsetzen rechnen, wenn der Schöpfer sich auf Erden zu erkennen geben wird. **Die Lauen**, die sich weigern, meinen Warnungen Aufmerksamkeit zu schenken und weiterhin Behaglichkeit und Trost in der Welt mit ihren Übeln suchen, werde Ich ausspeien, denn Ich kann keinen neuen Wein in alte verschmutzte Schläuche füllen. Währenddessen wird eine radikale Trennung von denen, die mir zu Diensten stehen und von denen, die falsche Götter verehren, stattfinden. Wenn die ganze Fülle meines verzehrenden Feuers zur Stärkung meiner Armee ausgegossen sein wird, wird es kein Zurück mehr geben und keine zweite Chance. Dann wird euer Los besiegelt sein, für mich oder gegen mich zu sein. **Jene, die mir zu Diensten stehen**, werden als mächtige Frauen und Männer aufstehen und hervortreten. Ich werde sie als Könige und Priester ansprechen, und mir zu Ehren werden sie übernatürliche Taten verrichten. Ich habe ein Heer rekrutiert, wie es noch nie eines gab. Bereitet euch auf das Feuer vor! Ihr werdet entweder das kostbare Feuer meines Heiligen Geistes erfahren, um euch ganz daran zu gewöhnen, oder ihr werdet zu eurer Reinigung immer noch größeren Feuer und Prüfungen ausgesetzt werden, bis ihr bereit seid, eurem König bei seinem Zweiten Kommen zu begegnen. Die Stunde hat geschlagen! Meine Lieben, bereitet euch vor!

- 11 -

JESUS zu Pelianito (Janet Klasson)[160]

Meine lieben Kinder, **ihr werdet auf Grund eurer Früchte beurteilt werden.** Legt also besonderen Wert auf die Früchte all eurer Taten. Wenn euer Tun nicht zum Aufbau des Reiches Gottes gereicht und Gott nicht verherrlicht, dann schafft es unerbittlich aus der Welt! Welches ist das Kennzeichen der guten Früchte? Ganz einfach, die Liebe! Ich habe euch schon empfohlen, in Liebe zu handeln; dann tut ihr nie Unrecht. Seid weise und unterscheidet Gut von Böse! Ihr lebt in einer schwierigen Zeit. Der Widersacher hat reichlich Verwirrung gesät. Fragt euch also oft, auf welche Mittel ihr zurückgreifen könnt, um in Liebe zu handeln. Bittet unsere Mutter, für die jeder Atemzug ein Akt der Liebe war, um Hilfe! Sie wird euch ihre Hilfe nicht verweigern. Meine Kinder! **Prüft alle eure Haltungen und Taten eingehend!** Behaltet das Gute zurück und lasst alles andere beiseite! Der Obstgarten darf nur mit Bäumen bepflanzt sein, die gute Früchte bringen. (Mt 3,10)

- 12 -

JESUS zu Matthew (Six25to34)[161]

Mein Kind, lebe in Frieden, denn alles ist gut! Für jene, die nicht durch die Tür meiner Barmherzigkeit eingetreten sind, ist jetzt die Zeit gekommen, es zu tun. Mein Kind, jetzt werden die Türen geschlossen! Der ganze Himmel hat den Schall der Trompete vernommen. Meine kostbaren Kleinen, seid bereit, der Endkampf ist da! Kümmert euch um nichts anderes als darum, den Willen Gottes zu tun und meine Wünsche an euch zu erfüllen. **Bald werden**

---

160. 21.02.2016 – Internet-Seite: Pelianitoblog.wordpress.com
161. 12.05.2011 – Internet-Seite: Matthewsix25to34.wordpress.com

alle die Fassade[162] der Bühne sehen, auf der sich ihr Leben abgespielt hat. Das wird für manche schmerzlich, für andere eine Freude sein. Es ist jetzt schon so lange die Rede davon, so dass es keine Überraschung mehr sein dürfte, aber für viele doch noch sein wird.

Meine Kleinen, kommt zu mir, jetzt ist noch die Zeit meiner Barmherzigkeit. Bis zur letzten Sekunde werde ich die hartnäckigsten Sünder aufnehmen und ihre Kleider leuchtend weiß machen, indem ich sie im Blut des Lammes reinwaschen werde. Meine Kinder, euer Erlöser liebt euch! Verweigert ihm nicht das Recht auf eure Gegenliebe und eure Hingabe! Sucht nach den Zeichen der Zeit und ihr werdet wissen, dass ihr angekommen seid.

- 13 -

MUTTER des Immerwährenden Lichts[163]

GOTT hat euch Warnungen geschickt, die ignoriert wurden... Manche denken, einen bösen Traum gehabt zu haben, andere werden die Augen öffnen und losschreien. Sie werden ihr Leben betrachten, wie GOTT es sieht, jeden Tag, seit ihrer Geburt. GOTT wird euch eure Taten zeigen, die guten und die schlechten, die, die euch ein Lächeln abgewinnen und die, die euch traurig stimmen werden. GOTT wird euch diesmal den Auftrag geben, über euer Handeln nachzudenken und zu tun, was erforderlich ist, um all die schlechten Taten wiedergutzumachen.

Meine lieben Kinder, bereitet euch unverzüglich darauf vor, und schickt euch sofort an, Reue zu erwecken, falls ihr es noch nicht

---

162. Will der Herr durch dieses Wort darauf hinweisen, dass es keine Wurzeln gibt?
163. 22.01.2009

getan habt! Es wird nur einen Richter geben, ohne Geschworene, und ihr werdet seine Liebe wie auch seine Wut zur Kenntnis nehmen.

- 14 -

JESUS zu Vassula[164]
Diejenigen, die noch nicht von den Mächten der Welt angesteckt wurden, werden zu Uns in Unser Unvergängliches Licht gezogen werden. Wir senden dich heute aus wie eine lodernde Flamme, um die flackernde und fast erloschene Flamme in allen Herzen neu zu entfachen. Unsere Gegenwart durch diesen Aufruf bedeutet: Vergebung. Unsere Gegenwart unter euch bedeutet: Freundlichkeit und Zärtlichkeit; doch bald wird Meine Stimme wie ein Donnerschlag unter euch zu hören sein. Meine Stimme wird die der Gerechtigkeit sein; Ich werde kommen, um die Erde zu reinigen; Meine Reinigung wird **wie ein Gericht im Kleinen** sein, und es wird mit Gerechtigkeit stattfinden.

- 15 -

MADONNA von Trevignano Romano zu Gisella Cardia[165]
Meine Vielgeliebten! Danke, dass ihr im Gebet vereint seid und meinen Ruf in eurem Herzen gehört habt! Bald, ja recht bald wird

---

164. *Wahres Leben in Gott*, Band 1, Vassula Ryden, 12.04.1995, Seite 948 – Den Tag des Herrn kann man mit einem kleinen Tribunal vergleichen; es ist eine Läuterung durch Mein Feuer, das eure Seele in Meine Herrlichkeit und in eine vollkommene Vereinigung mit Mir führen wird. *Wahres Leben in Gott*, Band 1, Vassula Ryden, 13.09.2002, Seite 1278.
165. 26.05.2002

die Erleuchtung kommen, die euch in eine Art Ekstase[166] versetzen wird, die ungefähr 15 Minuten dauern wird: seht, der Himmel wird feuerrot werden – dann werdet ihr ein lautes Heulen hören, aber fürchtet euch nicht, denn es wird verkündet werden, dass das Kommen des Sohnes GOTTES kurz bevorsteht. Meine vielgeliebten Kinder, diese Zeiten zeigen an, dass der Antichrist auf dem Punkt ist, seinen Einzug zu halten. Später werde ich euch noch andere Weisungen geben... Vergesst nicht, dass der Sturm nach der Ruhe kommt! Betet für die Mächtigen, damit Gott Mitleid mit ihnen habe! Betet für die Kirche und für die Priester!

- 16 -

Maria von den Philippinen[167]
Lasst mich dieses Licht der Erleuchtung, das das Gewissen des Menschen durchdringen wird, euch näher beschreiben:

1. Es ist sehr hell, wobei es sich um ein weißes und nicht um ein gelbliches Lichthell handelt.
2. Es brennt nicht, obschon es stark funkelt!
3. Ich glaube – verzeiht mir, wenn ich mich irre – dass wir es mit unseren geistigen und nicht mit unseren physischen Augen sehen werden.
4. Wenn es euch durchdringt, ist es als ob euer physischer Körper verschwinden würde. Ihr werdet, genau wie eine reine Seele, in das Göttliche Licht eingetaucht werden. Dieses Licht ist GOTT. Jeder wird in das LICHT GOTTES eintreten und durchflutet werden. Von dieser Erfahrung habe ich nur einen flüchtigen Eindruck erhalten, aber ich kann euch versichern, dass ihr nicht

---

166. Mystischer Zustand, während dessen die physischen Sinne ausgeschaltet sind.
167. 06.01.2005

erschrecken werdet. Es ist eine äußerst schöne Erfahrung, voller Liebe. Danach werdet ihr nicht mehr zweifeln, dass GOTT Liebe ist, dass GOTT Licht ist und dass GOTT existiert.

- 17 -

JESUS zu Catalina Rivas[168]

Die Menschheit lebt in Zeiten, die schlimmer sind als die der Sintflut... Ich werde kommen wie die Sonnenstrahlen in der Mittagsstunde: sie fallen alle zusammen auf alle und in diesem Augenblick werden die Menschen der zwei Hemisphären mich zu gleicher Zeit sehen... **Meine linke Hand wird auf die Erleuchtung zeigen und meine rechte auf das Wunder.**

- 18 -

MARIA zu JNSR[169]

... nichts kann verborgen bleiben. Ihr werdet erschüttert sein, wenn dieses **innere Gericht, während dessen ihr allein vor GOTT stehen werdet,** zu einem Zeitpunkt stattfinden wird, da ihr nicht mehr daran glaubt. Ich bereite mich auf diesen Augenblick vor, denn er wird kurz sein, während mehrere unter euch ihn so unendlich lang finden, dass sie zu Boden stürzen werden. Aber um sauber zu werden, muss die Wäsche stark gestampft werden. Auf diese Weise werden die Unreinheiten eurer Seele, die ihr schon seit mehr als der Hälfte eures Lebens mit euch herumtragt und einige, schon ihr ganzes Leben lang, sich auflösen.

---

168. 1996
169. *Le Secret de Marie*, JNSR, 30.07.2003, Editions Résiac (nur auf Französisch erhältlich).

- 19 -

MADONNA von Trevignano Romano zu Gisella Cardia[170]
Meine Kinder! In so viel Leid möchte ich die Hoffnung einer besseren Welt, einer Welt voll Liebe bringen, denn **das Reich Gottes ist sehr nahe.**
Bald wird euer Herz voll Liebe, Weisheit und Sanftheit sein, denn bald werden die Zeiten der Angst, der Ungerechtigkeit und des Stolzes vorbei sein. Gott erschüttert die Welt und euer Gewissen, damit ihr fähig werdet, aus Dankbarkeit vor eurem einen und einzigen Gott niederzuknien. Dann wird Jesus die Arme ausbreiten und denen, die geglaubt haben, die Güte der neuen Welt vermitteln. Lasst die Dinge dieser Welt hinter euch und macht aus eurem Tag ein immerwährendes Gebet. Liebe Kinder, fürchtet euch nicht, denn ich werde immer bei euch sein, vor allem um euch in diesen traurigen Zeiten zu trösten.

- 20 -

JESUS zu JNSR[171]
Wie wird diese Warnung aussehen? ... Ihr werdet weder den Tag noch die Stunde kennen; das Einzige, was ihr behalten sollt, weil es das Wichtigste ist, ist, dass Ich kommen werde, und dass ihr vorher meine Warnung erleben und ein Zeichen erhalten werdet. Bittet mich um meine Gnade, bereut, tut Busse, denn dieses Zeichen der Reue wird lebendig sein. Anmaßende Welt! Dein Ungestüm wird vergehen, denn du wirst dich dann mit dem Blick GOTTES sehen und du wirst dich selbst nach dem Urteil GOTTES richten, das in

---

170. 01.09.2020
171. *Zeugen des Kreuzes, Erlebt mit mir die Wunder der neuen Schöpfung des Vaters*, Botschaften Jesu an JNSR, 29.04.1997, Parvis-Verlag.

dir ist, denn GOTT lebt in dir!... Ihr werdet eure Verfehlungen einsehen und euch an sie erinnern, auf dass ihr nicht mehr in Versuchung fallt; ihr werdet eure Fehler bereuen und eure Sünden gegen Gott von euch weisen. Denen, die euch von seinem Heiligen Antlitz entfernt haben, werdet ihr im Namen des Herrn, Vater der Barmherzigkeit, verzeihen.

- 21 -

JESUS zu Françoise[172]

Nur noch kurze Zeit, dann werden die Seelen sich selbst sehen: Diese Warnung und Reinigung werden den Menschen aus Gnade geschenkt, damit ihr Wahnsinn aufhört. Schau in jenen Tagen auf Mein Verherrlichtes Kreuz am Himmel und liebe Mich noch mehr, immer mehr, so viel du kannst (in jenen stürmischen Tagen).

- 22 -

JESUS zu Kinder der Erneuerung[173]

Mein Kind! Der Tag, an dem die Seelen zum Gericht vor mir stehen werden, sei es zu ihrem persönlichen Gericht am Ende ihrer Wallfahrt auf Erden, sei es in der Zeit der **Erleuchtung der Gewissen,** wird kommen wie der Dieb in der Nacht. (cf. Mt 24,25). Jeder wird seine Seele sehen, so wie ich sie sehe. Dieser Tag, da die Leute vollständige Klarheit über den Zustand ihrer Seele erhalten, ist eine Stunde großer Barmherzigkeit. Wegen meiner Passion und meines Todes wird es die Stunde der größten Barmherzigkeit für alle sein; sie wurde bis dahin zurückgehalten, weil die Seelen meine Barmherzig-

---

172. *Umkehr der Herzen*, Band 6, Françoise, 16.08.2000, Parvis-Verlag.
173. 09.02.2020

keit dringend nötig haben. Meine Barmherzigkeit ist unendlich und besonders groß für die hartnäckigsten Seelen. Betet für diese Seelen, die wegen ihrer Sünden leiden werden, auf dass sie meine Barmherzigkeit annehmen! Jede Seele muss sich entscheiden, denn ich verleihe jeder Seele den freien Willen. Ich dränge den Seelen meine Liebe nicht auf, aber Ich liebe die Seelen so sehr, dass Ich sie aus Liebe in die Existenz gerufen habe. Ich liebe meine lieben Kinder und ich bin den verhärteten Sündern gegenüber, die bereuen und sich wieder mir zuwenden, besonders zärtlich und herzlich. Ich lehne niemanden ab, der seine Sünden aufrichtig bereut. Anstatt dessen öffne Ich die Arme, um sie in Liebe zu umarmen, wie ein ergebener Vater, der seinen launischen Sohn liebt und sich nach ihm sehnt.

- 23 -

Die Liebesflamme meines Herzens[174]

Ich möchte ein neues Instrument in eure Hände legen... es ist die Liebesflamme meines Herzens... Entflammt mit dieser gnadenvollen Flamme meines Herzens, die ich euch gebe, alle Herzen, indem ihr sie von Herz zu Herz weitergebt. Ihr Glanz wird Satan verblenden. Das ist das Liebesfeuer der Einheit, das ich vom himmlischen Vater dank der Verdienste der Wunden meines heiligen Sohnes, erhalten habe. (13.04.1962)

Meine Liebesflamme ist so glühend geworden, dass ich euch nicht nur mit ihrem Licht, sondern auch mit ihrer Wärme, mit all ihrer Kraft durchfluten möchte. Meine Liebesflamme ist so groß, dass ich sie nicht länger in mir behalten kann; sie bricht mit Explosions-

---

174. *Die Liebesflamme des Unbefleckten Herzens Mariens*, Tagebuch von Elizabeth Kindelmann, Editions du Parvis (nur noch auf Französisch erhältlich) – Internet-Seite: Laflammedamour.org

kraft aus und springt auf euch über. Meine sich ausbreitende Liebe wird den Hass Satans, der die Welt vergiftet, zum Platzen bringen, damit eine möglichst große Zahl Seelen vor der ewigen Verdammung gerettet wird. (10.10.1962)

Ich wünsche, dass ihr nicht nur meinen Namen kennt, sondern auch die Liebesflamme meines Mutterherzens, die in den Tiefen der Herzen Wunder wirkt... (19.10.1962)

Ich breite die Wirkung der Gnade der Liebesflamme meines Herzens auf alle Völker und alle Nationen aus, nicht nur auf die, die der heiligen Mutter Kirche angehören, sondern auf alle Seelen, die mit dem gesegneten Kreuz meines heiligen Sohnes gezeichnet sind und auch auf die Ungetauften! – (16.09.1963)

Wir werden das Feuer durch Feuer löschen: das Feuer des Hasses durch das Feuer der Liebe! – (06.12.1964)

- 24 -

Theresa Lopez[175]

Unsere Liebe Frau nennt die Warnung «einen Augenblick der Stille», während dessen der Zustand unseres inneren Lebens offenbar wird. Im Verlauf dieser Zeit wird unsere Seele zur Umkehr bewegt. Das Ziel besteht darin, unsere Seele auf die Umkehr auszurichten.

---

175. *La Foudre de sa Justice*, Ted und Maureen Flynn, 11.11.1992, Iktus Publications, 1993 (nur auf Französisch erhältlich).

- 25 -

Unser HERR zu Vassula[176]

Der Große Tag der Läuterung ist bald schon über euch, und wer wird ihn überleben können? Jeder auf dieser Erde wird geläutert werden müssen, jeder wird Meine Stimme hören und Mich als das Lamm anerkennen. Alle Rassen und alle Religionen werden Mich sehen in ihrer inneren Finsternis. Jedem wird dies wie eine geheime Offenbarung zuteil, um euch das Dunkel eurer Seele offenbar zu machen. **Wenn ihr in diesem Gnadenzustand euer Inneres prüft**, werdet ihr in der Tat die Berge und Felder bitten, auf euch zu fallen. Die Finsternis eurer Seelen wird euch so erscheinen, dass ihr denken werdet, die Sonne habe ihr Licht verloren und auch der Mond hätte sich in Blut verwandelt. So also werden euch eure Seelen vorkommen. Doch am Ende werdet ihr Mich nur preisen.

- 26 -

JESUS zu JNSR[177]

Niemand wird behaupten können, keine Warnung meiner hochheiligen Mutter und meiner Propheten erhalten zu haben, bevor Ich den Widerhall meiner Stimme auf Berg und Tal, der Polarzone, den warmen Ländern und den Inseln habe erschallen lassen; ja, alle Länder der ganzen Welt, von Norden bis Süden, von Osten bis Westen werden unter meiner Stimme erzittern, wenn sie erkennen, dass Ich diese **erschreckende, einzigartige, majestätische, unvergessliche Warnung** ausspreche. GOTT wird euch warnen,

---

176. *Wahres Leben in Gott*, Band 1, Vassula Ryden, 03.03.1992, Seiten 707-708.
177. *Zeugen des Kreuzes, Erlebt mit mir die Wunder der neuen Schöpfung des Vaters*, Botschaften Jesu an JNSR, Parvis-Verlag.

dass Er der Ich Bin ist, der GOTT Abrahams, Isaaks und Jakobs. Er ist Der, der euch sagt: Ich Bin.

- 27 -

UNSERE LIEBE FRAU von Anguera zu Pedro Regis[178]

Die Menschheit lebt in einer Zeit großer Widerwärtigkeiten. Die Zeit ist gekommen, sich wieder mit GOTT zu versöhnen, denn nur so könnt ihr in Frieden leben. Lasst euch nicht durch eure Schwierigkeiten entmutigen. Was auch immer geschehen wird, bleibt mit Jesus verbunden. Er hat alles unter Kontrolle. Vertraut Ihm und ihr werdet erleben, wie die Erde verändert wird.

Die Menschheit wird durch die Barmherzigkeit Jesu erneuert werden. Ein großes Zeichen GOTTES wird erscheinen, und die Menschen werden verwundert sein. Jene, die sich von GOTT entfernt haben, werden in die Wahrheit geführt und die Auserwählten des Herrn werden mit einem tiefen Glauben beseelt.

In Jesus werdet ihr ewiges Glück finden. Bleibt im Frieden.

- 28 -

Der HERR zu JNSR[179]

Die Warnung wird eine **Reinigung des Gewissens der Welt** sein. Jene, die Christus nicht kennen, werden annehmen, dass es eine Warnung GOTTES ist. Alle werden sie gleichzeitig erleben. Dieses

---

178. 24.12.2011
179. *Zeugen des Kreuzes, Erlebt mit mir die Wunder der neuen Schöpfung des Vaters*, Botschaften Jesu an JNSR, 14.05.1997, Parvis-Verlag.

Phänomen wird in der ganzen Welt erlebt werden. Wir werden unsere Seele sehen und die Übel, für die wir verantwortlich sind; es wird sein, als lägen wir im Todeskampf. Ziel der Warnung ist es, alle die von Mir erschaffenen Seelen zu belehren. Sie werden dann die Wahrheit GOTTES durch den Schmerz Meiner Wahrheit, die sie ihr Leben lang abgelehnt haben, erkennen.

- 29 -

Die Jungfrau MARIA zu Don Gobbi[180]

Vom Himmel wird ein Neues Feuer niedergehen, das die ganze wieder heidnisch gewordene Menschheit läutern wird. Mit seiner göttlichen Liebe wird es die Türen der Herzen öffnen und alle Gewissen erleuchten. **Es wird sein wie ein Gericht im Kleinen und jeder wird sich selbst im Licht der Wahrheit GOTTES sehen.** Auf diese Weise werden die Sünder zur Gnade und zur Heiligkeit zurückfinden: die Verirrten auf den Weg des Guten, die Fernen zum Haus des Vaters, die Kranken zur gänzlichen Heilung, die Stolzen, die Unreinen, die bösen Mitarbeiter Satans werden auf ewig besiegt und verdammt sein. Dann wird mein Mutterherz über die ganze Menschheit triumphieren, die wieder zu neuen Liebes- und Lebensvermählungen mit ihrem himmlischen Vater findet.

- 30 -

Tagebuch von Pelianito[181]

Habt ihr verstanden, dass alles, was passiert, meinem gerechten und barmherzigen Herzen entspringt? GOTT hat alles, was sich

---

180. *Das Blaue Buch*, Die Jungfrau Maria zu Don Gobbi, 22.05.1988, Marianische Priesterbewegung.
181. 28.10.2012

zuträgt, unter Kontrolle, auch das Böse. Jene, die in geistiger Nacht leben, sind gerne bereit, den Lügen Glauben zu schenken und die Verdunkelung ihrer Erkenntnismöglichkeit noch zu vergrößern. **Wenn alles ans Licht kommt**, werden sie eine letzte Gelegenheit haben, sich dem Licht und der Wahrheit zu öffnen. Meine Kinder, betet für diese Seelen! Für einige wird es die Erfahrung des Gangs nach Damaskus sein. (Offb 9,1-30) Für andere wird es so schmerzlich sein, dass sie sich in die Finsternis zurückziehen werden. Betet, dass alle Seelen sich von der Finsternis abwenden! Betet, dass alle Seelen die Finsternis ablehnen und sich dem Licht zuwenden! Denn im Licht befinden sich die Liebe, die Güte und die Wahrheit. Betet, meine Kinder!

- 31 -

JESUS zu John Lawrence Mariani

Nun habe ich seit nunmehr vielen Jahren zahlreiche Propheten der jetzigen Zeit ausgesandt, aber die Welt hat nicht hören wollen. Durch die Warnung wird nun mein Schweigen unterbrochen werden. **Im Augenblick dieser Warnung wird die Welt eine Neugeburt erleben.**[182] Ihr sollt auch zur Kenntnis nehmen, dass dann die Welt ebenfalls in die letzten Tage vor meinem Zweiten Kommen[183] eintritt und dass der Antichrist[184] bald in eurer Mitte sein wird.

---

182. [Christian] Die mich kennen, wissen, dass mein bevorzugter Geburtstag nicht der Tag meiner Geburt ist, sondern der meiner Erleuchtung, d.h. der 12. April 1999. Meinen Gefühlen entsprechend bin ich an diesem Tag wiedergeboren worden, was nicht bedeutet, dass ich den Tag meiner Geburt leugne. Der Tag der Warnung wird in die Geschichte der Menschheit eingehen, dieser Tag wird auf der ganzen Erde als Festtag gefeiert werden (mit dem Himmel).

183. Manche reden vom Wiederkommen gegen 2033, d.h. 2000 Jahre nach dem Tod JESU. Es wird angenommen, dass zwischen der Warnung und dem Wiederkommen Jesu Christi einige Jahre liegen. Seht, wie knapp die Zeit ist! Meine Freunde! Es ist soweit! Die Vorbereitung drängt sich auf.

184. Laut Internet-Seite eglise.catholique.fr sind unter Antichrist «der oder die zu verstehen, die sich

- 32 -

GOTT zu seiner Kleinen Tür der Morgenröte
Die Warnung ist keine symbolische Prüfung, sondern eine Wirklichkeit, der sich jeder stellen muss.[185]

Meine kleinen Kinder! Steht auf! Erwacht aus eurem Halbschlaf! GOTT Vater wird euch wecken. Seine gerechte Strafe geht auf diese kranke Welt nieder. **Die Warnung ist jetzt ganz nahe.** Entscheidet euch für euren GOTT der Liebe! Erhebt euch mutig, um für ihn zu kämpfen! Wählt das Leben! GOTT ist Leben. Betet viel für die Seelen, die verloren gehen, jene, die auf dem Weg zurückgeblieben sind! Wer wird für sie beten, sind es so viele? Ich rufe euch auf, euch für euren GOTT der Liebe zu erheben. Die Stunde des Gerichts schlägt; welch ein erschreckender Augenblick für die Nationen! Bereitet eure Herzen vor! Kehrt um! GOTT Vater erhebt sich. Er wird die Erde heimsuchen und alle ihre Bewohner. Wer kann vor Ihm bestehen? Feuer-Sintflut! Überschwemmungen! Erdbeben!... In kurzer Zeit werden wir GOTT von Angesicht zu Angesicht schauen. Euer Ja sei ein *Ja;* mit vereinten Kräften werden wir Großes leisten. Ich erwähle euch, die Meinen zu sein, Kinder meines liebenden Vaterherzens. Seid bereit! Die Morgenröte eines neuen Tages zeichnet sich ab am Horizont. Für euch geht ein neuer Tag auf. Kleine Kinder, GOTT liebt euch, erwidert Ihm seine Liebe. Seine Gnade ist mit euch...[186]

Christus, seiner Botschaft und seiner Person direkt widersetzen. Auf Grund der Prophezeiungen oder auch des Evangeliums nach Johannes bedeutet "Antichrist" oder "Antechrist" "Falscher Christus", eine geheimnisvolle Person mit satanischen Kräften, die vor dem Ende des sechsten Jahrtausends auftreten soll». Jetzt ist es so weit. Oder fast...

185. 01.05.2014
186. 11.09.2016

Schwierige Tage stehen dieser sündigen Menschheit bevor. Tage äußerster Drangsale. Die Zeit ist vergangen. Die Welt schwebt in großer Gefahr, weil sie dem Bösen Gehör schenkt, Böses tut. Aber ich werde Abhilfe schaffen. Ich werde direkt eingreifen. Jeder wird wissen, dass Ich Bin und dass er nicht ungestraft leben kann... **Die Warnung ist unterwegs.** Sie pocht schon an die Tür eures Herzens. Seid voll des Lichtes, Meines Göttlichen Lichtes. Ich Bin und Ich habe gesprochen. Der allerhöchste GOTT, der Dreifaltige und Eine segnet euch. Legt euch Rechenschaft über diese Worte der Warnung ab! Ich warne euch hoch und teuer, euch für diesen feierlichen Tag bereit zu halten, dem Tag unserer Begegnung in Liebe von Angesicht zu Angesicht, wenn ihr dazu bereit seid...[187]

Meine Kinder, die Zeit ist gekommen! Die Zeit drängt! Kehrt um und glaubt an das Evangelium! Alles steht auf der Kippe und es gibt kein Zurück! **Die Warnung steht vor der Tür.** Wer ist bereit zu unserer Begegnung von Angesicht zu Angesicht?... Kehrt um und glaubt an das Evangelium. In kurzer Zeit werden wir uns gegenüberstehen, Auge im Auge. Ich habe gesprochen. Seid bereit![188]

Die Erleuchtung der Gewissen steht bevor. Sag es deinen Brüdern! Sag ihnen, sie sollen sich bereithalten, denn Ich komme. Der Eingriff GOTTES, des Allerhöchsten, wird die Menschheit überraschen. Wendet eure Herzen dem Allerhöchsten zu! Ich leite euch, Ich bin Maria, die Unbefleckte Empfängnis. Gott Vater hat mir alle Macht gegeben, um euch zu Ihm zu führen. Hört auf mich! Meine kleinen Kinder, befolgt meine Ratschläge! Es bleibt euch keine Zeit mehr. Handelt schnell! Die Zeit drängt! Ich liebe euch, ich segne und leite euch.[189]

---

187. 01.07.2017
188. 08.06.2017
189. 24.04.2020

- 33 -

Maureen (Saint-Amour)[190]

Ich sage euch: nur der Vater kennt den Zeitpunkt der bevorstehenden Ereignisse, und sein *Timing* ist perfekt. Ich kann euch verraten, dass die **Taufe in der Wahrheit über die Erde kommen wird.** In dieser Taufe wird jeder Seele ihr Stand vor Gott aufgedeckt. In der Folge werden viele zur Wahrheit umkehren. Andere werden in ihren Sünden sterben. Manche werden erst einverstanden sein, dann aber schnell wieder ihre Meinung ändern.

- 34 -

JESUS zur Tochter der Sonne[191]

Zur Verherrlichung meines Vaters müssen alle Vorhersagen erfüllt werden. Dieses Zeitalter geht zu Ende, ein neues Zeitalter zeichnet sich ab am Horizont, eine Welt der Liebe und des Friedens, in der der Mensch sich weder rechtfertigen noch das Schlimmste befürchten muss... **Ich tilge in den Gewissen alles, was meinen Weisungen zuwiderläuft.** Ich werde allen ihre Verfehlungen und deren Folgen vor Augen halten, ich werde reines Wasser über sie gießen und sie von ihrem Aussatz reinigen. Ich werde aus ihnen Menschen machen, die würdig sind, dem Vater vorgestellt zu werden. Mein Heiliger Geist wird der ganzen Menschheit ihre erste Jugend wiedergeben, die verweslichen Körper werden glorreiche Körper werden und ich bin stolz darauf! ... Mein Volk, ich habe Großes mit dir vor! **Ich werde ein Feuer senden, das meine Schöpfung zu Meinem Abbild machen wird.** Ich komme, um das Böse zu vernichten und allseitig Keime der Tugenden wachsen

---

190. 30.01.2014
191. Internet-Seite: https://www.parvis.ch/de/maria-heute/maria-heute-542/die-pruefung-durch-das-feuer

zu lassen. **Mein Heiliger Geist wird die Menschheit innerlich in Brand setzen,** mein göttliches Antlitz wird über ihr leuchten und sie wird endlich ihre erste Größe wiederfinden. Die Erde wird eine neue Richtung einschlagen und meine Kleinen einem neuen Leben zuführen. Ich bin Der, der Ist. Niemand kann meine Pläne hintertreiben; meine Ansichten sind göttlich und nicht menschlich. Glück und Friede wünsche ich den Meinen zu schenken... Ich Bin die Hoffnung der Nationen, **ihr Rettungsanker...** Von ihnen erwarte ich etwas mehr Respekt, mir, ihrem Schöpfer gegenüber. Wort des Herrn, des Allmächtigen.

- 35 -

JESUS zu Sulema[192]

Der Heilige Geist führt euch dann **in euer Inneres**, und ihr werdet in eurem Herzen Mich, euren Jesus in meiner Heiligkeit, in meiner Herrlichkeit, ja im Glanz meiner Herrlichkeit sehen. Ihr werdet Mich alle sehen, wo immer ihr seid. Glaubt bloß nicht, dass es für eine andere Generation ist, nein, meine Kinder! Euch hat der Vater erwählt, um dieses in der Menschheitsgeschichte einmalige Ereignis zu leben: Ihr, seine Geliebten, werdet diese Begegnung erleben. Es wird ein Fest und ein Wiedersehen in der Freude für meinen kleinen Rest sein, der im Stand der Gnade ist. Doch es wird **eine Warnung** für die sein, die ihr Herz verschlossen haben, die Mich nicht als Sohn GOTTES anerkennen wollen.

Oh ja, es wird ein Grauen sein! **Ihr werdet euch mit Meinem Blick sehen** und erkennen, wo eure Sünden euch hinführen, denn die Hölle und das Fegefeuer existieren. Es ist kein Märchen, keine

---

192. *Ich bereite euch auf dieses Ereignis vor: Die Erleuchtung eures Gewissens*, Band 3, Sulema, 29.06.2013, Parvis-Verlag.

Legende, es gibt sie genauso wie es den Himmel gibt, das müsst ihr glauben!

Ich bitte euch, meiner hochheiligen Mutter zu danken, denn sie hat euch diese erhabene Gnade der *Erleuchtung eures Gewissens* erlangt, und das ist die letzte Tat der Barmherzigkeit GOTTES, des Vaters. Ja, meine Kinder, Ich bin Liebe, Ich bin Barmherzigkeit, doch Ich bin auch Gerechtigkeit. Ihr müsst euch vorbereiten. Ich will euch keine Angst machen, Ich komme, weil Ich euch liebe. Ich will euch vorbereiten, Ich will, dass ihr da seid, wo Ich bin. Ich will euch dem Vater vorstellen und zu Ihm sagen: Vater, sieh Deine Kinder, siehe Deine ganz Kleinen, die *Ja* zu Dir gesagt haben, die Dich aus Liebe erwählt haben, die die Gebote, die Sakramente angenommen haben und deinem Gesetz der Liebe treu sind. Vater, siehe die, für die Ich gebetet habe, dass sie eins sind, wie Du und Ich Eins sind.

- 36 -

JESUS zu Janie Garza[193]

Mein liebes Kind! Die bevorstehende Erleuchtung wird sehr kurze Zeit dauern. Während dieser Zeit wird mein Vater der ganzen Menschheit erlauben, den Zustand ihrer Seele zu sehen, so wie Mein Vater ihn sieht. Es wird eine Zeit großer Gnade sein, da viele Seelen ihre Sünden bereuen und zum Vater zurückkehren werden. Manche werden durch die Erschütterung beim Anblick der Finsternis ihrer Seele, sterben.

---

193. 09.09.1995

− 37 −

Vision von Schwester Maria Nathalie[194]

Die Herzen der Menschen wurden plötzlich von gegenseitigem Wohlwollen erfüllt, von Reue und Bußfertigkeit. Die Seelen machten den Eindruck, von der Last ihrer Sünden befreit zu sein. Jeder ließ sich auf die Knie fallen «in den Staub seiner eigenen Verfehlungen». Alle, mit Ausnahme einiger weniger, baten schreiend um Erbarmen, den Blick und die Hände zum Himmel erhoben. Einige der Hartnäckigen sah ich sterben. Diese Vision ist das Zeichen, das dem Großen Wunder vorausgeht, das der Welt versprochen wurde. Deshalb schwebte die Mutter GOTTES über uns und entfernte sich nach Garabandal. Bald werden wir die Große Reinigung erleben. Gott sieht alles. Befreit euch von den Jugendsünden, von denen, die ihr noch nicht bekannt habt; auf der Ebene der Sünden gibt es keine Kleinigkeit; jede Sünde, sogar die, die euch ganz harmlos zu sein scheinen, verbergen euch das bewundernswerte Antlitz eures GOTTES.[195]

---

194. *Die siegreiche Königin der Welt*, Botschaften Jesu an Sr. Maria Nathalie aus Ungarn, Miriam-Verlag, 1992.

195. Wir alle haben während unseres ganzen Lebens eine Vielzahl lässlicher Sünden begangen. Es wimmelt davon, nicht wahr? – Rufen wir bei unserer Gewissenserforschung den Heiligen Geist an und bitten wir ihn, uns zu erleuchten, um unsere Sünden zu erkennen! Sein Licht wird dann unser Gewissen erleuchten. Dieser Vorgang kann verglichen werden mit den Sonnenstrahlen, die durch die Fenster unserer Wohnung scheinen und sie von innen erhellen. Gewiss, wir können manchmal das Gefühl haben, rein zu sein, aber wenn die Sonne durch die Fenster scheint, sieht man den Staub auf dem Fußboden, auf dem Küchentisch, und wir sehen auch ein, dass die Fenster, die sauber zu sein schienen, geputzt werden müssen... Bitten wir den Heiligen Geist, uns auf das Sakrament der Versöhnung vorzubereiten, und gehen wir unverzüglich zur Beichte, und dann regelmäßig, damit unsere Seele weißer als Schnee wird. Anlässlich der Warnung werden wir uns von etlichen Brüdern und Schwestern unterscheiden, denn unsere Gewänder wurden gewaschen und im reinigenden Blut des Lammes weiß gemacht. «*Das Lamm in der Mitte vor dem Thron wird uns weiden und – wie immer – zu den Quellen führen, aus denen das Wasser des Lebens entspringt...*» (cf Offb 7,14-17) Wir sind alle Sünder. Welch ein Geschenk, Katholik zu sein und Zugang zu diesen Sakramenten zu haben! Lob sei dem Herrn!

Eure Erinnerungen werdet ihr wie einen riesigen Bildschirm sehen. Erweckt Reue und Leid. GOTT selbst wird seinen heiligen Segen geben. Eure Reue wird eure große Verzeihung, die Reinigung bewirken. Wie werdet ihr auf das Auspacken eurer kranken Seelen reagieren? Es wird keine gemütliche Beichte sein, ihr werdet alles Leid tragen müssen. Es wird eine Höllenfahrt sein, denn mehr als einer wird den Anblick seiner Seele, schwärzer als die Finsternis, den jeder aushalten muss, nicht ertragen. Ja, fürchtet die Gerechtigkeit GOTTES, denn die Barmherzigkeit wird nur den gutheißen, der sich von all seinen Makeln im Strom meiner reinigenden Liebe ganz reingewaschen hat. Diese Reinigung steht kurz bevor. Einige werden angesichts der Vielzahl ihrer Sünden weinen, andere werden sich empören, und sich dem Fürsten der Finsternis zuwenden. Alle Völker der Erde und jeder Einzelne werden kniend mit dem Gesicht zu Boden fallen, mit gebrochenem Stolz, angesichts der Herrlichkeit des Antlitzes GOTTES und der glühenden Wärme seines Herzens: ein Feuerofen der Barmherzigkeit, der uns zu unserer Reinigung schmelzt, «wie Gold im Schmelztiegel»... (Weish 3,6)

- 38 -

MUTTER DER LIEBE zu Marco Ferrari[196]

... Meine Kinder! Dank seiner unermesslichen Liebe ist es mir möglich, meine Gegenwart unter euch und in anderen Teilen der Welt zu erhöhen, um euch zu bitten, zu beten, auf der Hut zu sein und euch von den zukünftigen Ereignissen in Kenntnis zu setzen, nicht um euch Angst einzujagen, sondern um es euch zu ermöglichen, zu verstehen und euch auf diese Ereignisse vorzubereiten. Ich möchte, dass ihr **von der Großen Warnung, die GOTT über die Welt kommen lassen wird, weder überrascht** werdet, noch dass ihr

---

196. Januar 2016

zerstreut und unvorbereitet seid. Meine Kinder, aus diesem Grund fordere ich euch auf, euch auf das Wiederkommen meines Sohnes Jesus vorzubereiten, indem ihr Tag um Tag in der Heiligkeit lebt und viele gute Früchte bringt...

- 39 -

GOTT zu Tochter des Ja zu Jesus[197]

Meine Kinder, jedes Kind auf Erden hat eine Gehirnwäsche mitgemacht, denn Satan herrscht über die Welt und hat Pläne geschmiedet, um den menschlichen Willen in seinen Dienst zu stellen.

Totale Dunkelheit wird über euch kommen und euch umgeben; das wird furchtbar für euch sein, denn ihr werdet mit euch allein sein.

Durch seine Macht wird es dem Heiligen Geist möglich sein, in euch einzutreten, denn er ist allmächtig; ihr werdet mit Bestürzung feststellen, dass ein Licht in eurem Innern brennt.

Es wird nicht von euch verlangt werden, euch an einen anderen Ort zu begeben, denn alles wird in einem Augenblick geschehen.

Ihr werdet spüren, wie meine Macht in eurem Innern wirkt.

Um euch wird absolute Dunkelheit herrschen, nur meine Gegenwart wird aufleuchten. Die Zeit, die ich euch ankündige, wird auf dieses Zeitalter folgen.

---

197. *Amour pour tous les miens, Jésus*, 4. Band, # 276 (nicht auf Deusch erhältlich) – Internet-Seite: Lafilleduouiajesus.org

Alles wird euch gezeigt werden, seit eurer Geburt bis zu dem vom Vater gewählten Augenblick.

Ihr, die ihr nicht im Buch des Lebens vermerkt seid, werdet nicht fliehen können; ihr werdet dort sein, wo GOTT es will: im Licht.

Euch allen wird euer Leben vorgeführt, GOTT wird euch alles zeigen, was euer Leben ausgemacht hat.

Ihr werdet alles sehen, auch die kleinste eurer geringsten Taten wird euch gezeigt werden.

Meine Kinder, was ihr in diesem Moment empfinden werdet, hängt von eurem Handeln ab, von eurem Verhalten.

Wenn ihr euch verfehlt habt, liegt es auf der Hand, dass eure Gedanken, eure Werke, euer Herz und euer Körper mit dem Bösen in Kontakt gekommen sind; folglich sind sie befleckt. All das werdet ihr sehen...

Ihr werdet Gnaden der Kraft erhalten, denn ihr werdet sie brauchen, die Guten wie auch die Bösen, denn niemand könnte von sich aus so viel Macht ertragen.

Die Intensität des Schmerzes, den ihr ertragen müsst, wird dem Maß der Makel in eurem Leben entsprechen; je größer eure Sünden, desto mehr werdet ihr leiden müssen.

Die geringste Unreinheit in euch muss getilgt werden, und euer ganzes Wesen, das von der Unreinheit betroffen war, muss geläutert werden.

Ein Feuer wird die geringste Unreinheit wegbrennen, alles, was nicht Liebe ist, muss verschwinden.

Welche Freude für jene, die sich eines tugendhaften Lebens erfreuen können, aber welches Leid für jene, die einen schlechten Lebenswandel zu verzeichnen haben!

Ihr werdet nicht mehr fähig sein, mit eurem menschlichen Willen zu reagieren, denn ihr werdet mit eurem ganzen Inneren dem Göttlichen Willen ausgeliefert sein, und dieser Wille, das bin Ich.

Ihr werdet aus eurer Bestürzung erst herausfinden, wenn ich euch in mein Handeln eingetaucht habe, weil ich dann meine Liebe in euch eingegossen habe. Dann könnt ihr meine Liebe zu euch nicht mehr leugnen.

- 40 -

Conchita und Mari-Loli (Garabandal)[198]

Conchita: «Die Warnung und das Strafgericht werden für alle, für die Guten sowie für die Schlechten riesengroße Ausmaße annehmen. Die Guten werden sich GOTT enger annähern und den Bösen werden sie eine Warnung sein, dass das Ende der Zeiten bevorsteht. Conchita erklärt, dass die Warnung eine Reinigung ist, die uns auf das Große Wunder vorbereitet. Alle Menschen auf Erden werden eine innere, mystische Erfahrung machen, dank derer sie den Zustand ihrer Seele im Licht der Göttlichen Gerechtigkeit sehen werden. Die Warnung werden die Gläubigen und die Ungläubigen erleben.»

Mari-Loli: «Es ist offensichtlich, dass das alles von GOTT kommt; wir werden es sehen und spüren.»

---

198. 02.06.1965

- 41 -

Unser Herr JESUS zu Sulema[199]

Jeder wird **dieses Ereignis der Erleuchtung des Gewissens in seinem Inneren** erleben. Ihr werdet das alles im selben Moment erleben, wo immer ihr seid, niemand wird ihm entgehen! Dann wird jedes Lebewesen begreifen, dass GOTT existiert, dass Er lebt, dass Er sein Gesetz tief in euer Herz gelegt hat, dass Er für immer der GOTT aller ist und dass alle sein Volk sind. Alle werden entdecken, dass sie eine Seele haben. Das Schmerzlichste wird die Erkenntnis sein, wo das Böse sie hingeführt hat, das sie getan haben, indem sie dem Geist der Welt, des Fleisches und Satans gefolgt sind; die Erkenntnis des schweren Irrtums, den sie begingen, als sie die Existenz GOTTES, GOTT Vater, GOTT Sohn und GOTT Heiliger Geist, leugneten. Dieser Tag wird ein Tag großer Freude für meinen ganz kleinen Rest sein, für meine Kinder des Lichts, die auf alles verzichtet haben, um mir nachzufolgen. Sie werden eine machtvolle Ausgießung des Heiligen Geistes empfangen, **sie werden von jeder Krankheit geheilt und sie werden geläutert werden, dass sie bereit sind, den Auftrag auszuführen, den der Vater ihnen anvertraut hat**: Nämlich all jenen zu Hilfe zu kommen, die sich dem Herrn zuwenden, indem sie das Böse aufgeben und die Wahrheit annehmen.

- 42 -

GOTT, der Allerhöchste, zu seiner Kleinen Tür der Morgenröte

Kleine Kinder meines Vaterherzens, die Zeit ist erfüllt. Der Ich Bin ist immer bei euch. Die Welt sinkt ab in die Dunkelheit, weit ent-

---

199. *Ich bereite euch auf dieses Ereignis vor: Die Erleuchtung eures Gewissens*, Band 2, Sulema, 08.08.2012, Parvis-Verlag.

fernt von ihrem GOTT Vater und Liebendem Schöpfer. Deshalb werde ich **die Gewissen erleuchten**. Mein göttlicher Eingriff in die sündige Welt wird rasch erfolgen. Meine kleinen Kinder, bereitet euch gut vor, denn die Stunde, da ihr vor Mir erscheinen werdet, wird kommen. Bereitet eure Seelen vor, meine Kleinen, auf dass sie meine heilige Gegenwart ertragen können...[200] (07.09.2017)

Bereitet euch auf die Große Warnung vor, die der Welt Meine Gegenwart zu erkennen und kundgeben wird. Ich Bin von Ewigkeit zu Ewigkeit und Ich habe gesprochen. Ich lasse die Zeit meiner Gerechtigkeit anlaufen. Bereut eure Verfehlungen bevor es für eure Seelen zu spät ist. Das unreine Tier wird die Welt beherrschen und sie in ihr Verderbnis führen. Aber ihr, kleine Kinder, die ihr meine Stimme vernehmt, folgt mir nach! Überlassen wir die Söhne der Finsternis den Söhnen der Finsternis und die Kinder GOTTES GOTT![201]

- 43 -

JESUS zu Bénédicte[202]

Meine vielgeliebten Kinder! Der Herr der Herren gibt seinem Volk offensichtliche Zeichen seiner Gegenwart in seiner Mitte. Öffnet die Augen, ihr Blinden, um zu verstehen, dass der König des Universums am Werk ist, um alle seine Kinder vor dem Untergang zu bewahren, ihnen ein neues Herz zu geben, einen neuen Geist, damit die Welt ihre ursprüngliche Schönheit wiedererlangt und die ganze Erde erleuchtet. Das Licht von oben erhellt alle Herzen und setzt die ganze Welt in Brand, die aus ihrem Grab aufsteht und

---

200. 07.09.2017
201. 09.03.2019
202. 22.10.2009 – Internet-Seite: Feudamoursurlemonde.over-blog.com

jubiliert, denn der König aller Könige gibt jedem seiner Geschöpfe seine Liebe kund und gießt auf die Erde Fluten von Gnaden. Ich, der Herr, öffne einem jeden von euch meine Arme weit, denn meine Liebe zu euch ist unendlich und fähig, den Wolf in ein Schaf zu verwandeln, dem Toten das Leben wiederzugeben. Der Himmel sucht die Erde heim. Meine kleinen Kinder werden als Erste davon benachrichtigt und vermitteln ihre Freude jenen, die verzweifeln. **Seht, die Sonne beleuchtet alle Herzen,** auch die hartnäckigsten: Sanftmut breitet sich in ihnen aus und Ströme der Barmherzigkeit ergießen sich über den Planeten, um ihm ein neues Herz, einen neuen Geist zu geben. Meine Vielgeliebten, schlaft nicht! Der König des Universums braucht einen jeden von euch, auf dass die Freude Gottes in diesem schwerhörigen Volk, das dem König des Universums sein Herz verschlossen hat, entfacht wird.

Eine riesige Menge jauchzt vor Freude, denn Fluten von Liebe ergießen sich auf den Planeten und bewirken bei den Menschen, die guten Willens sind, den versprochenen Frieden. Die Engel des Himmels freuen sich und breiten in den am meisten verhärteten Herzen eine unerwartete Sanftheit aus. Friede ermächtigt sich aller Herzen und eine unsagbare Freude tut sich im ganzen Universum kund. Ich Bin der König des Universums.

- 44 -

JESUS zu Enoch[203]

Ich wiederhole: **bereitet euch auf die Warnung vor,** denn wenn alles ins Wanken gerät und der Friede verloren ist, werde Ich die **Erleuchtung der Gewissen schicken,** die euch in die Wahrheit einführen und euch im Glauben bestätigen wird, auf dass ihr aus

---

203. 01.04.2013

dem großen Endkampf als Sieger hervorgeht, der euch die Freiheit schenken und würdig machen wird, Kinder GOTTES zu heißen, Erben meines Vaters zu sein.

- 45 -

JESUS zu Julie Whedbee[204]

Das Bühnenbild ist schon vorhanden, alles kann vor sich gehen wie schriftlich festgehalten und angekündigt wurde. Wie Spielsteine auf einem Schachbrett beziehen die Schauspieler Stellung, vergessen aber, dass ich meine Herrschaft auf die ganze Welt ausdehne. Nichts passiert außerhalb meines vollkommenen Willens. Ich habe Rücksprache mit meinen Propheten der Endzeit genommen, und ihnen aufgetragen Folgendes zu bestätigen: **Eure Generation wird Zeuge meiner Wiederkunft sein!** Die Ereignisse folgen jetzt schnell aufeinander und Chaos zeichnet sich auf allen Ebenen des Lebens ab. Was zu Beginn getan wurde, wird jetzt gänzlich aufgelöst. Um den Anfang kennen zu können, muss das Ende bekannt sein. Ich Bin ein ordnungsliebender Gott, und der «ICH BIN» wird Ordnung in das Chaos bringen. Der «ICH BIN» kommt, um Krieg zu führen und Gerechtigkeit walten zu lassen. Mein Gewand wird rot sein wie Blut. **Die Gesinnung eines jeden Herzens wird dem durchdringenden Licht und der Helligkeit meiner Gegenwart ausgesetzt sein. Dort wird die Wahl stattfinden. In Gegenwart des Allmächtigen Gottes werden viele voll Demut und Reue auf die Knie fallen.** Gewisse werden sich weiterhin zum ewigen Tod bekennen. Alle haben freie Wahl. Der «ICH BIN» zwingt niemanden, Mich zu lieben. Trotzdem dürft ihr, meine Auserwählten, vor den Schrecken der Nacht keine Angst haben, denn der «ICH BIN» hat selbst seinen Wohnsitz durch euch in euch aufgeschlagen, als

204. 29.08.2014

ihr Mich in eure Herzen eingelassen habt. Der «ICH BIN» verlangt jetzt von euch, dass ihr euch zu Einem einzigen Leib, Einem einzigen Geist in Mir zusammenschließt, in vollkommener Einheit, in allen Ländern, zu Meiner Verherrlichung, die nun auf Meiner Braut, Meiner Kirche, der Vielgeliebten ruht.

- 46 -

Janet Klasson (Pelianito) [205]
Ich hatte einen Traum in Bezug auf eine Wahl. Die Person, die ich unterstützte, konnte sich plötzlich in den Meinungsumfragen durchsetzen. Wir waren felsenfest davon überzeugt, dass sie die Wahl gewinnen würde, aber am Tag der Wahl nahmen die Geschehnisse plötzlich eine andere Wendung und der betreffende Kandidat wurde geschlagen. Sobald wir entdeckt hatten, dass er die Wahl verloren hatte, haben wir verstanden, dass wir in Deckung gehen müssen. Es war wirklich gefährlich geworden.[206]

Ich habe einen Ast an einem Baum gesehen, auf dem zahlreiche Vogelnester waren. Auf diesem Ast hatten auch Eulen ihr Nest gebaut. Ich konnte sehen, wie der Ast anfing, langsam vom Baum abzubrechen. Er fiel zu Boden und die Vögel wurden in die Flucht geschlagen. Ich habe fünf Eulen[207] gezählt, die weggeflogen sind. Die Nester wurden zerstört. Im Gebet habe ich verstanden, dass der Ast eine zukünftige Spaltung der Kirche symbolisierte. Diese

---

205. Internet-Seite: joyofpenance.wordpress.com /2020/08/27/dreams-of-before-and-after – «Meine Freunde, dies habe ich 2009-2010 geträumt.»
206. Trumps Niederlage. Anhänger von Trump wurden tatsächlich in den auf die Wahl folgenden Tagen heftig geschlagen...
207. Die Eule ist ein Nachtvogel. Dieser Vogel ist fähig, hinter die Masken zu sehen, zu sehen, was die anderen nicht sehen können. Dieses Symbol wird auf das Gewissen bezogen.

Spaltung würde aber nicht lange andauern, denn die «schismatischen Bischöfe» würden fliehen. Der Ast würde durch seine Trennung vom Baum kaputtgehen.

Ich hatte einen Traum über die Erleuchtung, die eben stattgefunden hatte. Ich sah, wie der Heilige Vater sich anschickte, zur Welt zu sprechen und Übersetzer zu rekrutieren. Ich sah, wie Priester sich vorbereiteten, allen, die Hilfe brauchten, beizustehen. Ich sah auch Ordensfrauen und Laien, sich darauf vorbereiten. Es war ein Traum großer Hoffnung!

- 47 -

GOTT zu Tochter des Ja zu Jesus[208]

Die Auserwählten GOTTES werden sich durch ein Merkmal des Himmels von den anderen unterscheiden. Sie werden sich unter sich erkennen. Nun wird euer GOTT offen mit euch über das sprechen, was meine Kinder prophezeit haben: die Himmel werden sich öffnen und die Gerechtigkeit GOTTES wird auf die Erde herabsteigen. Aber bevor alles vollendet sein wird, werden meine Engel des Gerichts auf die Erde kommen, um jene zu kennzeichnen, die ihr Jawort zur Liebe geben – und sie werden dies fortsetzen bis zur Großen Reinigung, damit alle die, die sich zur Liebe bekannt haben, mit dem Merkmal GOTTES des Vaters gezeichnet sein werden. Dieses Merkmal wird das Zeichen der Auserwählten GOTTES sein. Meine Engel des Gerichts werden nichts gegen die Auserwählten Gottes, die vor dem Zorn Gottes geschützt sein werden, unternehmen, aber die Hand GOTTES des Vaters wird auf jene hernieder gehen, die seine Liebe abgewiesen haben. Er ist der Allmächtige. Keiner der Auserwählten GOTTES wird vergessen

---

208. *Amour pour tous les miens, Jésus*, 4. Band, § 297 (nicht auf Deutsch erhältlich)

werden. Das wird durch die Macht GOTTES geschehen. Wenn die Große Reinigung beendet sein wird – das heißt, die Erleuchtung der Gewissen – werden die Kinder mit diesem Merkmal sich unter sich erkennen. Die Ungläubigen, das heißt jene, die mit dem Merkmal des Tieres gekennzeichnet sind, werden versuchen, ihnen zu schaden, aber es wird ihnen nicht gelingen, sie mit ihrer Engherzigkeit, ihrem Hass und ihrer heftigen Wut zu belangen; wegen des Merkmals GOTTES werden die Auserwählten im Frieden sein, sie werden vor nichts mehr Angst haben, sie werden in GOTT sein, nichts wird sie belangen können; wegen des Merkmals des Himmels wird die Liebe ihre Nahrung sein. Groß ist die Macht GOTTES!

– 48 –

JESUS zu Micheline Boisvert[209]

Bald werde ich die Wahrheit in dieser Menschheit aufrichten, die jeden Sinn für Moral und jede Achtung vor dem Leben verloren hat, das ich ihr gebracht habe. In Wahrheit, in Wahrheit, ich sage euch: Ich werde den Plan meines Vaters für euch in eurem Herzen aufrichten. Durch mein Einladendes Herz lasse ich das Licht in der Finsternis meiner Kirche aufstrahlen. Man versucht, meine Eucharistie zu vernichten, doch habt keine Angst, ich bin der Allmächtige. Sie werden mich als ihren wahren Gott erkennen und mich im Geist anbeten. Im Geist werden sie mit meiner Eucharistie im Schoß der Dreifaltigkeit vereint sein. Sie können die Kirchen zerstören und leeren, doch sie können die Kraft meines Heiligen Geistes im Herzen meiner Kinder nicht zerstören. All das wird in meiner Kirche geschehen, damit sie gereinigt wird.

---

209. *Jesu Einladendes Herz*, Ein Geschenk des allmächtigen Vaters, Band 2, Micheline Boisvert, November 2000, Parvis-Verlag.

Glaubt beständig an die Allmacht meiner Eucharistie. Öffnet eure Herzen für alles, was meine Liebe für euch entgegennehmen will. Alle, die mir nachfolgen, werden von meinem Geist der Kraft erfüllt. Sie werden das Böse ganz klar erkennen, denn sie werden die Kraft meiner Unterscheidung bekommen.

- 49 -
Das Heilige Herz JESU zu Sulema[210]

Die Warnung wird entsetzlich sein für die, die mich verleugnet und Mich aus ihrem Leben ausgeschlossen haben. Es wird grauenhaft sein, weil sie sehen werden, wo die Sünde sie hingeführt hat. Sie werden die Hölle und das Fegefeuer sehen. Es gibt Kinder, die Nein zur Liebe sagen werden, die sich über das Kreuz lustig machen werden, denn alle meine Kinder werden Mein Kreuz am Himmel sehen. Ich werde da sein und sie werden sich über Mich lustig machen. Ich bitte euch zu beten, denn die Wissenschaftler werden sagen, dass alles normal ist, dass es der Zusammenstoß zweier Kometen ist. Sie werden sagen, dass es die Angst ist, die euch dazu bringt, an GOTT zu glauben, denn Ich sage es noch einmal: der Erleuchtung eures Gewissens oder der Warnung werden sehr schwere Leiden vorausgehen. Habt keine Angst, ihr müsst euch vorbereiten. Wenn der Himmel sich verfinstert und ihr Schreie hört, dann kniet nieder, bedeckt euch mit Meinem Kostbaren Blut, betet, lobpreist und haltet in eurem Herzen Anbetung.

---

210. *Ich bereite euch auf dieses Ereignis vor: Die Erleuchtung eures Gewissens*, Band 3, Sulema, 23.06.2013, Parvis-Verlag.

- 50 -

JESUS, euer gekreuzigter König, zu den Töchtern des Lammes[211]
Ich habe euch sehr lieb! Meine Kinder, ich wünsche mir, dass alle sich mir zuwenden, aber es ist nicht der Fall. Ich bitte alle meine Kinder, ihre Sünden zu bereuen, zu Gott zurückzukehren und für das Gericht bereit zu sein, denn **meine himmlische Warnung kommt!**

Diese Adventszeit ist eine Zeit der Vorbereitung auf das Kommen Christi in die Welt – durch Maria, die Mutter Gottes. So wird es auch bei der Warnung sein: Ich werde durch Sie kommen. Auf diese Weise wird die Gnade der Dreifaltigkeit im Voraus wirksam.

Meine Mutter kommt dem Licht eines Leuchtturms[212] **in einem Hafen gleich.** Bei hereinbrechender Dunkelheit werdet ihr wie die Schiffe, die sich nach dem Leuchtturm richten, um ihre Route zum Hafen auszumachen, den Blick zu ihr erheben. Sie wird der Hoffnungsschimmer sein, der den Weg zu Gott zeigt. Habt sie in eurem Herzen lieb, denn Sie – meine Mutter – ist ein kostbares Juwel,

---

211. 12.11.2014
212. [Christian] Anlässlich des Festes der Unbefleckt Empfangenen (08.12.2016) habe ich in der Kathedrale Sankt Michael in Sherbrooke während der Messfeier eine schöne Vision erhalten: Ich befand mich am Meeresstrand und Jesus stand lächelnd an meiner Seite (andere Personen waren auch dabei). Da fragte ich ihn, wo denn Maria sei. Mit einem breiten zärtlichen Lächeln legte er den Kopf zur Seite, schaute über meine Schulter und zeigte mit dem Finger links hinter mich. Ich erhob den Blick und sah sie dort stehen wie ein **Leuchtturm**, ruhig und fest! Instinktiv erhob ich die Hände zur Mutter, die mich in die Arme nahm... Auf ihrer Höhe sah ich Schiffe in Schwierigkeiten. Maria war ihr **Leuchtturm**, obschon sich alles am helllichten Tag abspielte. An Land war alles still, friedlich, während auf dem Meer der Sturm tobte... Für mich war es klar, dass MARIA dieser **Leuchtturm** ist, ja dieser Hafen, und dass es ihre Aufgabe ist, die Kinder in den Hafen des Friedens GOTTES zu leiten. Man sieht sie nicht unbedingt, aber sie ist furchtbar wirksam und wir sind auch eingeladen, Teil ihrer Aufgabe zu sein – Seelen und Leben hängen davon ab.

eine Perle! Bittet sie um Gnaden und Ratschläge, und sie wird euch nicht enttäuschen! Ich liebe euch, meine Kinder – **bereitet euch auf meine Warnung vor!**

- 51 -

JESUS zu Vassula[213]

Der Herr, den ihr sucht, wird plötzlich über euch kommen. Er, nach dem ihr euch sehnt, ist auf dem Weg. Und darum sage ich euch: Widersteht nicht Meinem Heiligen Geist, der jetzt mit voller Kraft kommt, um das Leichentuch fortzunehmen, mit dem eure Völker bedeckt sind und das euch daran hindert, das Licht zu sehen. Ich werde in voller Kraft mit Meinem Geist herabsteigen, um die Betrüger zu entlarven und die Händler hinauszutreiben, die in Mein Heiligtum eingedrungen sind.

Erhebe deine Augen zu Mir, Generation, und sieh die Freude, die schon bald zu euch kommt. **Mein Heiliger Geist wird in seiner ganzen Fülle herabkommen,** nicht nur, um die armen Wesen zu retten, sondern **Ich werde auch zum Gericht herabsteigen,** um den Blinden das Augenlicht zu geben und denen die Sicht zu nehmen, die sagen, sie seien sehend; und die sich weise und gelehrt nennen, werde Ich so verwirren, dass sie nicht mehr wissen, wer sie sind und woher sie kommen.

---

213. *Wahres Leben in Gott*, Band 1, Vassula Ryden, 18.09.1990, Seite 541.

- 52 -

Die Heilige Faustina zu Maureen[214]

Die Leute müssen verstehen, dass die **Erleuchtung der Gewissen** die Barmherzigkeit GOTTES in voller Wirkung ist. Fürchtet nicht die Gerechtigkeit Gottes und erfreut euch noch mehr seiner Barmherzigkeit! Jede kleine Tat der Barmherzigkeit den andern gegenüber steigert die Kraft des Kleinen Rests. Dies soll euch eine Ermutigung sein!

- 53 -

GOTT, der Allerhöchste, zu seiner Kleinen Tür der Morgenröte[215]

... Kinder meines liebenden Vaterherzens, bereut eure Sünden! Das, was der Welt bevorsteht, ist äußerst ernst. Betet füreinander! Vergesst nicht, die Tugenden zu praktizieren, gut zu sein, barmherzig, wohlwollend, großzügig! Die Zeit wird kommen, da nichts sein wird wie vorher. **Die Zeit der Großen Warnung ist gekommen.** Seid bereit, ganz bereit! Der Himmel wird sich öffnen und ihr werdet meine Herrlichkeit schauen. Aber nicht alle. Mein vielgeliebtes Kind! Schreib deinen Blutsverwandten, dass ICH BIN und dass Ich existiere, dass Ich alle Menschen am Ende ihres Lebens zum Gericht und zur Gewährung der ihrer würdigen Belohnung erwarte! Aber, wie steht es mit ihnen heute? Allzu oft ignorieren sie mich, verachten mich, verleugnen mich. Meine kleinen Kinder, GOTT ist traurig, tief traurig, wenn er zusehen muss, wie ihr verloren geht wegen solcher Kleinigkeiten, die mein Widersacher, der Teufel, euch vorspiegelt, und wie ihr in Versuchung fällt und ihm in

---

214. Holy Love Ministries (Werk der Heiligen Liebe), 05.10.2011.
215. 06.10.2017

die Falle geht. Spiegel zum Schwalbenfang![216] Denkt an Mich, euren GOTT und Vater! Kommt zu Mir zurück und Ich werde euch bis zum Ende eures Weges begleiten; so werdet ihr sicher sein, Mich am Ende eures Lebens zu finden. Kleine Kinder, Ich segne euch. Wacht auf!...

- 54 -

In Sinu Jesu[217]

Es ist tatsächlich so, dass ich dein Herz mit dem Herzen Meines Dieners Benedikt XVI. vereinigt habe, und zwar schon seit Beginn seines Pontifikats. Achte gut auf alle seine Lehren. Nimm sie auf und mach sie bekannt, denn er ist Mein Botschafter und Mein Opferpriester inmitten einer Welt, die ihre Ohren vor Meinem Wort verschließt und das Geheimnis des Kreuzes nach wie vor verachtet. Bald werde Ich der Welt **ein Zeichen geben, das viele Herzen bekehren wird.** Viele andere werden verschlossen bleiben, und in ihrer Weigerung zu hören und sich von den Verwüstungen der Sünde heilen zu lassen, werden sie zu Stein gewordenen Herzen gleichen, die unfähig sind, auf Meine erlösende Liebe zu reagieren. Das ist meine Sorge: dass so viele – sogar in Meiner Kirche und in den Reihen der Kleriker, Meiner Erwählten, Meiner Freunde – ihre Herzen gegen Mich verhärtet haben und dass sie zu Meinem unermesslichen Schmerz in ihren Sünden sterben werden.

---

216. Diese Falle, die sich aus Holzstücken und Spiegeln zusammensetzte, brachte, wenn sie bewegt wurde, Blinklichter hervor, die die Vögel anlockten, so dass die Jäger sie nur mit einem Netz zu fangen oder mit der Flinte zu erschießen brauchten.
217. *In Sinu Jesu - Wenn Herz zu Herz spricht*, Patrimonium Verlag, 16.05.2010. Also vor der Wahl von Papst Franziskus.

- 55 -

MADONNA von Trevignano Romano zu Gisella Cardia[218]

Meine Kinder! **Die Warnung oder Erleuchtung wird bald stattfinden,** und ich bin hier, um euch zu bitten, euch auf dieses für die Menschheit wichtige Ereignis vorzubereiten, denn es wird die letzte Gelegenheit sein, zu wählen, auf welcher Seite man stehen will. Diese Vorbereitung geschieht am besten mit einer guten Beichte zur Läuterung der Seele und dem häufigen Empfang der Eucharistie... Liebe Kinder! **Die Kirche ist total verwirrt, aber ich möchte meinen heiligen Priestern ans Herz legen, sich nicht zu fürchten, denn ich und mein Jesus, der einzige wahre Retter, werden euch nie im Stich lassen. Meine kleinen Kinder, ich bin hier, um euch zu retten und euch daran zu erinnern, den heiligen Rosenkranz zu beten, eine einzigartige Waffe gegen Satan.**

- 56 -

GOTT, der Allerhöchste, zu seiner Kleinen Tür der Morgenröte[219]

... GOTT ist Vater; deshalb ist er eifrig um das Wohl eurer Seele besorgt. Vertraut mir! Bereitet euch vor, **die Stunde wird schlagen.** Die Zeit ist nicht mehr die Zeit von vorher, denn sie wird noch schneller vergehen, wenn sie in die letzte Phase der Warnung eintritt. Alles wird in einem Augenblick geschehen. Seid bereit! **Die Zeit unserer Begegnung ist für viele entscheidend.** Haltet euch gut bereit! Mit meinem liebenden Vaterherzen segne ich euch, meine kleinen Kinder!

---

218. 03.09.2020
219. 11.10.2017

- 57 -

Mutter MARIA zu Lec von den Philippinen[220]

Versetze dich in die Lage jener, die mehr oder weniger an die Botschaften GOTTES glauben! Was wird geschehen, wenn sie sich beim letzten Aufruf zum Bekenntnis der Wahrheit vor dem Thron Christi befinden, und fast keine Argumente zur Rechtfertigung des Loses ihrer Seele, die nicht ganz dem Gleichnis GOTTES entspricht, finden werden? **Ja, die Erleuchtung der Seele steht bevor!** Millionen Menschen wissen davon, aber etliche Millionen Menschen sind nicht informiert. Manche, die von Zeit zu Zeit davon reden hören, haben sich entschlossen, die Sache zu ignorieren. Niemand auf dem Planeten wird von der Erfahrung dieses Ereignisses, **der Großen Warnung der Seele,** ausgeschlossen werden. Jeder wird den wahren Zustand seiner Seele mit den Augen GOTTES sehen. Die Augen sind zur Erkennung der Wahrheit geöffnet, aber es gibt Menschen, die in der Falle bleiben wollen, in die sie durch ihren freien Willen geraten sind.

Das ist der Tag der Trennung. Bereitet euch darauf vor! Seid gewiss, dass eure Seele in diesen kritischen Augenblicken nicht den Qualen der Erinnerung an nicht gebeichtete Sünden ausgesetzt sein wird! Empfangt das Sakrament der Versöhnung! Nutzt die Gelegenheit, solange es noch Zeit ist.[221]

---

220. 23.11.2007
221. Vergesst nie, dass das Sakrament der Busse ein GESCHENK GOTTES ist!

- 58 -

JESUS zu Marie-Julie Jahenny

Mein Volk! Mein Volk! Deine Augen werden den Beginn der Schreckensstunde sehen, wenn das Korn noch nicht den dritten Knoten seines Wachstums (Monat März) erreicht hat. Das ist die Zeit, da mein Volk aufgerufen wird, zu den Waffen des Glaubens und der Hoffnung zu greifen, noch zu der harten Jahreszeit, während vier Stunden, vom Mittag bis vier Uhr nachmittags, nach französischer Zeitrechnung. In weiteren Tagen der harten Jahreszeit wird die Sonne sich in ein Trauergewand hüllen. Sie wird sich verdunkeln und kein Licht mehr spenden. Während dieser Stunden wird die Sonne ohne Licht sein. Niemand auf Erden kann die Dunkelheit dieser Finsternis erahnen. Auf die Erde wird kein Lichtstrahl mehr dringen. Das Auge wird verschleiert sein und auch nicht den geringsten Gegenstand mehr sehen. Mein Volk, das wird der Beginn meines Strafgerichts sein. Es ist die Sonne, die diese Leiden ankündigt; der Himmel weint, ohne Trost zu finden, denn es wird der Beginn der Zeit sein, da die Seelen verloren gehen (wenn sie nicht umkehren), in einem Wort, der Beginn des entsetzlichen Unglücks. Mein Volk, diese Finsternis wird über die Bretagne kommen, aber nur vier Stunden lang. Kein Übel wird geschehen, nur ein Schrecken, keine Angst, aber viele, die sich verirrt haben, werden ihren Lebenswandel während dieser Finsternis bereuen. **Die Warnung wird der Beichtstuhl Marias sein.** Das wird das erste Zeichen sein, um die Ungläubigen zu bekehren und zu hoffen, dass viele sich wieder Mir zuwenden vor dem großen Gewitter, das danach folgen wird.

Maria kommt vom Himmel mit einem unermesslich großen Herzen, **um das Gewissen eines jeden zu öffnen.** Dank der Fürsorge Marias schenkt GOTT jeder Seele diese erste Öffnung. **Es ist eine geheimnisvolle Prüfung,** die sich zwischen Mutter und Kind, ohne Verletzung des Ehrgefühls, abspielt. Reue und das Verlangen nach Buße werden sich unser ermächtigen. Es ist die Stunde, da Satan weichen wird. Marias Ferse nötigt ihn dazu. Wenn die Schlechten sehen, wie ihre Kinder sich in die Herrlichkeit GOTTES und Marias erheben, werden sie sich ergeben, um mit ihnen in die Herrlichkeit Gottes und Marias einzugehen, und durch Maria werden sie zu GOTT gelangen. Auf diese Weise wird GOTT selbst in seiner Herrlichkeit sündige Seelen an sich ziehen, die sich bekehren werden. Auf die hartnäckigen Schlechten wartet **ein großes Ereignis,** zu ihrem Heil. Die Pharisäer werden die letzten sein, denn die großen Kriminellen und Banditen werden sich vor ihnen ergeben. Für die Stolzen, wieder eine Niederlage!

- 59 -

GOTT Vater zu Enoch[222]

Ich bin eifrig um meine Schöpfung bemüht und Ich werde nicht erlauben, dass der Stolz der Menschen dieser Endzeit das zerstört, was Ich mit so viel Liebe geschaffen habe. Krieg, Hunger, Pest, Verfolgung, die Geburtswehen meiner Schöpfung und das Feuer meines Gerichts werden Teil der angekündigten Widerwärtigkeiten sein. Nur jene, die dem Herrn vertrauen und dem Glauben treu bleiben, werden den Kranz des Lebens erhalten. **Meine Warnung wird während der Mühsale stattfinden;** nur euer himmlischer Vater kennt den Tag und die Stunde. Ich wiederhole nochmals: bereitet euch vor, denn diese Tage werden über euch hereinbrechen. Verliert den Rest der Zeit der Barmherzigkeit nicht mit den Nichtigkeiten dieser Welt! Ich sage euch, nichts von dem, was ihr jetzt seht, werdet ihr wiedersehen. Ich werde alles neu erschaffen; das Alte wird vergehen und man wird sich nicht mehr daran erinnern.

---

222. 17.03.2016

- 60 -

Die himmlische Hand von Tombow[223]

Das Böse überflutet das Gute. Für mein Volk ist es Winterzeit. Die Stunde der Reue hat geschlagen. Nicht eine gerechte Seele wird im Kreis der Verdorbenen übrigbleiben und nicht eine Verdorbene im Kreis der Gerechten. **Hütet euch vor meiner Warnung!** Tut Busse und bereut eure Sünden! Ich werde die retten, die den Herrn fürchten. Übernehmt eure Verantwortung! Diese Zeiten sind nahe.

- 61 -

Der Heilige JOSEF zu Maureen[224]

Ich bin gekommen, damit ihr das Wirken der Gnade in der Seele besser verstehen könnt. Ein Herz voll eigener Interessen ist weniger geeignet, sich dem Empfang einer Gnade, wie die Taufe in der Wahrheit,[225] zu öffnen. Das gleiche gilt für eine Seele, die nach Besitz trachtet, deren Gewissen durch das Licht der Wahrheit

---

223. Auf Grund einer im «Corriere della Valle d'Aosta» veröffentlichten Nachricht erschien in Tombow (40 km südlich von Moskau) eine weiße Hand am klaren Himmel: in dieser Hand befand sich ein Pinsel, mit dem sie anfing zu schreiben... Die HAND war ungefähr eine halbe Stunde damit beschäftigt, diese Botschaft zu schreiben, die für alle Einwohner Tombows drei Stunden lang am Himmel sichtbar war. Die Aufregung war so groß, dass der Verkehr vollständig lahmgelegt wurde. Die Zuschauer lasen den Text am Himmel, die in Sachen Religion am besten Unterrichteten erklärten ihn den Ungläubigen. Aus Angst eines Aufstands des Volkes wagten die sowjetischen Behörden es nicht, einzugreifen.
224. Holy Love Ministries (Werk der Heiligen Liebe), 30.09.2010
225. «Die Taufe ist die schönste, die mannigfaltigste Gabe GOTTES... Wir nennen sie Gabe, Gnade, Salbung, **Erleuchtung**, Kleid der Unverweslichkeit, Regenerierungsbad, Siegel und alles Kostbarste. **Gabe**, weil die Empfänger keine Gegenleistung bringen; **Gnade**, weil sie auch Schuldigen gespendet wird; **Taufe**, weil die Sünde im Wasser untergeht; **Salbung** weil sie heilig und königlich ist (wie die Gesalbten); **Erleuchtung**, weil sie glanzvolles Licht ist; **Kleid**, weil sie unsere Scham bedeckt; **Bad**, weil sie reinwäscht; **Siegel**, weil sie uns schützt und das Zeichen von GOTTES Herrschaft ist.»

offenbar wird. Sie eignet sich nicht, die Erleuchtung zu erkennen oder auf sie einzugehen, wenn sie an ihrer eigenen Tagesordnung festhält.

- 62 -

JESUS zu Françoise[226]

Doch durch die Gnade, die bald auf euch alle herabkommen wird, **wird jeder die Augen öffnen und sehen. Und dann wird die Erde erneuert.** Dieser Augenblick der Reinigung der Seelen (Reinigung, weil Ich ihnen die Schuppen von ihren Augen fallen lassen werde) entspricht der Warnung, die Meine heilige Mutter in Garabandal angekündigt hat.

- 63 -

Botschaft des Himmels an Mutter des Immerwährenden Lichts[227]

Sie werden ihr eigenes Leben mit den Augen Gottes sehen: alle Tage ihres Lebens, von ihrer Geburt an. GOTT wird euch alle eure Taten vorführen, die guten und die schlechten, jene, die ihm gefallen haben und jene, die ihn traurig stimmten. Diesmal wird Gott euch beauftragen, über euer Benehmen nachzudenken und zu tun, was zur Wiedergutmachung der schlechten Handlungen, zu tun ist. Meine lieben Kinder, wenn ihr es noch nicht getan habt, bereitet euch sofort auf dieses Ereignis vor; fangt sofort an, zu bereuen. **Es wird nur einen Richter geben, ohne Geschworene, und ihr werdet seine Liebe genauso wie seine Wut vernehmen.**

---

226. *Umkehr der Herzen*, Band 6, Françoise, 21.06.2001, Parvis-Verlag.
227. 22.01.2009

- 64 -

JESUS zu JNSR[228]

O, meine Kirche! Du wirst Mich als Erstes sehen und du wirst dir an die Brust schlagen. Deine Fehler werden dir aufgetischt werden, deine Augen werden weinen, denn deine Treue wird wiederkommen, wenn du Mir sagen wirst: «Oh, Herr, verzeih deiner elenden Tochter!», und der Herr wird dich zitternd am ganzen Leib aufrichten und zu dir sagen: «*Geh! Dein Retter ist bei dir und verzeiht dir, denn Er liebt dich.*» Du wirst deinen Platz als Braut wieder einnehmen, denn der Bräutigam ist wiedergekommen, um dich mit seiner heiligen Gnade auszustatten für alle Ewigkeit.[229]

- 65 -

MARIA, Königin des Friedens zu Sulema[230]

Ich bin so betrübt wegen all dessen, was euch erwartet. Glaube mir, mein Kind, für einige Nationen wird es schrecklich sein, vor allem für die, die gegen das Leben sind. Der Vater wird den Naturelementen freien Lauf lassen bis zu dem Augenblick, da Er sagen wird: Genug! **Dann wird der großen Erleuchtung eures Gewissens Raum gegeben: Dabei erlebt jedes Kind in jenem Augenblick ein Einzelgericht, in dem alles innehält, um auf die Stimme GOTTES zu hören.** Ihr werdet sehen, wie die ganze Schöpfung der Stimme ihres Schöpfers gehorcht, außer dem Menschen, der sich

---

228. 26.11.2012
229. Aber den meisten wird diese Begegnung mit dem Herrn die Weisheit bringen, die erforderlich ist, um sie zum Verständnis der Wahrheit zu führen, und sie so auf das Vollbringen ihrer Sendung vorzubereiten.
230. *Ich bereite euch auf dieses Ereignis vor: Die Erleuchtung eures Gewissens*, Band 1, Sulema, 02.02.2011, Parvis-Verlag.

ihm überlegen glaubt und so weit geht, die Existenz GOTTES, des Schöpfers des ganzen Universums, zu leugnen.

Meine Kinder, betet für alle Ungläubigen! Betet und seid sehr wachsam, damit eure Seele im Stand der Gnade bleibt! Betet, um das Öl des Glaubens in euren Seelen zu erhalten! Wenn der Bräutigam eurer Seelen zurückkommt, wird er euch dann mit brennenden Lampen in dieser Nacht der großen Verwirrung vorfinden?

- 66 -

Der heilige JOSEF zu Janie Garza[231]

Die Zeit wird kommen, da Gott allen seinen Kindern erlauben wird, den Donner seiner Gerechtigkeit in der Tiefe ihrer Seele zu hören und ihre Sünden zu sehen, wie Gott sie in ihrem sündigen Herzen sieht. Gott wird eine Erleuchtung über die Welt bringen. Es wird eine Zeit großer Gnade und der Umkehr vieler Seelen sein. Kurze Zeit nach der Erleuchtung der Seelen wird Gott ein großes Wunder für die Welt erwirken. Nach diesem großen Zeichen wird die Welt im Frieden sein. Das gottergebene Volk wird große Freude erleben. Die Kinder Gottes werden glücklich sein. In den Familien und ringsherum wird Liebe herrschen. Die Leute werden die Früchte ihrer Arbeit genießen, ihre Häuser bauen und sie benutzen. Sie werden ihre Kindeskinder kennen und sie werden alle lange leben.

Janie: *«Vielgeliebter Heiliger Josef, was müssen wir tun, um uns darauf vorzubereiten?»*

---

231. 19.03.1996, Fest des Heiligen Josef.

Betet, meine Kleinen, betet! Befolgt treu alles, was der Heilige Geist euch aufträgt! Tut alles, worum Maria euch bittet, es zu tun! Befolgt ihre Einladung zum Frieden, zum Gebet, zum Besuch der Heiligen Messe, zum Fasten, zur Umkehr und zur Lesung der Heiligen Schrift! Tut es im Familienkreis! Lehnt Gott nicht ab, damit er euch nicht ablehnt! Fasst den Entschluss, eine heilige Familie zu werden, gemeinsam zu beten, zu lieben und euch einander zu verzeihen! Dies ist die Zeit der Entscheidung für alle Kinder GOTTES. Lebt, wie es sich für das Volk Gottes geziemt, indem ihr ein gutes, einfaches und gerechtes Leben führt! Öffnet der Liebe und der Barmherzigkeit Gottes euer Herz! Jede Familie muss sich dem Heiligsten Herzen Jesu und dem Unbefleckten Herzen Mariens sowie meiner Fürbitte und meinem Schutz weihen, damit wir euch Gott näherbringen können. Wir bereiten euch auf das Bevorstehende vor. Lebt, wie es sich für Kinder des Herrn geziemt und ihr werdet diese schwierigen Zeiten überwinden.

- 67 -

Die MADONNA von Trevignano Romano zu Gisella Cardia[232]

Meine vielgeliebten Kinder! Nähert euch meinem Sohn immer mehr; **die Warnung steht kurz bevor!** Alle, die Gläubigen, die Atheisten, die Sündigen anderer Religionen, die Unbußfertigen werden ihr Gewissen erleuchtet sehen und die Last ihrer Sünden spüren. Ich komme, um euch zu retten und euch auf das Zweite Kommen meines Sohnes Jesu vorzubereiten. Empfangt immer die Eucharistie, den Leib meines Sohnes Jesus, solange es noch Zeit ist,[233] denn was den Leib meines Sohnes betrifft, bereiten sie die Leugnung des lebendigen Jesus vor. Die Verfolgungen meiner

---

232. 17.06.2017
233. Der Lockdown von 2020 scheint der Auftakt gewesen zu sein.

Kinder werden furchtbar sein, sogar meine Geweihten werden exkommuniziert werden, wenn sie das Gebot der Menschen nicht befolgen.

- 68 -

Die MADONNA von Trevignano Romano zu Gisella Cardia[234]

Meine Kinder sind jetzt hier versammelt. Ihr seid Teil meiner Kirche. **Die Tage der Warnung werden bald über euch hereinbrechen.** Ihr werdet meinen Sohn auf einer Wolke vom Himmel herabkommen sehen; ein Heulen wird die Erde erschüttern. Er wird kommen, um alle Kinder GOTTES zu versammeln und er wird euch alle eure Sünden vergeben. Das große Zeichen eines Kreuzes wird in der ganzen Welt sichtbar sein. Fürchtet euch nicht, ich werde bei euch sein; ich werde euch an der Hand halten, aber ihr werdet das Herz Jesu und sein Kreuz umarmen...

- 69 -

JESUS zu Göttliche Weisheit für die Auserwählten der Endzeit[235]

Meine lieben Freunde, meine Auserwählten, euch gebe ich viele vertrauliche Mitteilungen. Seht, Ich Bin wie ein Vater, der sein Herz seinen Söhnen öffnet, die er liebt und denen er seine Zukunftspläne mitteilt, indem er sie bittet, mit ihm zusammenzuarbeiten. Im Lauf der Geschichte gab es stets schöne Seelen, denen ich mein Herz auf besondere Weise öffnete. Heute steht ihr vor mir. Ich wirke machtvoll in euren Herzen, Ich durchdringe euren Geist mit dem Blitzstrahl meines Lichts. Freunde, seid bereit, meine Stimme zu

---

234. 22.09.2016
235. 01.05.2005

vernehmen, meinen Willen zu befolgen! Wer verstanden hat, soll anderen helfen zu verstehen, wer das Licht in sich trägt, erleuchte auch die anderen, die in der Finsternis sind! Bevor die Ereignisse eintreten, möchte ich dir erklären, wie sie sich abspielen werden, damit du die anderen unterrichten kannst. In dieser besonderen beweiskräftigen Zeit wird das Angesicht der Erde sich verändern: an einem Tag wird sich das ereignen, was vorher in 1000 Jahren nicht stattgefunden hat. Nimm meine Worte ernst und fasse Mut: viele bedeutungsvolle Zeichen werden entscheidende Tatsachen ankündigen, aber, wie ich dir schon sagte, der freiwillig Blinde sieht nicht, der Taube hört nicht, der Zerstreute nimmt nichts wahr, der Unentschiedene bleibt verwirrt, der Zaudernde schwimmt in seinem Zweifel ohne sich zu entscheiden. Für diese Kategorien von Personen kann Ich nichts tun. Auch wenn Ich laut mit ihnen reden würde, würden sie mich nicht hören; sie würden nicht gläubig werden, auch wenn Ich ihnen erscheinen würde, würden sie meine Erscheinung für eine Halluzination halten. Vielgeliebte Braut, für diese derart verschlossenen, gefühllosen Personen gibt es nur wenig Hoffnung auf Rettung. Weil sie sich meiner Liebe verschlossen haben, haben sie sich selbst ausgeschlossen.

- 70 -

JESUS zu Sulema[236]

Bereitet euch vor, meine Kinder, denn eure Augen werden Ereignisse sehen, die kein Auge je zuvor gesehen hat. Die Zeit ist sehr kurz. Habt keine Angst, seid voller Freude: Bevor Ich als Richter komme, werde Ich als König der Barmherzigkeit für euch, meine

---

236. *Ich bereite euch auf dieses Ereignis vor: Die Erleuchtung eures Gewissens*, Band 2, Sulema, 28.08.2012, Parvis-Verlag.

Kinder des Lichts, meinen kleinen treuen Rest kommen, den Ich so sehr liebe: Ich bin nahe, Ich lasse die Meinen, euch, meine Geliebten, nie im Stich!

- 71 -

Die MADONNA von Trevignano Romano zu Gisella Cardia[237]

Meine Kinder, schaut, was sich in der Welt zuträgt: Meere durchfluten Städte, die Erdbeben werden immer stärker. Meine Kinder, kehrt um, es ist höchste Zeit, **damit ihr während der Warnung keinen Schmerz empfindet, sondern Liebe und Friede.** Die Kirche wird von der kleinen restlichen Herde erneuert werden, die meinem Jesus und dem Wort meines Vaters treu bleibt. Betet für Amerika und Frankreich! Betet für alle heiligen verfolgten Priester und Gläubigen!

- 72 -

JESUS zu John Lawrence Mariani[238]

Sorgt euch nicht um die Kirchenspaltung; versteht, dass es mein Wille ist! **Die Verwirrung in der Kirche bereitet der Großen Warnung und meinem Zweiten Kommen den Weg.** Ihr müsst beten und euren Glauben festigen! Ihr seid an der Stelle angelangt, wo ihr in ein Zeitalter der Widerwärtigkeiten eintretet. Dies ist die Stunde, da die Ereignisse sich abspielen werden. Betet für die Priester und die Kirche, damit sie die Wahrheit erkennen werden! Die Warnung ist jetzt ganz nahe und in der Welt werden die Dinge sich zuspitzen. Erhebt das Haupt, denn bald wird die Warnung über euch hereinbrechen.

---

237. 09.06.2020
238. 07.10.2019, Fest Unserer Lieben Frau des Rosenkranzes.

- 73 -

JESUS zu Vassula[239]

Das sechste Siegel wird in Kürze gebrochen, und ihr werdet alle in Finsternis getaucht, und es wird keine Erleuchtung geben, denn der Rauch, der aus dem Abgrund hervorquillt, wird sein wie der Rauch von einem riesigen Ofen, so dass Sonne und Himmel davon verdunkelt werden. Und aufgrund Meines Kelches der Gerechtigkeit werde Ich euch Schlangen ähnlich machen, Vipern; Ich werde euch auf dem Bauch kriechen und Staub fressen lassen in jenen Tagen der Finsternis. Ich werde euch auf den Erdboden schmettern, um euch daran zu erinnern, dass ihr nicht besser seid als Vipern... ihr werdet an euren Sünden würgen und ersticken... Wenn die Stunde der Dunkelheit kommt, werde ich euch euer Inneres sehen lassen. Ich werde eure Seele von innen nach außen kehren, und wenn ihr seht, wie kohlrabenschwarz eure Seele ist, werdet ihr nicht nur Leid erfahren wie nie zuvor, sondern ihr werdet auch in Agonie an die Brust schlagen und sagen, dass eure eigene Finsternis noch viel schlimmer ist als die Dunkelheit, die euch umgibt... Ich werde menschliches Leben seltener machen als jemals zuvor. Dann, wenn mein Zorn beruhigt ist, werde ich Meinen Thron in jedem von euch aufstellen, und mit einer Stimme, einem Herzen und in einer Sprache werdet ihr Mich gemeinsam preisen. Mich, das Lamm.

- 74 -

MARIA, die Heiligende, zu Enoch[240]

Meine Kinder! Der letzte noch zur Verfügung stehende Zeitraum der Barmherzigkeit Gottes geht seinem Ende zu. Mit der Warnung

---

239. *Wahres Leben in Gott*, Vassula Ryden, 18.02.1993, Seiten 788-789.
240. 27.11.2017

meines Vaters geht die Zeit der Barmherzigkeit zu Ende. Zur Vorbereitung auf dieses große Ereignis, das die Menschen spirituell verwandeln wird, erlasse ich einen dringenden Ruf an alle, unbeschadet der unterschiedlichen Rassen, Weltanschauungen oder Religionen. Es fehlen nur noch einige Tage bis zur gänzlichen Erschöpfung der Zeiten der Barmherzigkeit GOTTES in eurer Welt. Die Warnung meines Vaters kommt mitten im Schisma, im Krieg und in der Wirtschaftskrise.

Wie traurig ist es, feststellen zu müssen, dass der Ruf des Himmels von dieser Menschheit nicht wahrgenommen wird! Als Mutter der Menschheit bitte ich euch, meine kleinen treuen Kinder, die Botschaften des Himmels all euren Brüder und Schwestern bekannt zu machen und vor allem jenen, die sich am weitesten von Gott entfernt haben. Bleibt nicht tatenlos, erinnert euch, dass ihr durch eure Taufe Missionare seid. Nutzt die Technik dieser Welt, um die Interessen des Himmels zu fördern und auf diese Weise alle die kleinen Kinder zu evangelisieren, die von der Warnung noch nichts wissen. Es wird höchste Zeit, dass in diesem Sinn evangelisiert wird, damit meine Kleinen wach werden, sich dem Gebot der Stunde bewusst werden und sich auf dieses große Ereignis vorbereiten. Meine Kinder, wenn nicht rechtzeitig evangelisiert wird, werden viele Seelen verloren gehen, weil sie keine Kenntnis von den bevorstehenden Ereignissen hatten.

Meine bevorzugten Söhne, ich bitte euch, auf die Botschaften des Himmels zu achten und dem Volk GOTTES davon zu berichten. Die große Mehrzahl der Menschen muss den Weg des Verderbens verlassen und sich geistlich vorbereiten, damit sie bei ihrem Durchgang durch die Ewigkeit die Gnade der Barmherzigkeit erhält, die sie vor der ewigen Verdammnis retten wird. Meine kleinen Kinder! Bereitet euch vor, denn der Heilige Geist GOTTES wird bald an die Tür eurer Seele klopfen, um euch mit in die Ewigkeit zu nehmen.

Ich wiederhole euch, eine gute Lebensbeichte abzulegen, so oft wie möglich den Leib und das Blut meines Sohnes zu empfangen, achtsam zu sein und zu wachen mit im Gebet angezündeten Lampen, damit mein Sohn, wenn er kommen wird, euch wach findet, ihr Ihm die Tür öffnen und mit ihm das Festmahl halten könnt.

Meine kleinen Kinder! Das höchste Gericht erwartet euch in der Ewigkeit. Bringt also eure Konten in Ordnung, damit ihr euch rechtfertigen könnt. Ich liebe euch. Eure Mutter, Maria, die Heiligende.

- 75 -

JESUS zu Vassula[241]
Wie eine Sonne wird mein Geist noch viele Seelen berühren, ihnen ihre Schuld offenbaren und [ihnen aufzeigen] wie in ihrer Armseligkeit ihre Sünden ihre Seele verunstaltet haben, und wie unwürdig sie in den Augen GOTTES wurden. Er wird die Tiefen ihrer Seele öffnen und all ihre bösen Neigungen bis an die Wurzel verbrennen; dann, wenn Mein Geist sie gereinigt haben wird, wird ihnen Meine Liebe offenbart, und Ich werde ihnen mystische Weisheit verleihen, salbende Gnaden, und Ich werde sie mit Uns vereinen.

- 76 -

Das Heilige Herz JESU zu Sulema[242]
Wacht auf meine Kinder, bevor es zu spät ist! Ich komme nicht, um euch Angst zu machen, nein. Ich komme mit meinem durch-

---

241. 25.11.2014
242. *Ich bereite euch auf dieses Ereignis vor: Die Erleuchtung eures Gewissens*, Band 3, Sulema, 27.06.2013, Parvis-Verlag.

bohrten Herzen in der Hand, diesem so wenig geliebten Herzen, das nichts als Liebe ist. Hört auf mich, ihr müsst euch vorbereiten, denn niemand ist bereit für dieses Ereignis *der Erleuchtung eures Gewissens*. Das hat meine Mutter vor 48 Jahren in Garabandal angekündigt. Damals sprach meine Mutter zu euch, doch ihr glaubt ihrem Wort nicht.
Selig seid ihr, dass ihr dieses in der Menschengeschichte einmalige Ereignis erlebt! Ihr wurdet von Ewigkeit her erwählt, um diese Zeiten zu leben, die die letzten sind. Und denkt nicht, dass eine andere Generation dies erleben wird, nein, ihr seid es, meine Kinder! Meine Mutter hat euch eine ganz kleine Verlängerung erlangt, um mein letztes Schäfchen zu holen, doch Ich muss eingreifen, denn Ich sehe, dass **mein kleiner Rest immer kleiner wird.** Also muss ich eingreifen, denn Ich will euch retten.

- 77 -

Die MADONNA von Trevignano Romano zu Gisella Cardia[243]

Meine lieben Kinder, danke, dass ihr auf meinen Ruf in eurem Herzen gehört habt! Danke, meine Jünger! Jetzt ist die Apostasie in meiner Kirche am Werk. Der Antichrist möchte sie zerstören mit Hilfe meiner geweihten Kinder, indem er große Verwirrung stiftet und sie gegeneinander ausspielt. **Haltet euch für die Stunde der Warnung bereit, denn sie ist sehr nah.** Alles wird zusammenbrechen. Also los mit dem Gebet! Volk GOTTES und mein Volk, seid vereint und redet mit einer Stimme.

---

243. 19.08.2017

− 78 −

Jabez in Action[244]

Kind meines göttlichen Herzens, Ich liebe dich so sehr! Öffnet eure Herzen der Liebe! Überlasst euch unverzüglich mir und erteilt mir die Erlaubnis, zu wirken! Lasst euch nicht länger täuschen! Bringt Satan und alle seine Helfershelfer zum Schweigen! Nehmt keine Lüge, keinen Kompromiss hin! Seid euch bewusst: ihr seid Erben des Reiches! Macht Gebrauch von eurer Autorität: Mögen alle, denen ihr begegnet, Zeugen von eurer Weisheit, eurer Autorität und von eurer Liebe zu mir sein! Heilt die Kranken, salbt sie in meinem Heiligen Namen, salbt sie und steht fest im Glauben. Die Wunder werden nicht auf sich warten lassen. Die Bezeugungen meiner Liebe und meiner Barmherzigkeit werden die Erde verwandeln, die Herzen aus Stein werden Herzen aus Fleisch werden und die Seelen werden der Heiligkeit zugeführt werden.

Die Bekundungen Meiner Herrlichkeit werden sich über alle Nationen der Erde ergießen. Wegen der Vielzahl dieser Zeugnisse auf der ganzen Welt werden Millionen Menschen sich Mir zuwenden. Millionen werden Mir im Lauf der nächsten Monate ihr Herz schenken. Freut euch, denn die Pläne Satans wurden durchkreuzt... **Jetzt gilt es, zu erwachen! Das Feuer meiner Liebe umfängt jetzt die Erde.** Fahrt fort, mich zu ehren und jeden Tag in meinem Weinberg zu arbeiten. Ich wähle die aus, die ich auf meinen Weg stellen werde.

---

244. 29.05.2020

- 79 -

JESUS zu JNSR[245]

Die Warnung wird von allen Seelen eures Planeten erlebt, damit sie GOTT in seiner ganzen heiligen Herrlichkeit erleben und **Kinder des Einzigen und wahren GOTTES werden.** Sogar die Zweifler werden nicht mehr zweifeln und Kinder Jesu und Mariens werden, denn Meine heilige Mutter wird bei euch sein, wie sie es bei meiner heiligen Geburt war. Sie wird bei eurer Geburt in GOTT dabei sein.

- 80 -

MARIA, Königin des Friedens, zu Sulema[246]

Meine Kinder, nutzt die kurze Zeit der Gnade, die euch noch bleibt und die zu Ende geht! **Der große Tag kommt näher,** an dem ihr alle vor dem Glanz der Herrlichkeit GOTTES des Sohnes, stehen werdet. Ihr werdet in dieses Geschehen der Erleuchtung des Gewissens eintreten, bei der die Liebe und die Barmherzigkeit GOTTES des Vaters euch darauf vorbereiten, den Ereignissen die Stirn zu bieten, die nach der großen Warnung kommen, und bei dem der Heilige Geist euch zeigen wird, wo eure Sünden euch hingeführt haben.

Preist den Herrn, der euch erwählt hat zu erleben, was ihr bald erleben werdet. Wie viele Leute wollten diese Zeit erleben, da dieses einmalige Ereignis in der Geschichte der Menschheit an euch geschehen wird!

---

245. *Zeugen des Kreuzes, Erlebt mit mir die Wunder der neuen Schöpfung des Vaters*, Botschaften Jesu an JNSR, 11.06.1997, Parvis-Verlag.
246. *Ich bereite euch auf dieses Ereignis vor: Die Erleuchtung eures Gewissens*, Band 2, Sulema, 07.07.2012, Parvis-Verlag.

Bereitet euch vor, meine Kinder, bringt Ordnung in euer Leben, bekehrt euch, bessert euer Verhalten, seid vorausschauend, denn mein Sohn wird in dem Augenblick kommen, indem ihr Ihn am wenigsten erwartet habt.

- 81 -

JESUS, euer Retter, zu Sulema[247]

Ich komme, um euch zu erklären, wie die Erleuchtung eures Gewissens aussehen wird, die man auch die Warnung nennt.

Die Warnung ist ein einmaliges Ereignis in der Geschichte der Menschheit, das größte Zeichen der Barmherzigkeit GOTTES, der allen eine letzte Chance bietet.

Wir werden leiden wegen unserer nicht gebeichteten Sünden.

Diejenigen, die im Stand der Gnade GOTTES sind, werden absolut nichts zu befürchten haben.

Es ist ein direktes Eingreifen GOTTES, eine Läuterung, das erste Zeichen für alle, dass euer Zeitalter zu Ende geht. Das heißt: das Ende des Lebens wie es derzeit ist.

Die ganze Welt wird erschüttert werden, die Leute werden meinen, das Ende der Welt sei gekommen. Die Furcht ist abhängig von den Sünden, die jeder begangen hat. Die größte Zerstörung wird sich in den Herzen zeigen.

---

247. *Ich bereite euch auf dieses Ereignis vor: Die Erleuchtung eures Gewissens,* Band 2, Sulema, 28.08.2012, Parvis-Verlag

Jeder wird eine mystische Erfahrung machen, bei der er den Zustand seiner Seele im Licht der göttlichen Gerechtigkeit wird sehen können, ähnlich wie die Gnade, die Saulus von Tarsus empfing, der von diesem Licht durchdrungen wurde. Paulus hörte auf die Warnung, die Ich ihm gegeben hatte, er bereute und wurde ein treuer Jünger, der Apostel der Heiden.

Wenn die Erleuchtung stattfindet, wird alles innehalten, meine Kinder.

Der Heilige Geist wird wie ein himmlischer Tau der Gnade und des Feuers kommen, der die ganze Welt erneuert.[248]

In diesem Moment werden euch eure Sünden enthüllt; das Gute, das ihr unterlassen und nicht getan habt, und das Böse, das ihr getan habt.

Er wird ans Licht bringen, was in der Finsternis verborgen ist, und wird die geheimen Absichten zum Vorschein bringen, denn nichts wird mehr verborgen sein. Das geschieht nicht, um euch Leiden zu verursachen, sondern vielmehr aus Liebe und Barmherzigkeit. Ihr werdet leiden wegen eurer nicht gebeichteten Sünden.

Ihr werdet es alle sehen, ob ihr wollt oder nicht. Das ist das größte Zeichen meiner Barmherzigkeit: Ich werde allen eine letzte Chance geben.

Habt keine Angst, meine Kinder, wer an GOTT und an meine heilige Mutter glaubt, wer anerkennt, dass das alles von GOTT kommt, wird beschützt. Erinnert euch daran, wer in meiner Gnade bleibt, hat nichts zu befürchten. Nichts, meine Kinder!

---

248. Zu Don Gobbi hat die Jungfrau Maria das Gleiche gesagt, am 22.05.1988.

- 82 -

MARIA, zu Maria Esperanza Madrano[249]
Der große Augenblick **des Großen Tages des Lichts** ist gekommen. Das Gewissen dieses geliebten Volkes muss heftig erschüttert werden, damit die Leute Ordnung in ihr Haus bringen. Nach und nach wird der Mensch die Ordnung der mystischen Welt verstehen, und auf diese Weise wird alles grün und hoffnungsvoll werden, unter dem sanften Blick Mariens, dem Wirken des Heiligen Geistes und in der Gegenwart des Vaters, der lebt und herrscht in einer nie endenden Welt, jetzt und in Ewigkeit. Jetzt ist die Zeit gekommen, da die Menschheit erwachen muss, erwachen zur **Liebe zu GOTT. Ein neues Licht des Himmels wird unsere Herzen erleuchten,** aber vorher werden wir mit Schwierigkeiten zu kämpfen haben. Wir sollten uns freuen, **denn für die Menschheit hat die Stunde der Entscheidung geschlagen.** Der Himmel erntet seine Blumen. Man lebt in einer Zeit, da die Dinge anfangen, mehr Sinn zu haben und viele Menschen erwecken. Ein Ereignis wird die ganze Welt beeinflussen, um den Plan GOTTES zu offenbaren. Wenn wir dieses Licht erhalten, werden wir fähig sein, GOTT wieder in unseren Herzen zu vernehmen, und zwar die ganze Zeit.

- 83 -

Ein Zeichen wird euch gegeben werden, während alle Menschen der Welt eine innere Kundgebung erleben, in dem Bewusstsein, dass sie von GOTT kommt. Dann wird jeder sich sehen, wie GOTT ihn sieht. Unsere Liebe Frau teilt sich den Gläubigen mit. Sie wünscht,

---

249. *The Bridge to Heaven*, Interviews with Maria Esperanza of Betania, B. Michael H. Brown, Spirit Daily Publications, 1993 (nicht auf Deutsch erhältlich).

dass wir für jene beten, die in der Finsternis wandeln, damit sie die Gnade der Umkehr erhalten.[250]

- 84 -

MADONNA del Pino zu Josef Auricchia[251]

Mein Sohn, Ich bin die Unbefleckte Empfängnis, ohne Makel der Sünde, lilienrein, unbefangen wie das Licht, schön wie die Sonne. Ich, Maria, der göttliche Thron des Schöpfers, konnte in mir nicht den Schatten einer Sünde haben. Das ist das Geheimnis der Unbefleckt Empfangenen oder der neuen Frau, die am Himmel erschienen ist, das Haupt mit zwölf Sternen gekrönt, den Mond unter den Füssen. Die zwölf Sterne sind das Zeichen der zwölf Stämme Israels, die zur Geburt des Lichts, des Heils der Menschen führen. Heute komme Ich, um euch zu sagen, dass dies die Zeiten des Beistands sind: die Engel werden die Welt von den Spuren der Teufel befreien, die über euch, arme Menschen, hereinfallen, um euch auf den schiefen Weg zu bringen. Fürchtet euch nicht! Ich, die Jungfrau Maria, werde euch unter meinen Schutzmantel nehmen, und die Mächte der Finsternis werden besiegt sein.

Die Große Warnung wird Zeuge sein von dem, was Ich euch sage. Sie wird das große Zeitalter einläuten, das große Ereignis, das größte der Weltgeschichte. GOTT wird in Herrlichkeit auf die Erde hinabsteigen und die Stunde Mariens wird schlagen: **es wird der wichtigste und furchtbarste Augenblick sein,** der Durchgang der Frau, wenn alle Dämonen, wie nie zuvor, in allen Ecken der Welt losgelassen sein werden. Ich werde euch alles offenbaren. Ich werde euch alles sagen, um euch auf jedes kleine oder große

---
250. *Donner der Gerechtigkeit*, Ted und Maureen Flynn, Mediatrix-Verlag (vergriffen).
251. 31.05.2009, Pfingsten

Ereignis der Heilsgeschichte vorzubereiten, bis zum großen Tag GOTTES, der der Kirche durch euch offenbart wird. **Ich werde euch einen Stempel auf die Stirne drücken. Ich werde eure Stirnen mit dem Zeichen des ewigen Heils kennzeichnen.**

- 85 -

JESUS zu Sulema[252]
Was für eine Freude, mein Kind! Mein Heiligstes Herz erbebt vor Freude bei dem Gedanken an diese Zeit des Friedens und der Dreifaltigen Liebe. Doch um diese Zeit zu erreichen, müsst ihr leider zunächst durch die Zeit der großen Drangsal gehen, in der jedes Kind sich äußern und Ja zu Gott oder Ja zum Dämon sagen und mit den Folgen leben muss, die sich aus seiner Wahl ergeben! Das wird die feierliche Stunde sein, da ihr für immer den Ort eurer Bestimmung wählt.

Mein Kind, deshalb erlangte meine Heiligste Mutter von der Barmherzigkeit des dreimal Heiligen Vaters jene Gnade, damit ihr **die Erleuchtung eures Gewissens** erleben könnt. Das wird euch ein für alle Mal klar machen, dass es Gott wirklich gibt, und es wird euch zeigen, wohin die Sünde und eure Lebensweise euch geführt haben, wohin ihr durch eure Entfernung von den Sakramenten und durch eure Lauheit geraten seid.

Dieses Ereignis ist ein Hilfsangebot, um euch aus eurem Schlaf aufzuwecken, um euren Geist aufzurütteln und euch auf den Weg zum Ewigen Reich zu führen, wo der Vater euch mit weit offenen Armen erwartet. Deshalb müsst ihr dieses Ereignis leben.

---

252. *Ich bereite euch auf dieses Ereignis vor: Die Erleuchtung eures Gewissens*, Band 1, Sulema, 28.01.2011, Parvis-Verlag.

Einige Kinder wollen nicht daran glauben, andere sehen es nur von seiner katastrophalen Seite her und ganz wenige begreifen es als letzte Chance, die der Himmel ihnen schenkt, damit sie zu Mir, eurem Gott und eurem Herrn zurückkehren. Bereitet euch durch das Gebet und die Anbetung vor.

- 86 -

JESUS zu Maureen[253]

Heute gibt es mehrere, die, von Satan getäuscht, sich ein falsches gutes Gewissen zugelegt haben. Ein falsches Gewissen ist auf ein Herz zurückzuführen, das sich rechtfertigt. Eine solche Seele passt ihre Meinung (oder Gebärden, oder Entscheidungen) denen der andern an (alle sagen es, alle tun es). Oder sie erachten sich den andern spirituell überlegen und schätzen sich unfähig zu urteilen, oder sogar zu sündigen. Es gibt viele dieser Art, **die während der Erleuchtung der Gewissen ein jähes Aufwachen erleben werden** (spiritueller Stolz). Eine Seele mit einem falschen guten Gewissen gleicht einer Person, die versucht, die Treppen der Heiligkeit emporzusteigen, ohne die Stiegen zu berühren. Kennzeichen sind der Stolz, der Mangel an Vergebung und die Selbstzufriedenheit. Wenn die Seele sich heilig, demütig und in vollkommener Übereinstimmung mit dem Willen Gottes erachtet, ist das ein sicheres Zeichen eines falschen guten Gewissens. Aber diese Seelen können schnell Abhilfe erhalten, wenn sie meine Mutter um die Gnade bitten, ihr eigenes Herz zu prüfen, um die Wahrheit zu entdecken. Die Heilige Liebe muss das Maß sein, das zur Entdeckung der Wahrheit und des Irrtums dienen wird. Die Heilige Liebe muss die Richtschnur eines jeden Lebens sein.

---

253. Holy Love Ministries (Werk der Heiligen Liebe), 28.03.2000

- 87 -

UNSERE LIEBE FRAU VON DEN ROSEN in San Damiano[254]
Jesus hat die Eucharistie eingesetzt, um euch, euch allen seinen Leib und sein Blut zu geben, und ihr geht darüber hinweg, als wäre das nicht erwähnenswert. Ihr geht nicht auf meine Einladung als Mutter ein. Meine lieben Kinder, werft euch mir zu Füssen und bittet um Erbarmen und Barmherzigkeit für alle, damit alle voll Reue hierher zu meinen Füßen kommen. Ich werde sie befreien von so vielem Leid, ich werde ihnen Gnaden schenken, Trost spenden und einen tiefen Frieden.

Meine Kinder, kommt, zögert nicht, denn diese Zeiten sind traurige Zeiten. In der Welt gibt es so viele Feinde, die nach den Seelen trachten. Meine Kinder, wenn ihr fest im Glauben steht, wenn ihr den heiligen Michael, den heiligen Rafael, den heiligen Gabriel und euren Schutzengel anruft, **werden sie euch erleuchten und euch helfen.**

Bittet euren Schutzengel, dass er euch keinen Augenblick allein lasse, er möge euch auf dem Fuß folgen, zusammen mit dem heiligen Michael und seinem Schwert; **er möge euren Geist in Bezug auf Jesus und mich klar halten und erleuchten.** Ihr aber sollt Jesus oft in der heiligen Eucharistie empfangen, denn Jesus ist der König aller Könige, Jesus ist stark, mächtig, heilig! Jesus kann euch alles geben. Jesus ist barmherzig, doch er ist auch Richter!

Erfüllt den Willen meines Sohnes Jesus und den meinen, und nicht den euren! Beschreitet mit Ausdauer den Weg der Heiligkeit! Ich werde alle Engel und Heiligen des Paradieses schicken, **um meine Kinder auf Erden zu erleuchten, damit sie sich wieder voll**

---

254. 30.01.1969

Reue uns zuwenden, ihre Augen zum Himmel erheben und, um Vergebung bitten. Ich bin Mutter, ich bin Königin, ich bin die Mutter des Trostes, die Trösterin der Betrübten für alle, die bei mir Zuflucht suchen, vor allem für die Sterbenden, die Kranken und jene, die mit Widerwärtigkeiten zu kämpfen haben. Wer Zuflucht bei mir sucht, dem spende ich Trost im Leid. Leidet in der Stille! Meine lieben Kinder, macht die vielen Beleidigungen, die meinem Sohn und mir zugefügt werden, wieder gut...

- 88 -

JESUS zu Vassula[255]

Mein Heiliges Kreuz[256] **in Medjugorje ist lebendig und steht in Flammen.** Ich habe diesen Landstrich gesegnet und schenke Meine Gnaden durch Meine Mutter; sie ist die Bundeslade Meiner Göttlichen Werke. In ganz kurzer Zeit werde Ich auf diesem Berg die Ungläubigen in die Knie sinken lassen, Mein Heiliges Kreuz ist lebendig mit einer lebendigen Flamme.

Die Zeit ist so nahe, wirklich so nahe! Oh! kommt, Meine Geliebten! Kommt zu Mir! Ich bin der Weg, die Wahrheit und das Leben. Kommt jetzt zu Mir, da noch Zeit ist, jetzt, da das Gras noch grün ist und die Blumen noch blühen. Oh! kommt! Ich liebe euch aufs Äußerste! Ich habe euch immer geliebt, trotz eurer Bosheit und

---

255. *Wahres Leben in Gott*, Band 1, Vassula Ryden, 04.05.1988, Seiten 266-267.
256. Medjugorje, Botschaft vom 25.07.2020 an Marija: «Liebe Kinder! In dieser friedlosen Zeit, in der Satan Seelen erntet, um sie zu sich zu ziehen, rufe ich euch zum beharrlichen Gebet auf, damit ihr im Gebet den Gott der Liebe und der Hoffnung entdeckt. Meine lieben Kinder, nehmt das Kreuz in die Hände. Möge es euch Ermutigung sein, damit die Liebe immer siegt, auf besondere Weise jetzt, wo das Kreuz und der Glaube verworfen sind. Seid Widerschein und Vorbild mit euren Leben, dass der Glaube und die Hoffnung noch leben und die neue Welt des Friedens möglich ist. Ich bin mit euch und ich halte Fürsprache für euch vor meinem Sohn Jesus. Danke, dass ihr meinem Ruf gefolgt seid!»

eurer bösen Taten. Schöpfung, warum werft ihr euch so willig Satan zu Füssen? Schöpfung, kehrt zu Mir zurück, jetzt, solange noch die Frühlingslüfte wehen und noch Zeit ist für eure Bekehrung. Ach, Vassula, **die Zeit ist fast vorbei...** Ich bin lebendig und als Lebender werde Ich handeln.

- 89 -

JESUS zu Maria von den Philippinen[257]

Ich habe mich nachts verklärt, Ich wurde LICHT. Ich habe meinen Jüngern meine Gottheit gezeigt. Vor meiner Passion. So wird es auch wieder vor eurer zukünftigen Passion sein. Ich werde euch mein Licht zeigen.

Dieses große Licht wird aufleuchten und alle Menschen umfangen. Das wird eure letzte Warnung sein. Wenn ihr dann noch immer nicht umkehrt, werde Ich euch nicht mehr retten können (Er war nicht böse, sondern sehr traurig).

Glaubt an mich und glaubt an meine Barmherzigkeit! Ich werde die Seelen, die an meine Barmherzigkeit glauben, mit Gnaden überschütten, mehr als die Generationen, die euch vorausgegangen sind. Ich dürste nach solchen Seelen. Beeilt euch!... Wendet euch mir zu, vertraut mir alles an! Ich werde euch beschützen, Ich werde euch erleuchten, Ich werde euch stärken, Ich werde euch Autorität verleihen. Ich werde euch demütig machen, Ich werde euch nach meinem Sinn gestalten, Ich werde euch leiten, Ich werde euch einsetzen, um die anderen zu erleuchten, Ich werde euer «Ich» schmälern, Ich werde in euch wachsen, Ich werde meine Gaben in euch vermehren...

---

257. 25.02.2010

- 90 -

JESUS zu Sulema[258]

Warum nenne Ich sie Erleuchtung eures Gewissens? Weil ihr alle im selben Augenblick in das Licht dieses großen Wirkens der Liebe eintreten werdet. Ihr werdet in euer Inneres eintreten und euch so sehen, wie Ich euch sehe. Und nicht Ich werde euch richten, sondern ihr selbst. Ihr werdet das Gute sehen, das ihr getan und nicht getan habt, und das Böse, das ihr getan oder den anderen zugefügt habt.

Die Warnung wird grauenvoll sein für die, die nicht im Stand der Gnade sind. Sie werden Angst haben, sie werden Schmerz und Kummer erleiden, wenn sie ihre Seele sehen und erkennen, wo das Böse sie hingeführt hat.

- 91 -

JESUS zu einer anonymen Seherin[259]

Der Himmel wird sich sehr, sehr stark verfinstern. Die Erde wird beben. Die ganze Welt wird erschüttert werden. Die größte Zerstörung wird in den Herzen stattfinden. Die Leute werden an den Weltuntergang glauben. Die Angst wird im Verhältnis zu der Schuldigkeit stehen. Ich werde ihnen genug Zeit lassen, Ich werde geduldig warten. Die Ausgießung des Heiligen Geistes wird erfolgen, sobald sie mich sehen werden. Das wird die Stunde des Menschen sein. Er wird alle seine Sünden abwerfen können oder sie mit sich in das Verderben nehmen. Meine Arme werden weit geöffnet sein. Meine Barmherzigkeit wird alle bisherigen Maße

---

258. *Ich bereite euch auf dieses Ereignis vor: Die Erleuchtung eures Gewissens*, Band 3, Sulema, 14.03.2013, Parvis-Verlag.
259. *Donner der Gerechtigkeit*, Ted und Maureen Flynn, Mediatrix-Verlag (vergriffen).

überschreiten. Es wird das Ende sein und alle werden verstehen (dass es nicht der Weltuntergang ist, sondern das Ende des jetzigen Lebenswandels). Die Seherin hat gefragt, ob der Leidensweg mit der Erleuchtung vollendet sein wird. Und der Herr hat ihr geantwortet «Ja».

Die Sünden der Welt haben ein solches Maß angenommen, dass kein Gegengewicht mehr möglich ist. Wie ich den Willen meines Vaters befolgt habe, so soll es auch für euch sein. Die Warnung wird stattfinden. Stellt sie nicht in Zweifel! Sie wird stattfinden, wenn ihr am wenigsten daran denken werdet. Ich habe euch schon mitgeteilt, dass ihr mein Kreuz am Himmel sehen werdet. Was ich versprochen habe, werde ich tun. Dann werdet ihr sagen: **«Wahrlich, Er ist der Sohn Gottes!»**

Zwölf Punkte der Erklärung zur Warnung:
1. Egal, wo ihr euch befinden werdet, Ich werde dort sein.
2. Auf der ganzen Erde werden alle Tätigkeiten unterbrochen werden.
3. Das Volk wird um Verzeihung bitten.
4. Die Sünder werden das Bedürfnis haben, zu sterben.
5. Durch die Gewährung meiner Gnaden werden die Sünder aufgerichtet werden.
6. Die Kirchen werden mit Bußfertigen zum Bersten voll sein.
7. Schmerz und Verwirrung werden ihren Höhepunkt erreichen.
8. Die Priester werden Tag und Nacht Beichte hören müssen.
9. Es wird kein «Leben wie gewohnt» mehr geben.
10. Die Läden werden geschlossen sein.
11. Die Welt wird schlussendlich den wahren Sinn der Barmherzigkeit verstehen.
12. Es wird die Aufgabe der Starken sein, sich der Schwachen anzunehmen.

- 92 -

UNSERE LIEBE FRAU zu Gisella Cardia[260]
Meine Kinder! Ich danke euch, dass ihr meinem Ruf in eurem Herzen gefolgt seid! Liebe Kinder, ich bin erneut gekommen und berühre diese sündige Erde, um euch zu helfen, um euch zu bitten, um euch anzuflehen, mir behilflich zu sein, die verlorenen Seelen meiner Kinder zu retten. Das Böse ermächtigt sich meiner Kinder wie nie zuvor: zurzeit ist der Teufel entfesselt, mehr denn je, weil er weiß, dass seine Tage gezählt sind. Eure Liebe muss vollkommen sein. Ihr werdet Menschen sehen, die den Verstand verlieren, ihr werdet unerwartete Reaktionen feststellen müssen, Leute, die Gott ohne Grund lästern... das alles wird Satan zuzuschreiben sein, aber ihr müsst lieben, vergeben und euer Unbehagen aufopfern, damit Jesus es in Gnaden verwandeln kann. Meine Kinder, der Gott der Menschheit wurde durch die Technik ersetzt.
Seid allezeit zur Erleuchtung der Gewissen bereit. Meine Kinder, durch eure Gebete werden die bevorstehenden Ereignisse geschmälert: Betet! Betet! Betet! Denkt nicht weiterhin an belanglose Dinge, sondern nutzt eure Zeit zum Gebet anstatt zum Reden! Betet für Amerika! Meine Kinder, alles steht zum Krieg bereit: Betet! Betet! Betet! Jetzt segne ich euch im Namen des Vaters, des Sohnes und des Heiligen Geistes. Amen.[261]

---

260. 10.10.2020
261. Erster Teil des Kommentars der Botschaft «Medjugorje mit Schwester Emmanuel» - Direktübertragung der Sendung vom 3. Juni 2015» Youtube/Schwester Emmanuel Maillard (ungefähr bei der 18. Minute des Videos): «Wir sind an einem Angelpunkt angekommen, jetzt heißt es, den Zug nicht zu verpassen! Dieser Punkt ist der Moment, da die Werke der Wahrheit des Sohnes Mariens offenbar werden. Das heißt, dass uns durch die Erleuchtung der Gewissen das Licht der Wahrheit offenbart werden wird und dass diese Wahrheit aufleuchten wird...»

- 93 -

Botschaft, die von einem marianischen Priester empfangen wurde[262]
Mein Volk! Bald wird eine Zeit kommen, da **eure Seelen** aus eurem Körper austreten und **den Zeittunnel durchqueren werden, um Mich wie ein funkelndes Licht zu sehen.**

Die Warnung ist vergleichbar mit den Sterbeerlebnissen. Alle auf Erden werden diese Erfahrung zu gleicher Zeit machen. Ich werde mich euch als die Zweite Person der Heiligen Dreifaltigkeit kundgeben. Ihr werdet nicht daran zweifeln, dass es eine spirituelle Erfahrung sein wird.

Ihr werdet für kurze Zeit den himmlischen Frieden und die himmlische Freude kosten, damit ihr wisst, nach was ihr trachtet. Dann **werde Ich euch durch alle die Erfahrungen eures Lebens führen,** um euch eure guten und schlechten Werke zu zeigen, und in welcher Weise die Menschen durch eure schlechten Taten beeinflusst wurden, je nach ihrem Verhältnis zu euch.

Dann werde Ich euch zeigen, wohin ihr gekommen wärt, wenn ihr noch an dem Tag des Gerichts gestorben wärt. Manche werden das Fegefeuer sehen, andere die Hölle und sehr wenige werden wirklich den Himmel erfahren. Ihr werdet verstehen, inwiefern eure Sünden mich beleidigt haben, und ihr werdet euch zutiefst schuldig fühlen.

Diese Erfahrung der Warnung ist ein Segen meiner Barmherzigkeit, auf dass ihr aus eurer spirituellen Selbstgenügsamkeit erwacht, um die wichtigste Wahl eures Lebens zu treffen, das heißt euch zu entscheiden für Mich im Himmel oder für den Teufel in der

---

262. 06.01.2005

Welt. Jene, die sich für den Wohlstand auf Erden mit all seinen Vergnügen aussprechen, anstatt für Mich, werden mit der Hölle auf Erden und der Hölle, die sie während der Erfahrung der Warnung gesehen haben, zu tun haben.

Dies ist das **letzte Werk der Barmherzigkeit** zur Rettung der verlorenen Seelen. Wenn sie Mich ablehnen, müssen sie die Folgen ihrer Taten tragen. Meine Barmherzigkeit breitet sich auf alle Sünder aus und ihr wisst, dass Ich euch immer verzeihen werde, wenn ihr eure Fehler bereut. Den Seelen, die sich gegen den Heiligen Geist versündigen und sich hartnäckig in ihren Fehlern behaupten, kann nicht verziehen werden. Wenn ihr nicht die Initiative ergreift und Mich reuigen Herzens um Verzeihung eurer Sünden bittet, lauft ihr Gefahr, das Feuer der Hölle ertragen zu müssen. Ich bin barmherzig und Ich bin ebenfalls gerecht. Deshalb ist es wichtig, dass meine Evangelisten die Leute spirituell wecken, denn sie müssen bereuen, oder sie laufen Gefahr, auf ewig in der Hölle verloren zu sein. Für die Seelen gibt es zwei ewige Bestimmungsorte, den Himmel oder die Hölle, **und euch auf Erden wird nur kurze Zeit zur Verfügung stehen, um die Wahl zwischen den beiden zu treffen.** Jene, die zu Mir kommen, aus Liebe oder Angst vor der Hölle, werden in den Himmel kommen, aber jene, die meine Liebe ablehnen und Mich von sich weisen, weil sie die Behaglichkeit und die Annehmlichkeiten der Welt vorziehen, entscheiden sich für die Hölle und sind auf ewig verloren.

- 94 -

JESUS zu JNSR[263]

Es werden die einen durch die anderen gerettet werden, zuallererst durch eure gegenseitige Vergebung, durch die Große Vergebung des Himmels, und durch den heiligen Willen eures Einen und Wahrhaftigen GOTTES. Dieser Prozess kann sich nur in den schon gereinigten Seelen abspielen, die schon so weiß sind wie die Landschaft, die du von deinem Fenster aus siehst, an diesem Tag der feierlichen Verkündigung, die du erhältst mit dem Auftrag, alle deine Brüder auf Erden zu benachrichtigen, dass GOTT all jenen verzeihen will, die seinen heiligen Willen tun. **Die Große Verzeihung Gottes muss mit der gegenseitigen Vergebung auf Erden beginnen,** die dann ihrerseits gereinigt wird.

- 95 -

GOTT Vater zu Rosanna[264]

Liebe Kinder! Meine Herzschläge regieren das Universum auf immer und ewig, auf allen Ebenen, in vollkommener Harmonie, und geben meinen Göttlichen Willen in der Allerheiligsten Dreifaltigkeit kund, die das Königreich GOTTES, das Königreich der Liebe, in meinem Himmel mit sanfter Hand leitet. **Die Zeit GOTTES nähert sich rasch;** in dieser Zeit werden meine Kinder, die bereit sind zu «fliegen», von denen getrennt, die noch in Konflikte verwickelt und bedrückt sind, Rachegefühle, Angst und Hass empfinden. Sie können das Wehen des Geistes der Liebe, der den Geist und die Herzen für die Schwingungen GOTTES öffnet und alles und jeden mitreißen wird, nicht wahrnehmen. Eure Sorge um die Zukunft schmälert eure Lebensenergie, steht der Begeg-

---

263. 27.12.2014
264. 01.11.2014

nung mit Mir im Weg und blockiert eure Füße auf dem Weg zu Mir.

- 96 -

GOTT zu Rosanna[265]

Meine Treuen leiden und teilen ihre Tränen mit Mir; sie erwarten Gerechtigkeit vom König der Schöpfung, der eine ungerechte und schmachvolle Verurteilung hingenommen hat... Unwissend und ohnmächtig wie ihr seid, **werdet ihr Kenntnis von einer anderen Welt erhalten** und immer mehr nach der Unendlichkeit dürsten – es wird eure Nahrung in einem wiedergefundenen universellen Gedächtnis sein. *Die Liebe wird sich ausbreiten*, und der Geist wird seinen Platz in meinen Geschöpfen endlich wieder einnehmen, die sich auf diese Weise auf die Ebene der Gaben der übernatürlichen Kenntnisse erheben werden. Die Fülle der Zeiten wird endlich mit **der Fülle** des Geistes einhergehen. Ich segne euch für jedes Werk der Liebe, das ihr in meinem Namen vollbringen werdet.

Ich werde mich in meine Zeit zurückziehen, und eure Seelen werden diesen Umstand wie einen Stillstand erfahren, währenddessen meine Abwesenheit sich in einer mystischen Erscheinung ausdrücken wird – die Warnung – **die Prüfung eurer nackten Seelen,** außerhalb des durch Triebe gefälschten Rhythmus, die in ihrem Wirken wie verborgen, täuschend, aber für mich stets sichtbar sind. Die Klarheit des Richterspruchs wird sich eurer ermächtigen und ihr werdet unverschleiert sehen. Die Menschheit wird sich sehen wie Adam und Eva, nachdem sie von der ewigen Schlange, die jetzt umgeht, um euch in das Verderben zu führen

---

265. 03.01.2015

und sich mit dem Licht eurer Seele, die sie nicht mehr besitzt, zu ernähren, getäuscht wurden und sich entschlossen hatten, ihre Geschicke selbst zu lenken. Für manche wird es furchtbar sein, denn sie werden plötzlich an ihre unsinnige Ablehnung Meiner und meiner Gnade erinnert werden, und sie werden die listige, boshafte Verdrehung des Widersachers einsehen, der das Böse in scheinbar Gutes verwandelt und das Gute in Böses. Das Böse in euch muss von euch selbst aufgelöst werden, durch eure Unterscheidung von Gut und Böse, die euer Gewissen euch erlaubt, und eure freie Entscheidung für das Gute, ohne Trägheit, gefährliche Nachgiebigkeit, Unentschlossenheit, die das Wirken des Widersachers fördert.

Ihr müsst eure Anfälligkeit selbst besiegen. Die Welt verachtet die Demütigen, aber im Verborgenen nimmt GOTT sie an. Während einer Zeit werden die Kinder GOTTES, die gesegneten Nachkommen der Frau, die die alte Schlange bekämpft, die einzigen brennenden Fackeln sein. Ihr seid meine Gesegneten, meine gesegnete, mit dem Blut Jesu erkaufte Familie. **Seid geistig,** nehmt eure wahre Natur wieder an, lasst den alten Menschen hinter euch und gewöhnt euch an, sehr hochzufliegen und schon auf Erden die ersten Früchte des Paradieses zu kosten, des Neuen Reiches, das bereit ist, das schon bereit ist, euch zu empfangen. Schließt euch unserer heiligen Mutter an; sie ist Die, die euch von der verfluchten Schlange befreit! Schmückt euch mit ihren Abzeichen, die hell aufleuchten, wenn ihr Ihr ihre Gnadenkrone überreicht. Gott allein kann dem Leben seinen wahren Sinn geben; außerhalb von Mir gibt es nur Finsternis und Asche. Verlangt danach, dass Ich eure Seele mit mächtiger Liebe in Besitz nehme; bei der ersten Umarmung werdet ihr sofort in den Reigen des Himmels eintreten, der alles in euch ändern wird. Dann werdet ihr euch schon vom Licht umfangen spüren... Ihr werdet in die

Symphonie[266] der Schöpfung mit der Freude und dem Bewusstsein eingetaucht, Teil der Existenz GOTTES zu sein. Ich segne meine Kinder, meine Apostel und meine kleinen Seelen. Ich schließe euch ein in meine väterliche Umarmung.

- 97 -

DIE JUNGFRAU DER EUCHARISTIE zu Debora von Manduria[267]

Meine Seele ist traurig, das ganze Paradies seufzt! Dichte Dunkelheit senkt sich hernieder, bis zum Beginn der «drei Tage». **Die Welt ist an dem Punkt angekommen, an dem sie die Warnung erleben wird.** Jesus wird erlauben, dass die Seelen geprüft werden, wie Gold im Schmelztiegel. Die Familien werden zahlreiche offene Wunden zeigen, von denen viele unerträglich sind. Ich wünsche mir, dass diese arme Welt mir zuhöre! Ich empfehle euch dem Erzengel Raphael, der beauftragt sein wird, die Menschen und Völker zu benachrichtigen… Was die Warnung betrifft, betet, dass an diesem Tag alle Menschen glauben und sich auf das heilbringende Zeichen vorbereiten (Das Zeichen des Menschensohnes, das heilige Glorreiche Kreuz am Himmel). Wenn ihr nicht vorbereitet seid, könnt ihr nicht mit dem Erbarmen des Herrn rechnen. Verliert nicht eure Zeit und vergeudet nicht eure Kräfte mit Dingen, die nicht der Verherrlichung GOTTES dienen!

♥

---

266. [Christian] Anlässlich meiner Gnade vom 12. April 1999 ist mir klargeworden, dass die Kinder Gottes ein Ganzes bilden, wie ein Symphonieorchester, ja, wie eine Symphonie! Es gibt übrigens diesbezüglich viele Hinweise. Ja, jeder Stein des Gebäudes, des himmlischen Jerusalem, spielt eine Rolle durch seine Bedeutung, seine Würde, seine Schönheit… Alle! Alle!

267. 01.08.1998

JESUS zu Vassula[268]

O Jerusalem! [...] Bald, sehr bald werde Ich urplötzlich Mein Heiligtum im Himmel auftun, und dort werden eure Augen, vom Schleier befreit, eine geheime Offenbarung erkennen: Myriaden von Engeln, Thronen und Mächten, Herrschaften und Gewalten, alle niedergeworfen um Die Bundeslade. Dann wird ein Hauch über euer Angesicht gleiten, und die Kräfte des Himmels werden erschüttert; den Lichtblitzen wird lautes Donnergetöse folgen. Plötzlich wird über euch «eine Zeit großer Not kommen, wie noch keine da war, seit es Völker gibt». **Denn Ich werde es eurer Seele erlauben, alle Geschehnisse in eurem Leben zu erkennen;** diese werde Ich eines nach dem anderen vor euren Augen entfalten. Zum großen Entsetzen eurer Seele werdet ihr erkennen, wie viel unschuldiges Blut von Opferseelen vergossen wurde, verursacht durch eure Sünden. Dann werde ich euren Seelen bewusst machen, wir ihr nie Mein Gesetz befolgt habt. Wie eine Schriftrolle, die entrollt wird, werde Ich Die Bundeslade öffnen und euch eure Gesetzlosigkeit zu Bewusstsein bringen.

Solltet ihr dann noch leben und aufrecht auf euren Füßen stehen, werden die Augen eurer Seele ein blendendes Licht erblicken wie das Glitzern vieler kostbarer Steine, gleich dem Funkeln kristallklarer Diamanten. Ein Licht, so rein und so strahlend hell, dass ihr die zahllosen Engel, die schweigend dabeistehen, nicht ganz werdet erkennen können, weil dieses Licht sie wie silbriger Goldstaub einhüllen wird; eure Seele wird nur ihre Umrisse, nicht ihr Gesicht sehen.[269] Dann werden eure Seelen inmitten dieses

---

268. *Wahres Leben in Gott*, Band 1, Vassula Ryden, 15.09.1991, Seiten 648-649.
269. [Christian] *Während meiner «Gnade» habe ich zuerst Wesen aus «Licht» gesehen (diese Beschreibung hat mit Esoterik nichts zu tun), die mir «bekannt» waren und die meine Seele wiedererkannt hat, aber ich weiß nicht, wer sie waren. Ich habe das Gefühl, dass sie Mitglieder meiner Familie waren. Diese «Wesen» haben mir meine Talente, Schönheiten und Charismen aufgedeckt... Sie waren über diese Begegnung voller Liebe und Freude.*

blendenden Lichtes erschauen, was sie einst im Bruchteil einer Sekunde im Augenblick eurer Erschaffung gesehen hatten... Sie werden schauen: Ihn, der euch zuerst in Seinen Händen hielt; die Augen, die euch als erste sahen. Sie werden schauen: Die Hände von Ihm, der euch formte und euch segnete... Sie werden schauen: Den zärtlichsten Vater, euren Schöpfer, gekleidet in furchterregendem Glanz, den Ersten und den Letzten; Ihn, der ist, der war und der kommen wird, den Allmächtigen, das Alpha und das Omega; **den Herrscher**. Während ihr zusammensinkt in eurer Erweckung, werden eure Augen erstarrt in die Meinen schauen, die wie **zwei Feuerflammen**[270] sein werden, und dann schaut euer Herz zurück auf seine Sünden und wird von Gewissensbissen ergriffen...

- 98 -

JESUS, der gute Hirte, zu Enoch[271]

Ich werde Gnaden direkt in das Herz meiner Kinder fließen lassen, und so werden sie wissen, dass Ich mit ihnen bin. Suche nach dieser inneren Erleuchtung, die Ich so reich gestalten werde! Alle Augen müssen geöffnet sein. Aus diesem Grund rede Ich zu euch. Ich kündige euch ein neues Zeitalter an, eine neue Schöpfung, einen neuen Himmel und eine neue Erde. Liebe Leser, all das wird in eurem Herzen beginnen mit dem Ausbruch meines göttlichen Liebesfeuers: ein neues Geschenk, das es bisher nicht gab, aber heute allen zugänglich ist, und zwar sofort, in eurem eigenen Herzen.

---

270. Offb 19,12
271. 05.09.2012

- 99 -

Die GÖTTLICHE WEISHEIT zu einer mystischen Seele Frankreichs[272]
Die ganze Menschheit muss einen engen gefährlichen Tunnel durchqueren.

Das muss passieren, weil sie nicht geglaubt hat und viele es vorgezogen haben, im Morast der Sünde zu bleiben.

Die Dauer des Durchgangs wird kurz sein.

Das wird zurückzuführen sein auf die flehentlichen Bitten der Kleinen, der Allerkleinsten, die sich um meine Mutter geschart haben, die mit Ihr bitten, mich mit Ihr loben, mir mit Ihr danken, mich mit Ihr anbeten. Im Hinblick auf ihre Anwesenheit auf Erden scheint dieser Durchgang rasch vorüberzugehen, aber die Intensität dieser Prüfung wird sehr stark sein: jeder Augenblick wird eine Ewigkeit zu dauern scheinen!...

Nur das, was in den Herzen, im Geist und euren inneren Schwingungen von Mir kommt, wird übrigbleiben.

Eure Seele wird den Körper verlassen und den Anbruch einer neuen Welt sehen, weder einer von Menschenhand noch vom menschlichen Geist erneuerten Welt: Ich, Ich, GOTT, Ich werde der Architekt der neuen Wirklichkeit sein...

Die jetzige Stunde der Geschichte ist die der allgemeinen Entscheidung.

---

272. 26.07.2010 – Internet-Seite: Sapienzaweisheit.com

Jeder Mensch, ob groß oder klein, der fähig ist, zu verstehen, muss seine Wahl treffen: er wird das Gewünschte erhalten...

Mein Kind, Ich habe euch die Gabe des freien Willens geschenkt. Jeder soll guten Gebrauch davon machen!... Bleibe in Freude an meinem Herzen! Ich liebe dich. Ich liebe euch!

- 100 -

Die GÖTTLICHE WEISHEIT zu den Auserwählten der Endzeit[273]

Meine vielgeliebten Kinder, widersteht den Versuchungen des Bösen, seid stark und ausdauernd im Dienst GOTTES und eurer Brüder. Ich bin nunmehr seit vielen Jahren mit euch, **und Ich habe euch auf das größte Ereignis der Geschichte nach Jesu Geburt vorbereitet:** Ich habe euch vorbereitet auf seine Wiederkunft, auf die Begegnung mit Ihm. **Er wird jedem auf besondere und einzigartige Art begegnen.** Mein großer Wunsch ist es, dass ihr vorbereitet seid, damit ihr die Belohnung in Empfang nehmen könnt, die den treuen Freunden zugedacht ist. Hier die Worte meines allerheiligsten Sohnes:

«Allerheiligste Mutter, mein Plan ist nicht mehr weit von seiner Verwirklichung entfernt, **es steht schon alles bereit; wie Du siehst, ist die große Klepsidra[274] schon umgedreht**, was bedeutet, dass das neue Zeitalter schon begonnen hat. Das kommt noch recht wenig zum Vorschein, aber es wird sich schnell herausstellen. Die Unentschlossenen sollen sich sofort entscheiden, genauso wie

---

273. 11.07.2005
274. Die Klepsidra ist eine Wasseruhr zum Messen der Dauer eines Ereignisses, z.B. einer Rede. Die Dauer des Ereignisses soll der Dauer des Entleerens eines Behälters mit Wasser durch eine kleine Öffnung angepasst sein.

die Gleichgültigen und die Zweifler. Es wird bald so weit sein, dass es dazu keine Zeit mehr geben wird, und das, was ist, so bleiben wird und das, was noch zu tun bleibt, nicht mehr getan werden kann.»

— ♥ —

Handelt wie Kinder des Lichts und wie die Strahlen der einzigen Sonne der Wahrheit, CHRISTUS; euer gemeinsamer Glaube möge seinen Mittelpunkt in seinem Herzen haben! Durch die heilige Barmherzigkeit vereint, seid ein einziges Licht!

Heiliger Jean Eudes

6. KAPITEL
PFINGSTEN, DIE NEUE EVANGELISATION UND DAS GROSSE WUNDER

Nur noch kurze Zeit trennt uns von dem großen Ereignis der Wiederkunft Christi, das ist unsere Hoffnung! Manche von uns werden hier auf Erden daran teilnehmen, aber eines ist gewiss, alle werden wir entweder auf Erden oder vom Himmel aus daran teilnehmen. Zwischen dem Zeitpunkt der Erleuchtung der Gewissen und dieser Wiederkunft wird eine Zeit der Neuevangelisierung liegen, gekennzeichnet durch zahlreiche Kämpfe, aber auch durch große Gnaden für die Menschheit! Die Talente aller Christen werden stark gefordert sein und Schönheit wird allerseits hervorquellen, trotz der Bekämpfung des Bösen. Wir werden Eins sein! Wir werden in der Lehre der Liebe sein und lernen, Eins zu sein, in aller Demut. Demut wird der Schlüssel sein, und der Mensch, der während des Ereignisses in die Tiefe seiner Menschheit hinabgestiegen ist, wird sich erinnern... Das Datum des Ereignisses wird im Himmel wie auf Erden auf ewig gefeiert werden. Es wird eine sehr große Feier sein! Mein GOTT, ich liebe dich! Amen.

MARIA, Helferin, zu Enoch[275]

Meine Kleinen! Nach der Warnung werdet ihr nicht mehr dieselben sein, ihr werdet für die Ewigkeit verwandelt sein; Mein Sohn wird seiner Herde die Gaben und Charismen vermitteln, die gebraucht werden, um sich dem großen spirituellen Kampf zu stellen; allen seinen Schafen wird mit dem Blut des Lammes ein Siegel auf die

---

275. 23.12.2018

Stirn gedrückt. Das ist das Zeichen, das die Herde meines Sohnes von der meines Widersachers unterscheidet.

Das Volk Gottes wird sein Licht ausstrahlen und es wird zum großen spirituellen Kampf gerüstet sein. Viele gesegnete Seelen, die in dieser Welt den Teufel bekämpft haben, werden euch in eurem spirituellen Kampf begleiten. Myriaden von Erzengeln und Engeln werden ebenfalls an eurer Seite sein; und ich, eure Mutter, werde teilnehmen an der Spitze der Großen Armee GOTTES, in Begleitung von Michael und den himmlischen Heerscharen.

— ♥ —

DAS ZWEITE PFINGSTEN

Diese Begegnung mit dem Herrscher der Welt stellt ein weltweites Pfingsten dar, das der Menschheit neue Perspektiven eröffnet. Die Seelen werden besser vorbereitet sein auf das Zeitalter des Heiligen Geistes, im Rahmen des Reiches des Willens GOTTES, wie wir im «Vaterunser» beten. Es liegt auf der Hand, dass nach dem Ereignis manches auf dem Spiel stehen wird, wobei die Seelen natürlich das Hauptelement darstellen werden! Denken wir an die Wohltaten von hunderten Millionen Personen auf Erden... Wie wird es daraufhin wohl aussehen?

JESUS zu JNSR[276]

In den Augen der Heiligen des Himmels gleicht der jetzige Zustand der Welt einem großen Gebäude, das sich im Bau befindet: Das Bauholz des Daches und die Ziegel liegen noch auf dem Boden, die

---

276. *Messages depuis le Secret de Marie*, 6. Band, 26.05.2006, Editions Résiac (nicht auf Deutsch erhältlich).

6. KAPITEL – PFINGSTEN, DIE NEUE EVANGELISATION UND DAS GROSSE WUNDER

Wände sind zur Hälfte hochgezogen, die Straßen und Alleen sind angedeutet, aber es ist klar, dass der Bau auf Befehl des Meisters rasch ausgeführt wird, denn die meisten Bauleute sind schon zur Stelle. Das erste Bauwerk wird die Kirche sein. Aus ihrer Asche auferstanden, wird sie von dem Feuer leuchten, das ich ihr verleihen werde, wenn ich nach dem Pfingsten der Liebe, das Ich euch bald senden werde, herabkomme.

Meine Freunde des Kreuzes, seid bereit, mich zu empfangen! Bereitet mir den Weg, wie ich den euren bereite! Im Himmel ist die Stunde der universalen Versammlung schon verzeichnet. GOTT bereitet sich vor, bereitet auch ihr euch vor! ... Ihr werdet verstehen, was Ich von euch erwarte, denn ihr werdet die Wunder GOTTES erleben, Tag um Tag! Ich werde den Schleier der Zeit, der uns trennt, zerreißen: Ihr werdet mich sehen, wie Ich euch sehe, nachdem der an Pfingsten empfangene Geist euren Geist, durch das Leben im Heiligen Geist GOTTES, öffnen wird.

♥

JESUS zu Sulema[277]

Nach der Warnung[278] wird die Ausgießung des Heiligen Geistes genauso stark und mächtig sein, wie zur Zeit des ersten Pfingst-

---

277. *Ich bereite euch auf dieses Ereignis vor: Die Erleuchtung eures Gewissens*, Band 2, Sulema, 28.08.2012, Parvis-Verlag.
278. [Christian] Nach meiner Erfahrung vom 12. April 1999 hatte ich regelmäßige Impulse meines Herzens, die mich zum Lobpreis anleiteten... Die Herausforderung besteht darin, die Flamme zu unterhalten, die Flamme dieses neuen Gespräches von Herzen zu Herzen! GOTT senkt eine Flamme in das Herz, ein Feuer, das genährt werden muss, auf dass wir Gläubige werden, die allmählich vom Feuer des Glaubens und der Barmherzigkeit beseelt werden... GOTT will uns nicht nur aus unserem Halbschlaf wecken, sondern er will eine regelrechte «Beziehung» aufbauen. Dieses Ereignis ist beispiellos in der Geschichte der Menschheit, aber die Eingriffe des Heiligen Geistes sind beständig und fortwährend! Die Gemeinschaft der Heiligen ist der Beweis dafür.

festes. Was offen zutage tritt, wird so groß sein, dass es seit Anbeginn der Welt nie etwas Vergleichbares gegeben hat!

Dieses Ereignis wird bewirken, dass euer Glaube wächst, es wird euch helfen, Mir näher zu kommen, es wird die Menschheit darauf vorbereiten, die Botschaft des Evangeliums zu empfangen.

♥

JESUS zu Vassula

Liebe wird als ein herrliches schimmerndes Licht von Perlen in die dunkelsten Teile eurer Ära ausgegossen und in die Herzen der Menschen eindringen; dann wird die ganze Erde zur Ruhe kommen und das Böse wird zurückweichen und der Wahrheit Platz machen; wenn alle in der Wahrheit und in der Liebe leben würden, würden sie in Mir wachsen, in Meiner Freigiebigkeit sich in Mir vervollkommnen; Mein Leib, der die Kirche ist, wird geheilt werden; deshalb wird Liebe das Heilmittel für alles sein...[279]

♥

In Sinu Jesu[280]

Ich habe vor, Meine Priester bald durch **eine neue Ausgießung des Heiligen Geistes über ihnen** zu heiligen. Sie werden geheiligt wie Meine Apostel am Pfingstmorgen. Ihre Herzen werden entflammt vom göttlichen Feuer der Nächstenliebe, und ihr Eifer wird keine Grenzen kennen. Sie werden sich um Meine allreine Mutter versammeln, die sie unterweisen und durch ihre allmächtige Fürsprache für sie all die Charismen erwirken wird, die notwendig

---

279. 16.05.2019
280. *In Sinu Jesu - Wenn Herz zu Herz spricht*, Aufzeichnungen eines betenden Mönches, 02.03.2010, Patrimonium-Verlag.

sind, um die Welt, diese schlafende Welt, auf Meine Wiederkehr in Herrlichkeit vorzubereiten. Ich sage dir das nicht, um dich zu beunruhigen oder um irgendjemanden zu erschrecken, sondern um dir Grund für große Hoffnung und für reine geistige Freude zu geben. Die Erneuerung Meiner Priester wird der Anfang der Erneuerung Meiner Kirche sein, doch muss es so anfangen wie an Pfingsten, mit der Ausgießung des Heiligen Geistes über die Männer, die Ich erwählt habe, die zu sein, durch die Ich selbst unmittelbar wirke – die Mein Opfer gegenwärtig machen und Mein Blut über die Seelen der armen Sünder bringen, die Vergebung und Heilung brauchen...

Der Angriff auf Mein Priestertum, der sich offensichtlich immer weiter ausbreitet und an Heftigkeit zunimmt, befindet sich bereits in seinem Endstadium. Es handelt sich um einen satanischen, teuflischen Anschlag auf Meine Braut, die Kirche, einen Versuch, sie zu zerstören, indem die am schlimmsten Verwundeten unter ihren Dienern in ihren fleischlichen Schwächen angegriffen werden; aber Ich werde der Zerstörung wehren, die sie angerichtet haben, und Ich werde veranlassen, dass Meine Priester und Meine Braut, die Kirche, wieder eine herrliche Heiligkeit erlangen, die Meine Feinde zunichtemachen und den Beginn eines neuen Zeitalters der Heiligen und der Propheten einleiten wird. **Dieser Frühling der Heiligkeit unter Meinen Priestern und in Meiner Kirche wurde durch die Fürsprache des schmerzensreichen, allreinen Herzens Meiner süßen Mutter erwirkt.** Sie tritt pausenlos für ihre Priestersöhne ein, und ihre Fürsprache hat einen Sieg über die Mächte der Finsternis erreicht, der die Ungläubigen vernichten und allen Meinen Heiligen große Freude bringen wird.

♥

DER GEIST DER 7 GABEN zu Bénédicte[281]

Dankt GOTT für alle seine Wohltaten! Dies ist eine gesegnete Zeit, die von meinen Dienern vorausgesagt wurde, die Zeit der großen Hoffnung, da **die Schleusen des Himmels sich öffnen werden, um auf die ganze Erde** den Wein der Freude auszugießen, der die ewige Hochzeit ankündigt. Ja, Er kommt wieder, Der, auf den ihr voll Ungeduld wartet. Sein makellos weißes Gewand lässt auf die Erde Fluten von Reinheit, ein immer größer werdendes Licht, eine unerwartete Freude herab. Versammelt euch um den Altar des dreimal heiligen GOTTES, verbeugt euch vor seinem liebenswürdigen Antlitz, fleht Ihn voll Vertrauen an, denn er lässt sich stets auf ein aufrichtiges Herz, ein inniges Herzensgebet ein. Kommt und seht die Wunder, die er in denen, die Ihm von ganzem Herzen dienen, vollbringt. Er macht aus ihnen eine neue Schöpfung, weil sie sich vertrauensvoll dem himmlischen Töpfer überlassen, um von ihm gestaltet zu werden.

Seht ihr nicht die Sterne vom Himmel fallen? Hört ihr nicht, wie die tobenden Wassermengen die Erde überfluten, auf der nichts wächst, seht ihr nicht, wie das Gewitter die schönsten Blumen zerzaust, die jüngsten Zweige bricht, auf denen der Neue Frühling ausbrechen soll? O Erde meiner Liebe, die dem Menschen anvertraut wurde, ein tosender Wind fegt sturmartig über dich, du Untreue, hinweg. Hörst du nicht meine unaufhaltsamen Rufe, die wiederholten Warnungen der unter allen Müttern gesegneten Mutter? Dies ist die Zeit der Vergebung, der Versöhnung GOTTES mit seinem Volk, der großen Reinigung. **Der Heilige Geist braust dahin mit unsagbarer Kraft:** Er erfreut den ganzen Planeten, Er trocknet die Tränen der Kinder und der Greise, Er vernichtet die Angst, den Hass und die Gewalt. Wacht auf, der Herr der Herren geht vorbei, der treue und gute GOTT kommt mit großer Majestät!

---

281. 26.07.2007 – Internet-Seite: Feudamoursurlemonde.overblog.com

Unser Herr JESUS zu Mgr. Ottavio Michelini[282]

Ich Bin müde, mir so viel Mittelmäßigkeit ansehen zu müssen, zuzusehen, wie die Erde versinkt, nicht aus Mangel an Arbeitern im Weinberg, sondern aus Mangel an guten und heiligen Arbeitern, denen nur meine Interessen und die Verherrlichung meines Vaters am Herzen liegen. Damit die Priester meinem Wunsch von Vollkommenheit und Einheit gerecht werden, möchte ich zahlreiche Priesterherzen neu aufbauen, viele schlafende Seelen wecken, sie ganz persönlich berühren, meine Stimme in ihrem tiefsten Innern ertönen lassen. Sie werden wiederkommen, ich bestehe darauf, dass die Priester, die sich verirrt haben, wiederkommen! Sie werden wiederkommen, die gleichgültigen und lauen Priester, die stolzen und geizigen Priester, die verwundeten und mit allen Übeln belasteten Priester, die Trägen, die Unreinen, alle werden sie wiederkommen! Meine Kirche wird eine neue Ausgießung der Liebe erhalten und der oberste Hirte wird beim Anblick der wieder blühenden jungen Priesterschaft getröstet werden.

♥

JESUS zu Conchita Carbrera[283]

Es ist jetzt Zeit, den Heiligen Geist in der ganzen Welt zu rühmen: Er ist die Seele dieser vielgeliebten Kirche. Diese Göttliche Person zeichnet sich reichlich in allen Akten der Kirche ab. Ich wünsche, dass diese letzte Epoche ganz besonders dem Heiligen Geist geweiht ist, der immer durch die Liebe wirkt. Er hat die Kirche seit ihrem Beginn geleitet, und ich wünsche, dass alle Herzen in dieser Endzeit von dieser Heiligen Liebe in Brand gesetzt werden, ganz besonders das Herz des Papstes und meiner Priester. Ich bitte

---

282. *Die Menschheit an der Schwelle ihrer Befreiung*, Offenbarungen Jesu an Priester und Gläubige, Mgr. Ottavio Michelini, Parvis-Verlag.
283. 02.03.1928

erneut, die Welt, angefangen bei allen Mitgliedern der Kirche, dem Heiligen Geist, der dritten Person der Dreifaltigkeit, zu weihen.

♥

Der Herr JESUS zu Sulema[284]

Ich sammle euch aus allen Nationen und mache aus euch, meinen Kindern des Lichtes, ein heiliges Volk, das das Reich des **Göttlichen Willens** annimmt, in dem GOTT Vater von allen seinen Kindern geehrt, angebetet und verherrlicht wird. Diese Kinder geben ihm den ersten Platz in ihrem Leben, sie leben die zehn Gebote, die er ihnen hinterlassen hat, und lieben ihn mit ganzem Herzen, mit ganzer Seele und mit all ihrer Kraft.

Ja, ich sammle euch aus allen Himmelsrichtungen der Erde. Niemand wird vergessen: Ich werde mich um jedes meiner Schafe kümmern. Ich selbst hole euch zu mir, damit ihr wiederauflebt, wenn ich euch bei dem **Neuen Pfingsten der Liebe,** da der Heilige Geist seine Gaben über euch ausgießt, einen neuen Lebenshauch verleihe. Ihr werdet von neuem das wahre Leben in Gott empfangen, das der Vater in jeden von euch gelegt hat, um die Erben des Himmelsreiches aus euch zu machen.

Ich komme mit dem ganzen Glanz meiner Herrlichkeit! Bald werdet ihr mich sehen, denn ich stelle meine Herrschaft unter meinem heiligen Volk wieder her, das ich von Ewigkeit erwählt habe.

♥

---

284. *Ich bereite euch auf dieses Ereignis vor: Die Erleuchtung eures Gewissens*, Band 1, Sulema, 20.11.2011, Parvis-Verlag.

Don Stefano Gobbi[285]

Mit dem **zweiten Pfingsten** soll die heidnisch gewordene Menschheit, die unter dem mächtigen Einfluss des Bösen steht, wieder in die vollständige Lebensgemeinschaft mit ihrem Herrn, der sie erschaffen, erlöst und gerettet hat, eingeführt werden. Spirituelle Feuerzungen werden die Herzen und Seelen aller reinigen; sie werden sich im Licht GOTTES sehen und werden vom scharfen Schwert der göttlichen Wahrheit durchbohrt werden. Mit dem zweiten Pfingsten wird die ganze Kirche den Höhepunkt ihrer Herrlichkeit erreichen... Der Heilige Geist wird der Kirche vor allem die kostbare Gabe ihrer Ganzeinheit und höchster Heiligkeit verleihen... Das zweite Pfingsten wird alle Nationen berühren, die Mitglieder einer einzigen und großen Familie sein werden, versammelt im Segen und in der Gegenwart des Herrn in ihrer Mitte.[286]

♥

JESUS zu Pelianito (Janet Klasson)

Meine Kinder! Jene, deren Herz nach der Erleuchtung der Gewissen aus Stein geblieben ist, sündigen gegen den Heiligen Geist. Es ist ein unverzeihlicher Fehler, eine Wahrheit «Lüge» zu nennen bei voller Sachkenntnis dessen, was wahr ist.[287]

♥

---

285. *Das Blaue Buch*, Die Jungfrau Maria zu Don Gobbi, 26.05.1996, Marianische Priesterbewegung
286. Der Heilige Geist wird das neue Wunder der universellen Umwandlung im Herzen und im Leben aller Menschen bewirken. Zuerst wird die Kirche ihre Verfehlungen bereuen, um ihre ursprüngliche Schönheit wiederzuerlangen.
287. Passt jedoch auf jene auf, die die göttliche Barmherzigkeit nicht in Anspruch nehmen werden und die äußeren und inneren Zeichen der Warnung der Wissenschaft zuschreiben, ohne Bezugnahme auf das Göttliche!

Die Jungfrau MARIA zu Don Gobbi

Es ist der Geist der Liebe, der die ganze Welt mit seinem Feuer und seiner Gnade von Grund auf erneuern wird. Es ist der Geist der Liebe, der mit seiner großen Kraft der Heiligkeit und des Lichts meiner Kirche neuen Glanz verleihen und sie folglich demütig und arm, evangelisch und keusch, barmherzig und heilig machen wird.[288]

Die Sünder werden sich bekehren, die Schwachen werden Unterstützung finden, die Kranken Heilung und die Verirrten werden in das Haus des Vaters zurückkehren. Die Opfer der Trennung und der Spaltung werden zur vollständigen Einheit zurückfinden. So wird das Wunder des **Zweiten Pfingsten,** das sich mit dem weltweiten Triumph meines Unbefleckten Herzens ereignen wird, zustande kommen.[289]

♥

JESUS, das Licht der Welt, zu Sulema[290]

Versucht euch in dieser Zeit, die ihr lebt, mehr und mehr vom Heiligen Geist ergreifen zu lassen. Seid ganz fügsam, ganz anpassungsfähig, und lasst euch von Ihm stören, wenn er euch von euren alten Gewohnheiten befreit, und durchtrennt, was euch an die Welt und ihre Begierde bindet. Er kommt mit Macht, um euch von dem zu reinigen, was dem Willen des dreifaltigen Gottes nicht entspricht, um euch auf das neue Pfingsten der Liebe vorzubereiten, das für alle Kinder guten Willens kommt. Lasst euch belehren, führen und auf diese schöne Begegnung mit der Dreifaltigen Liebe vorbereiten.

---

288. *Das Blaue Buch,* Die Jungfrau Maria zu Don Gobbi, 28.01.1984, Marianische Priesterbewegung.
289. *Das Blaue Buch,* Die Jungfrau Maria zu Don Gobbi, 04.06.1995, Marianische Priesterbewegung.
290. *Ich bereite euch auf dieses Ereignis vor: Die Erleuchtung eures Gewissens*, Band 1, Sulema, 02.05.2011, Parvis-Verlag.

Ja, meine geliebten Kinder, ihr lebt die Zeit, die von allen meinen Propheten vorhergesagt wurde und die die Rückkehr in Herrlichkeit eures Retters und Erlösers ankündigt. Selig seid ihr, dass ihr nicht gesehen und doch geglaubt habt.[291] Danke, meine Kinder, dass ihr in dieser Zeit der großen Verwirrung in der heiligen Hingabe leben wollt.

♥

Marthe Robin
Diesbezüglich sagte die Mystikerin **Marthe Robin** zu ihrem geistlichen Begleiter, dem ehrwürdigen Pater Finet: «Nach dem materiellen Zusammenbruch der Völker wird die Einheit der Christen zustande kommen... Die teuflischen Fehlverhalten werden ausgerottet werden. Daraufhin wird eine gewaltige Gnade erfolgen: **das Pfingsten der Liebe,** das zweite... Die Laien werden eine wichtige Rolle zu spielen haben; sie müssen dazu ausgebildet werden.»

♥

JESUS zu Bénédicte[292]
Ihr, die Gesegneten meines Vaters, beschreitet meinen Weg, indem ihr euch mehr und mehr meinem Willen überlasst; eure zögernde Hand hat die meine ganz fest ergriffen, und eine neue Energie erhebt euch zu den Höhen, über denen die aufgehende Sonne scheint. Der Chor der Engel begleitet euch und euer Marsch hat sich in einen festlichen Tanz verwandelt. Eure gleichgültigen Brüder sind hinzugekommen, haben gesehen und gehört, was vor sich ging. Die Freude war so groß, die Liebe so aufrichtig, dass sie euren Schritten gefolgt und in den Reigen der Söhne und Töchter des Reiches

---
291. Joh 20,29
292. 15.07.2008

eingetreten sind. Ein bisschen Liebe erzeugt Fluten von Gnaden. Das demütigste Gebet, das unauffälligste Gebet bewirkt eine Vielzahl innerer Umwandlungen, zahlreiche Heilungen des Körpers und der Seele und eine Läuterung des Geistes.

Freut euch, in Gegenwart meines heiligen Leibes leben zu können, denn alle eure Anliegen gehen in mein durchbohrtes Herz ein; mein Vater antwortet euch immer. Gerührt von eurem kindlichen Vertrauen, eurem Verlass auf seinen Willen, eurer Beschaulichkeit, eurem Lobpreis, senkt Er alle Gnaden in mein Herz, die wie Blut und Wasser fließen und sich auf euer Leben in einem Niederschlag von duftenden Rosen ergießen. Warum wendet ihr euch nicht an mich? Wenn ihr meinen Vater (und auch euren Vater) anflehen würdet, euch euer tägliches Brot zu geben, würde Er euch Steine schicken? Wenn ihr Ihn bitten würdet, der Heilige Geist möge alle Herzen in Brand setzen, würdet ihr keine Asche sehen, sondern ein großes Feuer, das von einem feurigen Atem angefacht, sich blitzartig verbreiten würde, um alle Kinder JESU zu erleuchten, zu stärken, zu begeistern und zur Umkehr zu bewegen.

— ♥ —

DIE NEUE EVANGELISATION

Das Ereignis zeigt uns, wie groß Gottes Liebe zu uns ist! Wie immer, wünscht Er, möglichst viele zu retten, und er rechnet mit uns, dass wir ihm dabei helfen! Wie groß ist die Ernte, die sich abzeichnet! Der ganze Himmel nimmt diese glorreiche Offenbarung vorweg. Bei der Ankündigung des Ereignisses wird ein großer Teil der Menschen sich von ihrem Egoismus abwenden, um sich GOTT und den Mitmenschen zuzuwenden. Automatisch werden hunderte Millionen Bewohner der

6. KAPITEL – PFINGSTEN, DIE NEUE EVANGELISATION UND DAS GROSSE WUNDER   213

*Erde die Taufe und den Zugang zu den Sakramenten verlangen, sowie Bibeln in allen Sprachen, Rosenkränze, Pastoral und das alles, sofort! «GEBT UNS JESUS! Es ist dringend!» Und sie werden sich instinktiv den **Leuchttürmen** zuwenden, die wir sind! Oh ja! Sie werden zu den Kindern des Lichts laufen mit 1000 Fragen, 1000 Wünschen, usw. Und das alles wird stattfinden in einem unermesslichen Überschwang von Verwunderung, Freude und Dankbarkeit diesem seit ewig unendlich gutem GOTT gegenüber!*

Versteht ihr die Bedeutung, auf das große Ereignis vorbereitet zu sein? Mit Gewissheit wird eine in der Geschichte der Menschheit noch nie dagewesene Ära sich auftun! Es wird eine lange Zeit der Umkehr sein, in der die Menschheit sich von der Welt mit ihren Begierden loslösen und zur Liebe zu GOTT und zum Nächsten übergehen wird... ***Jetzt liegt es an uns, startbereit zu sein!*** Kinder des Lichts zu sein, **Leuchttürme** in der Nacht, Aufnahmebereitschaft zu bezeugen...

In Sinu Jesu[293]

Ich habe die Absicht, die Gemeinschaft Meiner Priester zu neuer Heiligkeit zu führen. Ich bin kurz davor, Meine Priester von den Unreinheiten zu befreien... Bald, sehr bald werde Ich Gnaden spiritueller Heilung über alle Meine Priester strömen lassen. Ich werde diejenigen, die das Geschenk Meiner göttlichen Freundschaft annehmen, von denen trennen, die ihr Herz gegen Mich verhärten. Ersteren werde Ich strahlende Heiligkeit schenken, so strahlend wie die von Johannes und Meinen Aposteln zu Beginn. Den anderen werde Ich auch das nehmen, was sie meinen zu haben... Im Licht Meines eucharistischen Angesichts werden sich große Dinge in den Seelen ereignen. Du musst nur zu Mir kommen, und

---

293. *In Sinu Jesu - Wenn Herz zu Herz spricht,* Aufzeichnungen eines betenden Mönches, 20.03.2008, Patrimonium-Verlag.

das Licht Meines Angesichts, verhüllt im Sakrament Meiner Liebe, wird sofort anfangen, in deiner Seele zu wirken. Das ist ein Geheimnis, das du bitte mit allen Seelen teilen mögest, angefangen bei den Priestern, die Ich dir senden werde.[294]

♥

Der Ruf wird an jede Nation ergehen; jede Nation wird sich durch besondere Schönheit auszeichnen! Quebec wird womöglich ein Land geworden sein, eine große Nation, nicht auf sich selbst bezogen, sondern Totus Tuus,[295] *wie Jesus und Maria, deren Herzen nunmehr ihr Banner schmücken werden... Stets zu Diensten! Den nahegelegenen Ländern und seinen Wurzeln gegenüber respektvoll, ein Vorbild der Bruderschaft, ein Vorbild an demütigem und freudigem Glauben... kurzum, ein Wegweiser zur integralen Entwicklung in der die Stadt GOTTES und die auf die Umwelt ausgerichtete Stadt der Menschen harmonisch ineinandergreifen. Montréal wird sich auf seine Wurzeln im einstigen Fort Ville-Marie zurückbesinnen!*

Durch gegenseitige Hilfe und enge Zusammenarbeit wird es mit Frankreich, der ältesten Tochter der Kirche, verbunden sein, ein Land,

---

294. Die Länder, die schon Priester haben, werden gut bedient sein, aber der Durst GOTTES wird eine Herausforderung in Ländern wie China sein, oder in Ländern, die unter einer Diktatur leiden, und auch dann, wenn die Mehrzahl der Einwohner sich nach diesem GOTT DER LIEBE sehnt! Es gibt ganz christianisierte Länder und andere, deren Einwohner es sich wünschen, aber deren Regierende erbarmungslos sind. Auf internationaler Ebene werden Länder sich organisieren, um den Bewohnern anderer Gegenden zu helfen. Auf menschlicher Ebene wird das Licht auf die ganze Erde übergreifen. Stellt euch Milliarden Leuchttürme vor! Eine Mehrzahl neuerleuchteter Gewissen! Quis ut Deus? Gott, der über uns wacht, wird seine Priester offenbar werden lassen.
295. «Totus Tuus» (Maria, Dir ganz ergeben) war der Wahlspruch von Johannes Paul II., und ist von Ludwig-Maria Grignion von Montfort (1673-1716) übernommen worden. Totus Tuus ist die Abkürzung des vollständigen Textes der Weihe an die Muttergottes, der wie folgt lautet: Ich bin ganz dein und alles, was mein ist, ist dein. In allem, was ich besitze, empfange ich dich. Maria, leihe mir dein Herz!» sagt Johannes Paul II. in Bezug auf den von ihm gewählten Wahlspruch. Quelle: www.famillechretienne.fr

das wieder aufblühen und in vollem Staat sein wird, mit den Juwelen seiner Taufe geschmückt,[296] die anderen Nationen zu ihrem Wiederaufbau dienen werden.

Die Erde zählt ungefähr 8 Milliarden Einwohner. Die Zahl aller Christen beläuft sich auf 2,18 Milliarden, das heißt etwas mehr als ein Viertel der Bewohner des Planeten. In einem Schreiben vom 6. März 2019 teilte der Vatikan mit, dass von dieser Zahl 1,313 Milliarden Katholiken sind.[297] *Vergleichshalber ist es interessant zu erwähnen, dass die Zahl der Muslime weltweit bei 1,84 Milliarden liegt und die Weltbevölkerung der Juden bei 11,86 Millionen. Daraus ist zu schlussfolgern, dass mehr als 4 Milliarden Einwohner der Erde, das heißt, die Hälfte der Gesamtbevölkerung, schon jetzt an den Einen Gott glauben.*

Wie viele Muslime, Juden, Hindus, Buddhisten, Atheisten, Anhänger der Esoterik, Kommunisten werden in einem Augenblick bekehrt werden? Das ist GROSSARTIG! Die Juden werden sprachlos sein, wenn sie erfahren, dass Jesus der Messias ist, den sie seit Jahrtausenden erwarten! Es wird so weit kommen, dass sie um Verzeihung bitten, Jesus in ihrem Herzen gekreuzigt zu haben, indem sie Ihn verspotteten.

---

296. Ältester Sohn der Kirche ist ein Titel, den die Könige Frankreichs systematisch trugen. Dieser Titel ist vergleichbar mit «Sehr christlich», der den Königen Frankreichs ebenfalls zu eigen war. Zum ersten Mal wurde Frankreich als «älteste Tochter der Kirche Jesu» vom seligen Frédéric Ozanam (04.12.1836) bezeichnet. Anlässlich seiner ersten apostolischen Reise nach Frankreich hat Johannes Paul II. die Franzosen scharf angeredet mit den Worten: «**Frankreich, älteste Tochter der Kirche, bist du den Versprechen deiner Taufe treu geblieben?**» Während seinem Treffen mit den Lobpreisgruppen Glorious und Hope, hat der Papst daran erinnert, dass Frankreich wohl **die älteste Tochter der Kirche sei**, aber vielleicht nicht die treueste. Er forderte die Jugend Frankreichs auf, wieder die Freude des Evangeliums zu teilen. Im Hinblick auf die Attentate, die in Frankreich ein Blutbad angerichtet haben, sprach der Papst folgende Einladung aus: «Vertrauen wir der Barmherzigkeit GOTTES die wehrlosen Opfer dieser Tragödie an. Die Jungfrau Maria, die Mutter der Barmherzigkeit, gebe allen weise Gedanken und Absichten des Friedens ein! Wir bitten sie, die liebe französische Nation, **älteste Tochter der Kirche**, zu beschützen und über ihr zu wachen, sowie über Europa und der ganzen Welt. Quelle: Wikipedia.
297. Internet-Seite: https://fr.zenit.org/2019/03/06/les-chiffres-des-catholiques-dans-le-monde/

Der Tag ist nicht mehr weit, da sie alle die christlichen Feste einführen werden und selbst zum Fest werden. Wird es ein Volk geben, das die Erinnerung an Jesus Christus mehr feiern wird als Israel? Das bezweifle ich.[298] Und was ist mit all diesen Muslims, die gewohnt sind, ihren GOTT mehrmals am Tag im Gebet anzurufen? Sie werden uns Katholiken zu großer Frömmigkeit anspornen! Das Gleiche gilt für unsere Nachbarn, die Protestanten, die uns fragen werden, weshalb wir in der Ausübung der Sakramente so lau waren, obschon wir doch Bescheid wussten! Wir werden ihnen antworten, dass unsere Gewissen ebenfalls verdüstert waren... Welche Freude werden die Hindus und die Buddhisten erfahren, wenn sie entdecken, dass dieser Jesus Christus, Erlöser und Quelle aller wahren LIEBE, in der Eucharistie in ihren Herzen beständig zu wohnen wünscht! Unser Herr wird ihnen allen sein Licht schenken und ihnen Leiter schicken, die sie zum Heil führen werden.

♥

JESUS zu Monique-Marie[299]

«Jesus beruft Jugendliche, um sein Königreich auf Erden zu erstellen! Jesus sucht Jugendliche, Maler, Bildhauer, Schriftsteller, Poeten, um seine Liebe auszudrücken. Filmkünstler, Schauspieler, Regisseure, um von seiner Liebe zu erzählen. Musiker, Komponisten, Darsteller, Tänzer, um seine Liebe lebendig zu gestalten. Jesus erklärt, dass die Menschen durch das Bild und die Kunst lernen werden, die Schönheit seines Reiches wieder zu schätzen. Die künstlerischen Talente, die Auserwählten geschenkt werden, werden nicht mehr wie in diesen Zeiten der Apostasie und des Verfalls zu Ausschweifungen führen, sondern sie werden Ihm dienen...»

---

298. Wenn die universale Kirche Christi in Rom in die Hände des Antichristen fallen wird, wird dieses Land, dem eschatologischen Los Israels gemäß, in die Bresche springen, die Ablösung der Regierenden sowie die Verteidigung gegen die mit dem Antichristen verbündeten Völker übernehmen.

299. «Premier cahier d'Amour», Auszüge aus den Botschaften Jesu.

JESUS: Die Kunst wird noch nie erreichte Höhen erlangen und ihr werdet entdecken, was keiner der vorigen Maler mutmaßen konnte, denn wahre Kunst gibt es nur in meinem Dienst. Diese Werke werden in euch ungetrübte Freude auslösen, die euer Leben in ein beständiges Dankgebet verwandeln wird... Sie werden die schlechten Werke, die sich heute auf dem Markt befinden und wertlos sind, weil sie von meiner Gnade nicht berührt wurden, verdrängen.

♥

Kinder der Erneuerung[300]

... erinnert ihr euch an die Vermehrung der Brote und Fische? Meine Kinder, zögert also nicht, mit den anderen eure Nahrung zu teilen. Meine Kinder des Lichts! Ich werde eure lebensnotwendigen Bedürfnisse decken, dessen könnt ihr sicher sein. Wenn dem nicht so wäre, würden meine Kinder des Lichts nicht überleben. Vertraut Mir! Ich habe die Welt aus dem Nichts erschaffen und bin sicher in der Lage, alles Notwendige zu vermehren. Ihr aber müsst bereit sein, zu teilen und nicht das Ersparte anzuhäufen. Ihr hättet keine Vorräte für den Winter und die Zeit der Finsternis angelegt, wenn ich euch nicht meine Boten geschickt hätte, um euch zu warnen. Folglich müssen meine Großzügigkeit und meine Güte euch allen ein Beispiel sein. Ahmt mich nach! Der Widersacher will die Menschheit zerstören, aber, meine Kinder, Ich Bin der Urheber des Lebens und habe das letzte Wort. Habt also keine Angst! Die Angst ist nicht von mir. Seid mutig und barmherzig! Ich gebe euch meinen Frieden und meine Freude. Ich werde euch beschützen, wie ich mein Volk durch alle Zeiten hindurch beschützt habe. Ja, es wird Märtyrer des Glaubens geben, wie sie es seit den Anfängen der Kirche stets gegeben hat...

---

300. 29.12.2019

Ich bitte jeden von euch, sich mit Wahrheit zu bewaffnen und den anderen den Glauben zu bringen. Wenn die Menschen scharenweise kommen werden, um sich taufen zu lassen, werdet ihr Lehrer, Katecheten brauchen. Seid barmherzig. Seid liebenswürdig, bringt ihnen Liebe entgegen und übt Geduld. Ihr müsst ihnen die Grundbegriffe beibringen, denn **dank der Erleuchtung der Gewissen** werden sie schon vom Glauben beseelt sein. Viele werden Angst haben. Macht sie **mit meiner großen Liebe und meinem Erbarmen vertraut,** so dass sie sich nicht zu sorgen brauchen. Holt jeden dort ab, wo er steht. Manche werden nicht in der Lage sein, viel aufzunehmen und werden sich mit dem Wesentlichen begnügen. Meine Kinder, mein Heiliger Geist wird euch leiten. Bittet um die Gaben meines Heiligen Geistes! Bittet um die Gnade, heroisch zu lieben! Alle Bitten werden im Verhältnis zu dem jeweiligen Bedarf erhört. Glaubt an mich! Ich liebe euch. Es wird gut sein!

♥

Maria Valtorta[301]

Die Erde, in Frieden mit sich selbst und mit ihrem GOTT, wird einem als Sühneopfer dargebrachten Opferaltar gleichkommen. Und auf diesem Altar wird der Meister die Menschen in der genauen Kenntnis der Wahrheit unterrichten, damit die Guten nicht schwanken, wenn Satan, wütend, weil die Menschheit Christus anbetet, sich zum Endkampf anschickt.

♥

---

301. *Die Hefte 1943*, Maria Valtorta.

JESUS, König der Liebe, zu Sulema[302]

Die Stunde ist gekommen, da meine Heiligste Mutter, die Unbefleckte Empfängnis, ihre Apostel aussendet, mit marianischem Herz und von ihr, dem Thron der Weisheit geformt, wie es vom heiligen Ludwig-Maria Grignion von Montfort prophezeit wurde. **Diese Apostel werden bis an die Enden der Erde gehen, um die Überlebenden dieses Schiffbruchs zu sammeln,** die aus der Arche, die die Erde ist, gefallen sind und sich außerhalb der Arche befinden, d.h. außerhalb des Unbefleckten Herzens Mariens, der Mutter der Kirche. Ihre ganze himmlische Heerschar ist gerade dabei, Stellung zu beziehen: Jeder nimmt seinen Platz ein, um den letzten Kampf auszutragen, da die Königin des Himmels und der Erde den Kopf der alten Schlange zertritt, das Böse verjagt und meine glorreiche Wiederkunft vorbereitet.

♥

JESUS zu Vassula Ryden[303]

... Ich, euer GOTT, sende einen Engel nach dem anderen, um euch zu verkünden, dass die Zeit Meines Erbarmens abläuft und die Zeit Meiner Herrschaft auf Erden nahe ist. Ich sende Meine Engel, damit sie von Meiner Liebe *«allen Bewohnern der Erde, allen Nationen, Stämmen, Sprachen und Völkern»* (Offb 14,6) Zeugnis geben. Ich sende sie aus als Apostel der letzten Tage, um zu verkünden, dass *«die Herrschaft auf Erden wie im Himmelreich sein wird und Mein Geist für immer und ewig mitten unter euch regieren wird»* (Offb 11,5). Ich sende Meine Diener, die Propheten, um in diese Wildnis zu rufen, ihr sollt *«Mich fürchten und Mich preisen, denn die Stunde ist für Mich gekommen zu Gericht zu sitzen»*! (Offb 14,7) **Mein**

---

302. *Ich bereite euch auf dieses Ereignis vor: Die Erleuchtung eures Gewissens*, Band 1, Sulema, 25.02.2011, Parvis-Verlag.
303. *Wahres Leben in Gott*, Band 1, Vassula Ryden, 15.09.1991, Seite 650.

Königreich wird plötzlich über euch kommen, deshalb müsst ihr Beständigkeit und Glauben **bis zum Ende** haben. Mein Kind, bete für den Sünder, der seinen Verfall nicht gewahrt...

♥

JESUS zu Elisabeth Kindelmann[304]

Alle sind eingeladen, meiner besonderen Kampftruppe beizutreten. Die Erstellung meines Reiches muss das einzige Ziel eures Lebens sein. Meine Worte werden zahlreiche Seelen erreichen. Vertraut mir! Ich werde euch durch Wunder beistehen. Hängt nicht am Komfort! Seid nicht feige! Wartet nicht ab! Stellt euch dem Sturm, um Seelen zu retten. Macht euch an die Arbeit! Müßig sein, bedeutet, Satan und der Sünde freie Bahn zu lassen. Öffnet die Augen und werdet euch aller Gefahren bewusst, die so viel Opfer erfordern und eure eigene Seele bedrohen.

♥

---

304. *Die Liebesflamme des Unbefleckten Herzens Mariens*, Das geistliche Tagebuch von Elisabeth Kindelmann (vergriffen).

Prophezeiungen der heiligen Bernadette Soubirous[305]

Hier die fünfte und letzte Prophezeiung: «Die Heilige Jungfrau hat mir mitgeteilt, dass mit dem Ende des zwanzigsten Jahrhunderts auch das Ende des Zeitalters der Wissenschaften eintreten wird. Eine neue Ära des Glaubens wird auf der ganzen Erde ihren Lauf nehmen. Der Beweis, dass GOTT die Erde und den Menschen erschaffen hat, wird erbracht werden. Das wird der Anfang des Endes des Zeitalters der Wissenschaft bedeuten, der die Menschen keinen Glauben mehr schenken werden. **Millionen Menschen werden sich wieder Christus zuwenden** und die Macht der Kirche wird größer sein denn je. Grund dieses Wechsels wird die überhebliche Haltung der Wissenschaftler sein, die an der Verwirklichung eines Wesens arbeiten, das aus der Kreuzung eines Menschen mit einem Tier hervorgeht. In den Tiefen ihres Herzens werden die Menschen spüren, dass ein solches Unternehmen nicht gerechtfertigt werden kann. Zuerst wird es nicht gelingen, die Schaffung dieser Monster zu vermeiden, aber schließlich werden die Wissenschaftler vertrieben werden, wie man ein Rudel Wölfe vertreibt.»[306]

♥

---

305. 1879 wandte sich Bernadette Soubirous (1844-1879) schriftlich an Papst Leo XIII. um ihm Botschaften der Muttergottes für das 20. Jahrhundert zu unterbreiten. Von diesen fünf Prophezeiungen haben sich vier schon verwirklicht. Der Brief, der 102 Jahre lang als verloren galt, wurde von P. François Antoine La Grande im Vatikan wiedergefunden, während er Dokumente über die Wunder in Lourdes suchte. Dieser Brief, der knapp vor Bernadettes Tod geschrieben wurde, enthält fünf Botschaften der Heiligen Jungfrau Maria über die Ereignisse im 20. Jahrhundert und die Zukunft der Welt nach dem Jahr 2000. Der Inhalt des Briefes wurde nie veröffentlicht und die Zuständigen im Vatikan gaben zu, dass er verloren ging. P. La Grande fand das Schriftstück in einem Metallschrank im Keller der Bibliothek des Vatikans. Es handelt sich um fünf lose Blätter mit je einer Botschaft. Gewisse behaupten, die fünfte Botschaft, die noch nicht verwirklicht wurde, sei falsch... Aber immer mehr Auskünfte bezeugen, dass diese Botschaft sich jetzt verwirklicht.
306. Auszug aus der Zeitschrift *Le Sourire de Marie*, November 1998, Editions Résiac [nur auf Französisch].

MARIA in Kérizinen, zu Jeanne-Louise Ramonet[307]
Je mehr die Welt dem Übernatürlichen feindlich gegenübersteht, desto wunderbarer und außerordentlicher werden die Tatsachen sein, die die Leugnung des Übernatürlichen Lügen strafen.

— ♥ —

DAS GROSSE WUNDER

Es ist vorgesehen, dass der Herr weniger als ein Jahr nach der Warnung der Welt ein anderes großes Zeichen geben wird, um die Menschen in der Stunde der großen Sammlung der Schafe zur Umkehr zu bewegen. Die Erscheinungen von Garabandal kündigen dieses Große Wunder an.

Conchita[308]
Zwischen der Warnung und dem Wunder wird weniger als ein Jahr vergehen. Es wird zwischen zehn Minuten und einer Viertelstunde dauern. Die Kranken werden geheilt und die Ungläubigen werden gläubig werden. Das prophezeite Wunder wird unendlich groß sein. Es kann fotografiert und gefilmt werden. Das Große Wunder wird in dem übernatürlichen Verständnis, im Licht GOTTES, der intimen und grundsätzlichen Wirklichkeit der Bedeutung des Priestertums und der Eucharistie bestehen. Dieses Wunder hat Conchita mit außerordentlicher Überzeugung und Entschlossenheit angekündigt und nie widerrufen; sie kennt das genaue Datum

---

307. 05.03.1955
308. *Notre-Dame à Garabandal – Le Journal de Conchita*, Joseph A. Pelletier, Nouvelles Editions Latines (nicht auf Deutsch erhältlich).

und, was uns im höchsten Grad interessiert, sie hat es der Kongregation des Heiligen Offiziums im Januar 1966 hinsichtlich der Verständigung des Heiligen Vaters mitgeteilt.

♥

MARIA zu Enoch[309]
Das Wunder wird die Stunde der großen Ernte sein: der Weizen wird von der Spreu getrennt und die Schafe von den Böcken, und so wird die Herde meines Sohnes bereit sein. Meine Kinder, bleibt wachsam, schlaft nicht ein, aus Angst, in der Nacht überrascht zu werden; erinnert euch, dass die Zeit nicht mehr die Zeit ist und dass jeden Augenblick alles ausgelöst werden kann.

♥

MARIA, Königin des Friedens, zu Sulema[310]
Diese arme Menschheit ist Sklavin der Sünde und des Bösen geworden. Sehr bald wird sie aus dem Grab auferstehen, in dem sie liegt, wenn Jesus in Seiner Herrlichkeit wiederkehrt. Das große Wunder der göttlichen Barmherzigkeit bereitet sich gerade vor, und diese Menschheit wird vollkommen erneuert durch das mächtige Wehen des Heiligen Geistes, der sich auf der ganzen Erde ausgießen wird. Dann kehren sie durch das Wunder eines zweiten Pfingsten in die Arme Gottes, ihres Vaters, zurück. Die Seelen werden durch die Gegenwart der heiligsten Dreifaltigkeit erleuchtet, und das Glorreiche Reich Christi Jesu wird sich in einer neuen Lebensform für alle, in einem Leben der Heiligkeit und der Reinheit, der Liebe und der Gerechtigkeit, der Freude und des Friedens widerspiegeln.

---

309. 01.10.2012
310. *Ich bereite euch auf dieses Ereignis vor: Die Erleuchtung eures Gewissens*, Band 2, Sulema, 30.08.2012, Parvis-Verlag.

Ihr denkt dann nur noch daran, zur Ehre Gottes zu leben, und in diesem Augenblick wird der Göttliche Wille von allen seinen Geschöpfen vollkommen erfüllt, damit er auf Erden geschieht wie im Himmel. Dann beginnt das Glorreiche Reich Christi in einer geläuterten, geheiligten und durch die Liebe erneuerten Welt. Jesus wird sich im Geheimnis Seiner Eucharistischen Gegenwart zeigen. Merkt euch: **Die Zeit zwischen der Warnung und dem großen Wunder wird sehr kurz sein.** Das Wunder bezieht sich auf das Priestertum und die Eucharistie. Nach diesen Ereignissen beginnt die Zeit der Göttlichen Gerechtigkeit. Seid wachsam und stets bereit, denn die Stunde naht mit Riesenschritten…

♥

MARIA zu Debora[311]
Meine Tochter! An diesem Ort, Garabandal, habe ich meine Mutterschaft überreichlich bekundet. Von diesem, in den Bergen verlorenen Ort aus, habe Ich mittels kleiner Herzen den Tag des Beginns der Schmerzen angekündigt, aber auch der Freude, die mein Sohn bringen wird, indem er hier ein bleibendes Zeichen hinterlassen wird. In die Herzen wird er, ohne sie zu berühren, Freude und Trost eingießen… Der Tag des Wunders wird ein Tag eines großen Ereignisses sein: Viele werden die Gesundheit des Körpers und der Seele wiederfinden. Dieses Wunder wird der Auftakt einer regelrechen Erneuerung von allem sein.

---

311. 15.08.1996

NACH DEM WUNDER[312]

Prophezeiungen gemäß wird der Papst sich nach Garabandal begeben, um die Erscheinungen zu beglaubigen. Russland wird umkehren. Ein Zeichen des Wunders, das aus sich heraus ein Wunder ist, und einer Rauchsäule gleicht, wird im Pinienhain bis an das Ende der Zeiten sichtbar bleiben. Dieses Zeichen kann ebenfalls fotografiert und gefilmt werden, aber es wird nicht antastbar sein. Leider werden manche dieser Erscheinung eine wissenschaftliche Auslegung geben und sich gegen GOTT und die Kirche aussprechen. Dieses Ereignis zeugt von der Liebe GOTTES für uns, was das Ziel der größtmöglichen Ernte aller Zeiten zur Versammlung des Volkes GOTTES unterstreicht. Der ganze Himmel sieht diesem Glorreichen Geschehen mit Jubel voraus. Die Bedürfnisse werden riesengroß sein; wir werden erleuchtete Gewissen haben, damit wir hinsichtlich des Aufbaus einer Gemeinschaft die rechte Haltung einnehmen und recht zu handeln wissen.

JESUS zur Tochter der Sonne[313]

Ganz glücklich werde ich sein, wenn alle Herzen in meinem Heiligen Herzen vereint sein werden... Ich Bin euer Glück... Ihr seid die

---

312. Die weltweite Evangelisation wird während einer unbestimmten Periode fortgesetzt bis zum Kommen des Antichristen, der dreieinhalb Jahre lang herrschen wird; er geht dem zweiten Kommen Unseres Herrn Jesus Christus voraus, der sein Reich errichten wird, das Reich des Willens GOTTES, gemäß der Verheißungen des Vaterunsers und des Fiats der Heiligung, das Luisa Piccarreta für unsere Zeit verheißen wurde. Das Heilige Herz Jesu möge unserem Geist die Wohltat seiner unendlichen Barmherzigkeit und seine ewige Liebe bewahren, vor allem in den Tagen der historischen Umwälzung, wie es in unserer Welt noch keine gegeben hat.
313. *Göttlicher Duft*, Tochter der Sonne, 2010, Parvis-Verlag.

Vorläufer dieser neuen Zivilisation der Liebe, die bald Wirklichkeit sein wird. Seid stolz es zu sein... denn in meiner Weisheit wird sie durch ihre Einheit, ihre Demut, ihre Einfachheit, ihre Aufrichtigkeit und ihre Gerechtigkeit schön sein... Die Macht des Allerhöchsten ist am Werk; bald werden Liebeshymnen über der ganzen Erde erklingen. Der erhabene Mensch wird seine ursprüngliche Würde wiederfinden. Ich Bin der Herrscher des Guten. Die über alle Liebe erhabene Liebe übernimmt ihre Herrschaft... Ich werde die Erde mit meinem Liebesfeuer in Brand setzen. Jede mit diesem Feuer beseelte Seele wird in ein neues Leben Sekunde um Sekunde hineingeboren. Sie legt ihren besten Staat für den feierlichen Tag an, an dem Ich sie in meinen Vorhöfen in Gegenwart der Auserwählten meines Himmels empfangen werde.

♥

Die Liebesflamme meines Herzens[314]
Maria wird mehr verehrt werden, wenn die gnadenvolle Wirkung ihrer Liebesflamme in den Seelen verbreitet sein wird.

♥

ICH BIN zu Bénédicte[315]
Die Stille bringt euch dazu, Mir zuzuhören, Mir, dem lebendigen Wort GOTTES, das sich euch offenbart wie ein Leuchtturm, der die Düsterkeit eures Lebens erhellt und euch auf dem Weg in die Ewigkeit geleitet. Kommt Mich zu betrachten, und euer Gesicht wird sich durch diese anmutige Begegnung von Angesicht zu Angesicht verwandeln. Ihr werdet mein schmerzvolles Antlitz, aber auch

---

314. *Die Liebesflamme des Unbefleckten Herzens Mariens*, Elisabeth Kindelmann, 19.05.1963, Parvis-Verlag – Internet-Seite (auf Französisch): www.laflammedamour.org.
315. 19.09.2008

meine Gesichtszüge als Auferstandener, von großer und strahlender Schönheit, erkennen.

♥

UNSERE LIEBE FRAU zu Elisabeth[316]
Es wird das große Wunder des Lichts sein, das Satan blenden wird… Die Flut von Segnungen, die die Welt erschüttern wird, wird von den wenigen sehr demütigen Seelen ausgehen.

♥

**Du wirst beten, um loderndes Feuer zu werden,
lebendige Flamme, die Wärme und Licht spendet.**
Heiliger Josemaria Escriva

♥

**Immer und überall
wird das Lächeln und das Licht Gottes sein.**
Heiliger Pater Pio

---

316. Internet-Seite (auf Französisch): www.laflammedamour.org

EIN LEUCHTTURM IN DER NACHT

Wer bist du, Licht, süßes Licht, das mich erfüllt
und meines Herzens Dunkelheit erleuchtet?
Du leitest mich gleich einer Mutter Hand,
und ließest Du mich los,
so wüsste keinen Schritt ich mehr zu gehen.
Du bist der Raum,
der rund mein Sein umschließt und in sich birgt,
aus Dir entlassen sänk' es in den Abgrund
des Nichts, aus dem Du es zum Sein erhobst.
Du, näher mir als ich mir selbst
und innerlicher als mein Innerstes –
und doch ungreifbar und unfassbar
und jeden Namen sprengend: Heiliger Geist – Ewige Liebe.
Bist Du es, der den klaren Spiegel schuf,
zunächst des Allerhöchsten Thron
gleich einem Meer von Kristall,
darin die Gottheit liebend sich beschaut?
Du neigst Dich über Deiner Schöpfung schönstes Werk,
und strahlend leuchtet Dir Dein eig'ner Glanz entgegen,
und aller Wesen reine Schönheit
vereinigt in der lieblichen Gestalt
der Jungfrau, Deiner makellosen Braut:
Heiliger Geist – Schöpfer des All(s).
Heilige Theresia Benedicta des Kreuzes (Edith Stein)

♥

JESUS zur heiligen Katharina von Siena
Werde Gefäß und Ich werde mich
zum STURZBACH machen!

7. KAPITEL
ZUFLUCHT IN JESUS & MARIA

Wir leben wirklich in einer Zeit wie die Noahs: einige wurden schon überrascht, währenddem andere zu sehr beschäftigt mit Kaufen und Verkaufen sind, nach dem Komfort der Welt trachten und keine Zeit haben, um sich auf den heftigen Sturm vorzubereiten (und dennoch ist er so nahe, dass die ersten Tröpfchen der Gerechtigkeit schon bemerkbar sind).[317]

Die Arche ist das Symbol der inneren Bleibe; die Arche Noahs ist ein Schiff, das auf GOTTES Geheiß gebaut wurde, um Noah, seine Frau, seine Familie (seine drei Söhne mit ihren Frauen) und alle Tiergattungen vor einer Sintflut zu retten, die im Kommen war. Diese Erzählung der Bibel befindet sich im Kapitel der Genesis.

Die Geschichte der Arche Noahs nimmt ihren Lauf, wenn GOTT die Bösartigkeit und die Perversität der Menschen feststellt und beschließt, die Erde durch eine Sintflut heimzusuchen, um alles Leben zu tilgen, vom Menschen bis zu den großen und kleinen Tieren und Vögeln des Himmels. Ein Mensch, Noah, findet jedoch Gnade bei GOTT, weil er inmitten seiner Zeitgenossen gerecht, rechtschaffen ist und GOTT zum Mittelpunkt seines Lebens macht. Unter diesen Umständen wird er auserwählt, um zu überleben und sein Geschlecht fortzupflanzen. Aus diesem Grund bittet GOTT Noah, eine Arche zu bauen und gibt ihm genaue Anweisungen dazu...[318]

---

317. Internet- Seite (auf Französisch): pierre-et-les-loups.net
318. Internet-Seite: https://de.wikipedia.org/wiki/Arche_Noah

[Christian] «***GOTT ist Liebe!***» (1 Joh 4,8) Ja, GOTT ist Liebe! Das könnte ich seitenlang schreiben, es immer wieder schreiben, ebenbürtige Ausdrücke finden! Seine Weisheit ist Liebe! Sein Liebesplan ist Liebe! Seine Barmherzigkeit ist Liebe! ... Und ich könnte wiederholen und immer wieder wiederholen, dass GOTT Liebe ist! Ja, denn Er ist der «Ich Bin»! Und das Zeitwort «Sein», wird in Ihm konjugiert, durch Ihn, mit Ihm und in Ihm! Nach dem Ereignis werden Milliarden lauthals beteuern, dass GOTT Liebe ist! Mit Tränen der Freude und des Dankes! Diese Tränen werden nicht zu fließen aufhören, wie nach einem freudigen oder unheilvollen Ereignis, denn diese Tränen kommen aus in Liebe entbrannten Herzen.

In seiner großen Liebe hat GOTT Zufluchtsorte vorgesehen! GOTT hat eine Arche vorgesehen, eine Bundesarche, eine Arche des neuen Bundes! Wenn ein Sturm sich ankündigt, pflegt der Mensch Unterschlupf zu suchen, einen Schutz, der der Natur des kommenden Sturms gewachsen ist. Das, was auf uns zukommen wird, verlangt mehr denn je einen guten Unterschlupf, und dieser Zufluchtsort ist schon mitten in unserem Leben vorhanden. Es sind die Herzen Jesu und Mariens. Da manche die Frage des «Zufluchtsortes» als vorübergehender Unterschlupf während des Sturms beantworten, übergehen sie, dass es sich um viel mehr handelt. Die Zufluchtsorte sind ein RIESENGESCHENK! Sie sind allezeit erreichbar und in ihnen ist Wohnen eine Wohltat! Das haben die Heiligen verstanden und sich bemüht, dieses Geheimnis in Worte zu kleiden, oder mehr noch, durch ihr Beispiel uns nahezubringen. Aber das kann nur verstanden werden durch die Erfahrung, durch das Erlebnis, durch den Eintritt in diese Schatzkammer... Gewiss, es ist unsere Verantwortung, aber eine wunderbare Verantwortung, die zur Gnade im Herzen der auserlesensten Mutter-Wächterin und in Dem unseres Göttlichen Retters hinführt!

JESUS-EUCHARISTIE zu Sulema[319]

Ich bitte euch, die Weihe an mein Heiligstes Herz und an das Unbefleckte Herz meiner Mutter zu leben. Sie ist die Arche des Neuen Bundes. Kommt an diesen Zufluchtsort: Es ist der einzige Zufluchtsort für die letzten Zeiten.

Anlässlich der Eucharistiefeier von Mariä Lichtmess 2020 habe ich mich während der Sammlung dabei ertappt, dass ich Maria fragte: «Mutter Maria, erlaubst du mir, in dein Herz einzutreten?» Wie groß war die Freude, die ich empfunden habe! Ich hatte die Frage wie ein kleines Kind gestellt, das Unterschlupf sucht, und mir scheint, der Himmel hat sich darüber gefreut. Offen gesagt, ich wurde gut empfangen! GOTT, der Liebe ist, verlangt bloß von uns, dass wir eintreten wollen! Wie oft bittet er uns in Sulemas Bücher darum? Er besteht darauf, nicht wahr? Aber er tut es mit so viel Fingerspitzengefühl und Sanftheit! Er ist wirklich Liebe, unser GOTT!

Der Sturm zeigt nach und nach seine Nasenspitze und, wie wir wissen, werden die Ereignisse, die dem großen Ereignis vorausgehen, offensichtlich sein... GOTT bat Noah, eine Arche zu bauen. Und Noah ging ans Werk, während vielen Jahren, mitten in der Wüste, unter dem Spott seiner Mitmenschen... Dann verlangte GOTT von ihm, in die Arche mitsamt den Tieren einzutreten (als noch kein Wasser vorhanden war). Noah tat es, unter vielen anderen Spötteleien seiner Mitmenschen! Und ihr kennt die Fortsetzung... GOTT verdoppelt seine wohlwollenden Aufmerksamkeiten, um uns zu verstehen zu geben, was uns erwartet und um uns den Weg zu zeigen... Er liefert uns die Gebrauchsanweisung eines gelungenen Lebens, jetzt, in der Gegenwart, bei jedem Ereignis...

♥

---

319. *Ich bereite euch auf dieses Ereignis vor: Die Erleuchtung eures Gewissens*, Band 3, Sulema, 20.11.2013, Parvis-Verlag.

Jungfrau MARIA zu Don Gobbi: (Mein Herz wird deine Zuflucht sein)[320]

1. Heute möchte ich dich, wie eine Mutter, an der Hand führen. Ich möchte dich immer tiefer in die Intimität meines Unbefleckten Herzens führen. Mein Herz muss wie ein Zufluchtsort sein, an dem du immer leben kannst **und von dem aus du alle Ereignisse dieser Welt betrachten sollst.**
2. Wenn du jeden Augenblick an diesem Zufluchtsort verbringst, wirst du immer die Wärme meiner Liebe und der meines Sohnes Jesus verspüren.
3. Im Laufe der Tage wird diese Welt immer mehr in das Eis des Egoismus, der Sinnlichkeit, des Hasses, der Gewalt, des Unglücks versinken. Vor der Zeit der großen Finsternis wird diese Welt in die allumfassende Nacht des Atheismus eingetaucht werden.
4. Dann wird mein **Unbeflecktes Herz ganz besonders dein Unterschlupf** und deine Klarheit sein; fürchte dich nicht weder vor dem Frost noch vor der Finsternis, denn du wirst im Herzen der Mama geborgen sein, und von da aus wirst du vielen meiner armen Kinder, die sich verirrt haben, den Weg zeigen.
5. Mein Herz ist ebenfalls ein Schutz gegen die Ereignisse, die aufeinander folgen werden. Du wirst in Sicherheit sein, du wirst dich nicht aufregen, du wirst keine Angst haben. Du wirst alles wie aus der Weite sehen, ohne im Geringsten von diesen Ereignissen berührt zu werden.
6. Aber wie soll das geschehen? wirst du dich fragen. **Du wirst in der Zeit leben, aber gleichsam wie außerhalb der Zeit.** Mein Unbeflecktes Herz ist wie ein Teil des Paradieses, in dem ich meine Lieblingssöhne (meine Vielgeliebten) einschließen werde, um sie vor den großen Ereignissen, die euch bevorstehen, zu retten und sie im Hinblick meines Triumphs zu trösten.
7. Bleibe also immer an diesem Zufluchtsort!

---

320. 05.01.1974

Myriam van Nazareth[321]

Vereinte Herzen Jesu und Mariens, deren Namen Schätze der Rettung und Gnade bergen, lasst den sanften Klang eurer heiligsten Namen wie Rosen der Befreiung in den Herzen eurer Kinder erschallen, damit sie aus der Umarmung des Bösen ausgelöst und befreit werden.

♥

JESUS zu Géraldine[322]

Mein Kind! Ich möchte dich um einen besonderen Gefallen bitten, damit mein Heiliges Herz sich freuen und in dir einen großen Zufluchtsort finden kann. Ich möchte, dass Du, mein Kind, die Beleidigungen all derer, die mich beleidigen und all derer, die meinem Herzen tiefe Wunden zufügen, wieder gutmachst.

♥

GOTT zu Bénédicte[323]

Es ist unmöglich sich vorzustellen, wie sehr GOTT uns liebt. Es ist unmöglich, sich die Größe des Vaters, die Vollkommenheit des Sohnes und die Kraft des Heiligen Geistes vorzustellen. Maria hatte es in ihrem Herzen wohl verstanden, Sie, die sich ganz klein und demütig gemacht hat, um das Wort zu empfangen und uns den Weg der Erkenntnis, diesen engen Weg zu zeigen, den die Diener Gottes beschritten haben, den Königlichen Weg, der uns in das Geheimnis des Herzens GOTTES führt. Sei demütig, wie die es sind, die dir auf dem Weg zur Heiligkeit das Geleit geben. Sei stark, um

---

321. Internet-Seite (auf Französisch): www.maria-domina-animarum.net/fr/fleurs-celestes/fleurs – § 185.
322. Internet-Seite (auf Englisch): www.divine-inspirations.org – Botschaft von 2016
323. Allererste Botschaft, die Bénédicte am 24.01.1988 empfangen hat

dich den Schwierigkeiten des Lebens zu stellen, sei LIEBE, damit das Band, das dich mit der Dreifaltigkeit verbindet, nicht reißt.

♥

MARIA zu Dory Tan[324]

Mein Kind, mach dir keine Sorgen! Setze das, was Ich dich gebeten habe zu tun, fort. Das Heilige Herz und das Kostbare Blut meines Sohnes sind auf deinem Bild. Das ist deine Arche und die Arche der ganzen Welt. Jeder, der an dieses Heilige Herz und an dieses Kostbare Blut glaubt, wird gerettet werden. Den Unglauben kann man nur zutiefst bedauern. Jene, die glauben, dass es kein Ende nehmen wird, sind zahlreich. Ich und mein Sohn Jesus, wir geben einem jeden von euch eine weitere Chance.

♥

JESUS zu JNSR[325]

Überall wird es Gräuel geben; die Natur wird sich vor euren Augen zerstören und die Lebensmittel, **die ihr als Reserve aufbewahrt, werden der Fäulnis anheimfallen.** Befürchtet eher, mich zu verleugnen, zu behaupten, dass ihr nicht mein seid! Schreit vielmehr laut heraus, dass ihr GOTT gehört und dass ihr es bleiben werdet, was auch immer geschehen mag. Und wenn ihr hier auf Erden sogar umkommen solltet, wisst, dass GOTT euch seine Arme weit öffnen wird. Feilscht nicht, um euer Erdenleben zu retten, denn das ewige Leben, das euch erwartet, ist euer tatsächlicher Zufluchtsort.

♥

---

324. 18.07.2020
325. *Vivez avec Moi les Dons de Dieu – Terre Nouvelle – Cieux Nouveaux*, JNSR, 21.08.2000, Editions Résiac (nicht auf Deutsch erhältlich)

Die Jungfrau MARIA zu Don Gobbi[326]

Mein Unbeflecktes Herz ist der Zufluchtsort, den die Mama euch anbietet. In ihm werdet ihr alles vorfinden, was ich euch vorbereitet habe, um die furchtbaren Stunden der Reinigung durchzustehen. Die ganze Kirche, mit dem Papst, den Bischöfen und den Priestern, alle Gläubigen, müssen nun bei mir Zuflucht suchen. Aus diesem Grund führe ich dich in alle Gegenden der Welt. Die Zeit ist gekommen, da der kleine treue Rest, mit dem Jesus sein Reich errichten wird, in mein Unbeflecktes Herz eintreten muss. Wer nicht in diesen Zufluchtsort kommt, wird umgeworfen und vom großen Sturm, der sich schon entfesselt, mitgerissen werden. Tröstet mein Unbeflecktes Herz!... Eure Mama bereitet für euch ein neues Leben vor.

♥

YAHUSHUA zu Julie Whedbee[327]

Lasst euch nicht vereinnahmen von den Dingen dieser Welt und den jetzigen Ereignissen, die sich zutragen, um euch von Mir zu entfernen... Eure Aufgabe ist es, euch weiterhin GOTT in heiligem Gehorsam zu überlassen... Für Angst wird in euch kein Platz sein, solange ich in eurem Leben bin; alles, was ihr benötigt, wird euch, unbeachtet der äußeren Umstände, gegeben werden. Ich werde wohnen bei denen, die mich lieben... Was ich brauche, ist Heiligkeit und Gehorsam; jene die mir folgen, werde ich belohnen. Gebt Mir euer Alles und ihr werdet von Mir alles erhalten. Die Zeiten sind zugunsten meines Volkes gekürzt. Seid ohne Sorge! Tut, was ihr könnt mittels der Gnade, die Ich euch täglich schenke, und überlasst Mir alles Übrige! Ich halte euch in Gewahrsam in meiner Hand...

---

326. *Die Muttergottes an die Priester, ihre vielgeliebten Söhne*, 03.06.1978, Marianische Priesterbewegung.
327. 08.06.2020

Die Zuspitzung[328] der Ereignisse ist jetzt euer tägliches Brot. Ihr müsst euer spirituelles Haus in Ordnung halten! Nichts anderes ist wichtiger. Meidet alle Personen und alles, was nicht zu meiner Herrlichkeit gereicht! Es steht zu viel auf dem Spiel. Wie ich euch verheißen habe, werden jene, die meinen Weisungen folgen und meine Gebote beachten, einen Frieden und eine Freude in ihrem Herzen haben, die nur von Mir kommen können, denn alles in eurer Umgebung wird zerstört sein.

♥

JESUS zu Sulema[329]

Ich lade euch ein, euch dem Unbefleckten Herzen meiner heiligen Mutter und Meinem Heiligsten Herzen, eurem einzigen Zufluchtsort, zu weihen. Dort seid ihr in Sicherheit vor diesem schweren Sturm, der so heftig und gewaltig sein wird. Doch habt keine Angst in unseren Herzen, habt keine Angst, sondern vertraut mir.

♥

Wo werden wir einen Hafen finden, um uns vor all diesen Gefahren in Sicherheit zu bringen?[330]

Wir Christen haben eine heilige Arche, einen sicheren Zufluchtsort, in dem ihr in Deckung gehen könnt und inmitten aller Gefahren, die uns von allen Seiten bedrohen, unser Heil finden. Dieser Zufluchtsort, diese Arche des Heils, ist das Heilige Herz unseres liebevollen Retters. Die Lanze des Soldaten hat uns diese wunderbare Zufluchtsstätte geöffnet, lasst uns einziehen! Erhebt die

---

328. Mehr denn je fügt sich alles zur Verwirklichung der Prophezeiungen.
329. *Ich bereite euch auf dieses Ereignis vor: Die Erleuchtung eures Gewissens*, Band 3, Sulema, 04.03.2013, Parvis-Verlag.
330. *L'Arche du salut ou la Dévotion aux Sacrés-Cœurs de Jésus et Marie*, Abbé C. Verhaege, 1872.

Augen und seht! Hier zeigt sich uns ein anderes Herz, es ist das Herz der besten und zärtlichsten Mutter, ein Herz, das nur Verzeihung und Barmherzigkeit kennt. **Gehen wir zum Herzen Jesu durch das Herz Mariens!** Unter dem Schutz dieses Unbefleckten Herzens werden wir im Heiligen Herzen ihres einzigen Sohnes Zutritt finden, und unter dem Schutz dieser heiligen Arche werden wir gewiss in Sicherheit sein, den drohenden stets steigenden Fluten der Sintflut glücklich entgehen, und nach allen Klippen den Anker im Hafen der glückseligen Heimat werfen.

♥

WIE IST ES MÖGLICH, IN DIE HERZEN JESU UND MARIENS ZU GELANGEN?

Hier das Versprechen, das Maria ihrem Diener, dem heiligen Dominikus, gegeben hat:
Der Rosenkranz[331] wird wie ein himmlischer Tau sein, der in den Seelen große Früchte zeitigen wird.

Der Rosenkranz ist der Altar der Düfte, die das Wohlwollen Jesu und Mariens anziehen; er ist inmitten der Wüste dieser Erde das Himmelsbrot der Kinder der Jungfrau Maria, die geheimnisvolle Himmelsleiter Jakobs, mit der der Mensch sich zu GOTT erhebt; er ist die Arche des Heils, die uns in den Hafen der glückseligen Ewigkeit führen wird.[332]

♥

---

331. Der ROSENKRANZ ist der Dietrich, der die Tür der Zufluchtsorte aufschließt.
332. *De la connaissance du saint Rosaire*, Abbé Jeanrichard, 1886.

JESUS zu Julie Whedbee[333]

Das Lösegeld ist bezahlt; ihr müsst durch Mich die Leiter emporsteigen, die Zugang zur Hilfsquelle und zur Verwahrung der Segnungen gibt, die mein Heer der Endzeit benötigt, um in Mir bei allem, was passieren wird, voll engagiert und mächtig zu sein.

— ♥ —

DAS HERZ MARIENS

MARIA ist das Spiegelbild der SONNE der GERECHTIGKEIT... Ihre Seele ist so einfach, deren Regungen sind so tief, dass man sie nicht mitverfolgen kann; es scheint, als würde sie das Leben des himmlischen Wesens, des einfachen Wesens, hier auf Erden wiedergeben. Außerdem ist sie so durchsichtig, so strahlend, dass man sie für Licht halten könnte. Sie ist jedoch nur das Spiegelbild der Sonne der Gerechtigkeit. Sie scheint mir mehr als alle anderen Heiligen nachahmbar zu sein, ihr Leben war ja so einfach!

Heilige Elisabeth der Dreifaltigkeit

♥

---

333. 29.08.2014

DER HEILIGE GEIST zu Maria Valtorta[334]

Das Herz Mariens ist ganz Licht. Ein paradiesisches Licht... weiß und leuchtend... Aus diesem Herzen wurde das Herz des fleischgewordenen Wortes geformt. Aus diesem Weiß sollte das zur Entstehung menschlichen Embryos des Sohnes GOTTES notwendige Blut herrühren, ein ganz reines Blut, aus einer ganz reinen Quelle. Bedenke, welch absolute Vollkommenheit der Gefühle und der Regungen dieses Unbefleckte Herz aufwies, nach dessen Rhythmus – Rhythmus der physischen aber auch der moralischen und geistlichen Herzschläge – das Herz des Sohnes von der Jungfrau empfangen und gebildet wurde, um das Herz des Gott-Menschen zu werden. Wenn der Mensch annehmen würde, dass dieses Licht auf Erden verbreitet würde, wäre das die zweite Erlösung, die zweite Vergebung... das endgültige Heil! Ah! Die Vergebung der Welt! Aber die Welt lehnt die Mutter, die ihr den Frieden gebären würde, ab! Du, liebe für die ganze Welt! Dann wird das Licht des Herzens der Mutter dich mit der Freude durchdringen, die uns selbst selig machen würde.

♥

Die Vision von Schwester Maria Nathalie[335]

Der Erlöser führte mich unter anderem zu seiner Unbefleckten Mutter und sagte zu mir: «*Mein Kind, sieh deine Mutter, die Königin der Welt und die Königin aller Königinnen! Liebe sie und erweise ihr deine Kindesverehrung; ich möchte, dass alle es tun.*» *Dann öffnete der Erlöser den Mantel der Heiligen Jungfrau, um mir das Herz seiner Mutter zu zeigen*, indem er sagte:

---

334. *Die Hefte 1945-1950*, Maria Valtorta, Parvis-Verlag.
335. *Die siegreiche Königin der Welt*, 15.08.1942, Miriam-Verlag, 1992.

«In meiner Geburt habe Ich mich der Welt durch das Unbefleckte Herz meiner Mutter gezeigt. Durch dasselbe Herz werden die Seelen zu meinem Heiligen Herzen gelangen.» *Dann gelang das Unbefleckte Herz Mariens auf geheimnisvolle Weise in seine rechte Hand und Jesus sagte:* «Hier ist das Unbefleckte Herz, das ich zum Sitz der Gnade für die Welt und die Seelen erkoren habe! Dieses Herz ist die zuversichtliche Quelle meiner Gnaden; sie entspringen diesem Herzen für das Leben und die Heiligung der Welt.»

♥

Mark Mallet: Die Arche des Bundes[336]

Wenn wir dazu bestimmt sind, wie sie zu werden, werden wir folglich auch «kleine Archen» GOTTES werden. Das bedeutet jedoch, dass, wie bei der damaligen Bundeslade nichts Unreines in unsere Seele dringt. Die Bundeslade ist mit dem Volk Israel gezogen. Als die Philister sich ihrer bemächtigten, wurde sie in deren Tempel mit ihrem Idol, Dagôn, aufgestellt. Aber bei jedem Tagesanbruch fanden sie auf geheimnisvolle Weise das Götzenbild zerbrochen auf dem Boden liegen. (1 Sam 5,2-4) Der heilige Johannes vom Kreuz sagt uns, dass dies das Symbol des Willens GOTTES ist, **dass unsere reine Liebe Ihm, und nur Ihm gelten soll.** GOTT verlangt von uns, dass wir das göttliche Gesetz beachten und die Kreuze (die inneren und äußeren) willentlich annehmen.[337] [338]

♥

---

336. Auszug eines Textes (25.01.2018) von Mark Mallet auf der Internet-Seite: www.markmallett.com/blog/becoming-an-ark-of-god/
337. *Empor den Berg Karmel*, Band 1, 5. Kapitel, Johannes vom Kreuz, Johannes Verlag
338. Gewiss, diese Worte sind beunruhigend, weil wir einsehen, wie unvollkommen wir sind (manche mehr als andere). Aber im Herzen vernehme ich: «Fürchte dich nicht!» Was für den Menschen unmöglich ist, ist nicht unmöglich für GOTT. Tatsächlich...

*In den jetzigen Zeiten ist es angebracht, **dass wir GOTT mit aufrichtiger Reue eine Antwort geben**. Das bedeutet, dass wir unsere wirren Verlange und Wünsche mutig einer eingehenden Prüfung unterziehen und die schlechten verwerfen. Das bedeutet, dass wir ein Leben führen, in dem die Eucharistie und die Beichte regelmässig Bestandteil unseres Zeitplans sind und dass unser Tag auf das Gebet aufgebaut sein soll. Auf diese Weise erlauben wir GOTT, uns zu verwandeln... indem wir Ihm, wie Maria, unser **Jawort** geben. Gemäß Johannes vom Kreuz kann diese Verwandlung rasch vollzogen werden. Für viele von uns ist das allerdings nicht der Fall, weil wir so nachlässig im Antwortgeben sind. Es wird nur möglich sein, wenn ihr und ich, wenn wir anfangen, Frieden mit dem Herrn zu stiften, indem wir «aus Babylon aufbrechen»* (Offb. 18,4) *und nach dem Göttlichen anstatt dem Erschaffenen trachten, damit wir heilige Tempel werden, in denen der Herr wohnen kann. Kurzum, es handelt sich darum, sich mit dem Herrn zu versöhnen, mit ihm in einem Zustand wahren Friedens und wirklicher Ruhe zu verbleiben. Denn der Weltgeist bringt uns oft in Widerspruch zum Vater... Unsere Liebe Frau von Medjugorje erscheint seit 40 Jahren unter dem Titel «Königin des Friedens». Heute übergibt sie uns den Schlüssel der Zukunft, der ihren Triumph nach und nach entriegeln wird, **bis dass die Finsternis dem Morgengrauen und dem Anbruch eines neuen Tages weicht.***

♥

JESUS zu Sulema[339]

Meine Mutter ist in diesem Augenblick hier und sagt euch: «Nur Mut, meine Kinder, Mama ist bei euch.» **Geht in die Arche, die Neue Arche:** Sie ist der göttliche Tabernakel, in dem ich Mich in diesen Zeiten verberge, die die letzten sind. (vgl. Offb 11,19)

---

339. *Ich bereite euch auf dieses Ereignis vor: Die Erleuchtung eures Gewissens*, Band 3, Sulema, 13.02.2013, Parvis-Verlag.

Maureen, Werk der Heiligen-Liebe[340]

Ich sehe das Bild der Vereinten Herzen. Ich höre eine Stimme, die ich als die von GOTT des Vaters erkenne. Er sagt: Die Zeit der Vereinten Herzen ist angebrochen. Es sind die Vereinten Herzen, die triumphieren und nach dem Wiederkommen meines Sohnes herrschen werden... Ich fordere euch auf, zu verstehen, dass die Wahrheit und das Böse gegensätzlich sind. Ihr werdet das Gute vom Bösen unterscheiden, wenn ihr in die Vereinten Herzen eintretet. Ihr tretet in die Vereinten Herzen durch das Unbefleckte Herz meiner reinsten Tochter ein, Maria. **Ich habe ihr Herz zu eurem Zufluchtsort erkoren.**

♥

UNSERE LIEBE FRAU VON DEN ROSEN in San Damiano[341]

Betet im Glauben für meinen Triumph in der Welt und in der Kirche. Ich bin die Mutter der Kirche. Ich bin die Königin der Apostel und ich liebe meine Apostel, *(meine Lieblinge)*[342] so sehr, so sehr! Könnte ich sie doch alle auf den Knien sehen, in Reue, bei mir! Ich wünsche mir, sie alle in der Heiligkeit der christlichen Liebe wachsen zu sehen, denn sie haben eine große Aufgabe. Meine bevorzugten Söhne, wenn ihr heilig seid, werdet ihr alle Seelen in den Himmel führen. Wenn ihr barmherzig, voll Liebe, arm seid, werden alle euch folgen.

♥

Die MADONNA von Trevignano Romano zu Gisella Cardia[343]

Meine Kinder! Ich bitte euch, euch von meinem Sohn Jesus zu ernähren, der Gott ist, Leib und Blut. Meine Kinder, die Wahrheit

---

340. Holy Love Ministries (Werk der Heiligen Liebe), 19.08.2015
341. 12.12.1969
342. «Meine Lieblingskinder»
343. 13.06.2020

muss furchtlos ausgerufen werden. Wenn ihr den Namen Jesus, wahrer GOTT, aus voller Kehle ausruft, werden die Dämonen erbeben. Aber habt keine Angst, denn ein starker Schutz wird auf euch niedergehen! Verliert nicht den Mut, wenn ihr beleidigt und verfolgt werdet! Der Wind des Krieges wird wehen. Betet für Italien und für die Priester, die zurzeit verwirrt sind. **Weiht euch täglich meinem Unbefleckten Herzen und dem Heiligen Herzen Jesu**[344]; nur so könnt ihr die Leiden der kommenden Zeit schmälern.

♥

MARIA, Königin des Friedens, zu Sulema[345]

Das Schlimmste kommt noch, und das einzige Mittel, um euch zu beschützen, ist die Weihe eurer selbst und eurer Angehörigen an die beiden Herzen: das Heiligste Herz Jesu und mein Unbeflecktes Herz, um in die **Neue Arche des Neuen Bundes** einzutreten. Habt keine Angst, hört nicht auf zu beten, auf uns zu schauen, alles unseren Händen zu übergeben, damit euer Herz stets frei bleibt und alle Gnaden aufnehmen kann, die GOTT Vater euch geben will.

♥

JESUS zu Maureen[346]

Es war meines Vaters Wille, dass ich zu euch komme, um euch für die Heiligkeit zu gewinnen, die Heiligkeit und den Frieden. Der Göttliche Wille meines Vaters ist das Licht, das den Weg zum Himmel beleuchtet. **Er ist eine Zuflucht und eine Festung.** Er ist das

---

344. Siehe die Weihen am Ende des Buches, Seite 341.
345. *Ich bereite euch auf dieses Ereignis vor: Die Erleuchtung eures Gewissens*, Band 3, Sulema, 10.05.2013, Parvis-Verlag.
346. Holy Love Ministries (Werk der Heiligen Liebe), 05.11.2001

Instrument, das ich gebrauche, um euch in die Kammern meines heiligen Herzens eintreten zu lassen.

♥

Die 5 Waffen (Schleudersteine) zur Bekämpfung eures inneren Goliath[347]

Liebe Kinder! Wir laden euch zu einer persönlichen Umkehr ein. Diese Epoche gehört euch! Ohne euch kann GOTT seine Pläne nicht verwirklichen. Liebe Kinder! Durch das Gebet werdet ihr Tag für Tag ein bisschen wachsen und euch so GOTT nähern. Ich gebe euch die Waffen zur Bekämpfung eures Goliaths.

HIER DIE 5 SCHLEUDERSTEINE
1. Der Rosenkranz – mit dem Herzen gebetet;
2. Die Eucharistie (so oft wie möglich);
3. Die Lesung der Bibel;
4. Fasten (mittwochs und freitags) bei Brot und Wasser;
5. Die Monatsbeichte.

♥

MARIA, Königin des Friedens, zu Sulema[348]

Es ist spät, meine Kinder, kommt in die **Arche meines Unbefleckten Herzens,** damit ihr beschützt und gerettet werdet. Habt keine Angst! Ich bin die Mutter der Barmherzigkeit und habe die Aufgabe erhalten, euch auf dieses Ereignis der Erleuchtung eures Gewissens vorzubereiten, das auch als Warnung bekannt ist. Es ist die letzte Tat der göttlichen Barmherzigkeit GOTTES des

---

347. Internet-Seite: http://www.clubmedj.com/enseignements-cailloux/cailloux-medjugorje.html (auf Französisch) – Innerer Goliath = Unser «Ich», unser Ego, unsere Triebe, Ängste, etc.
348. *Ich bereite euch auf dieses Ereignis vor: Die Erleuchtung eures Gewissens*, Band 3, Sulema, 30.11.2013, Parvis-Verlag

Vaters, **um die glorreiche Wiederkunft des Sohnes durch die Allmacht des Heiligen Geistes vorzubereiten.**

♥

JESUS zu Luisa Piccarreta[349]
Mein Kind! Schau, wie Ich dich liebe und wie Ich in meiner Strömung, das heißt in meinem Innern, für dich sorge! So musst auch du für mich sorgen und mir Zuflucht in deinem Innern gewähren! Die Liebe verlangt gleiche Gegenliebe. Verlasse also niemals mein Inneres, meine Liebe, meine Wünsche, meine Werke, mein Alles.

— ♥ —

DAS HERZ DES VATERS VERVOLLSTÄNDIGT DIE HERZEN JESU UND MARIENS

Das Herz GOTTES des Vaters zu Maureen[350]
Ich komme, um die Verehrung meines Vaterherzens in der Welt einzuführen. Mein Herz ist mein Wille. Es ist Anfang und Ende. Jeder menschliche Plan muss, um würdig zu sein, auf mein Vaterherz gegründet sein. Mein Herz ist die Niederlage Satans und der Sieg meines Sohnes. Jeder gegenwärtige Augenblick ist eine Schöpfung meines Herzens. Es gibt keine Versuchung zum Bösen, der die

---

349. *Das Buch des Himmels,* Luisa Piccarreta, 10. Band – Das Gesamtwerk umfasst 36 Bände, die in deutscher Sprache derzeit nur im Internet eingesehen werden können: www.luisapiccarreta.de/das-buch-des-himmels-1.html
350. 28.09.2019

Menschheit sich im Alleingang stellen müsste oder die mein Herz nicht bewältigen könnte. **Lernt, die Macht meines Vaterherzens anzurufen,** wie ein Kind, das den Schutz und die Ratschläge seines Vaters erbittet. Ich rufe alle Völker und alle Nationen auf, in **den sicheren Zufluchtsort meines Herzens einzutreten.** Dort wird die Menschheit wieder mit der Wahrheit versöhnt. In diesen Zeiten der Verwirrung, die die Welt bedrückt, muss die ganze Menschheit, um spirituell zu überleben, Zuflucht zu meinem Vaterherzen nehmen. Aus meinem Herzen geht die Wahrheit hervor, die Erkenntnis der Wahrheit in einer Welt, die versucht, die Wahrheit neu zu erfinden. Die Wirklichkeit des Ziels der Existenz des Menschen, das sein Heil darstellt, wird in meinem Vaterherzen offenbar.

♥

Maureen (Holy Love Ministries – Werk der Heiligen Liebe)[351]

Das Herz GOTTES des Vaters sagt: Ihr müsst verstehen, dass jeder gegenwärtige Augenblick eine besondere Gnade beinhaltet – die Gnade, euch zu eurem Heil und zu einer tieferen persönlichen Heiligkeit zu führen. Der Feind hat das wohl verstanden! Er sendet seine Diener in die ganze Welt, um sich jeder Gnade zu widersetzen und alle gegenwärtigen Augenblicke zu seinem Zweck zu gebrauchen. Seid also auf der Hut im Fall von Ungeduld, Angst, Vertrauensmangel – von allem, was euren Frieden zerstört. **Mein väterliches Herz ist eure Zuflucht und eure Macht zur Bekämpfung des Bösen!**

♥

---

351. Holy Love Ministries (Werk der Heiligen Liebe), 07.01.2020

GOTT zu Tochter des Ja zu Jesus[352]

... Ja, es gibt Zufluchtsorte. **Unser innerer Zufluchtsort ist der wichtigste.** Ohne diesen Zufluchtsort gibt es außen keine Zufluchtsorte. Und es gibt welche! **Dort wo ihr lebt, macht aus eurer Wohnung einen Ort der Heiligkeit!** Entledigt euch eurer Götzen, eurer Wäsche, die geteilt werden kann, und behaltet nur das Nötige!

Benehmt euch gut und eure Wohnung wird ein Zufluchtsort sein!
Seid unbesorgt! Wenn ihr wünscht, dass eure Wohnung ein Zufluchtsort wird, dann sorgt dafür, dass sich dort auch eine Bibel befindet. Und dass euer Friede, eure Freude und eure Liebe für eure Seele euren Zufluchtsort darstellen.

Wer schenkt uns Friede, Freude, Liebe? Fällt eine Person, die im Frieden ist, in Panik wegen der Nahrungsmittel? (Antwort: Nein). Ist der, der freudig ist, besorgt um die Kälte, den Strom? (Antwort: Nein)

Lasst GOTT euch ernähren! Wenn Befürchtungen in euch hochkommen, wendet euch sofort Mutter Maria zu und betet. Wenn ihr dann noch weiterhin besorgt seid, tut, um was der Himmel euch bittet, im Frieden, in der Freude und in der Liebe! Plündert nicht die Läden! GOTT wird für uns sorgen. Er ist dabei, uns wieder zu zeigen, wie man kocht; oh ja, wie man Brot, Kekse backen kann, Konserven anlegt, Seife herstellt, Seife zum Waschen der Wäsche, für den Abwasch, zum Waschen unseres Körpers, des Haars. Er ist dabei, uns wiederzubeleben, während wir dachten, sie wären auf immer gestorben... unsere Talente! Glaubt ihr, dass eine Welt der Liebe auf uns zukommen wird, ohne all das? Nun, wenn man die Mahlzeiten zubereitet, gibt man sein Leben hin; wenn man baut, baut man für den Nächsten. Ja, es stimmt,

---
352. 10.08.2011

dass man am Abend manchmal müde ist. Was tun? Man nimmt Zuflucht zum Rosenkranzgebet! Vergesst also den Rosenkranz nicht in dem Zufluchtsort, in dem ihr euch befindet, und betet ihn einmal die Woche? oder täglich? (Antwort: ja, täglich) Wenn ihr euch nicht mehr des vierten oder fünften Gesätzes bewusst seid, wird euer Engel es für euch beten, aber seid gewiss, dass ihr das Gebet ausgeruht beenden werdet...

♥

ABBA, Vater, zur Kleinen Tür der Morgenröte[353]

Ich bin der Ich Bin, Abba, Vater, GOTT Abrahams, Isaaks und Jakobs, des Alten und des Neuen Bundes. Die Welt ist in Gefahr, in großer Gefahr, denn der Antichrist wird jetzt schnell auftreten und alles mit sich bringen, was nicht von GOTT ist. Oh Menschheit, wache auf! Erwache aus deinem Halbschlaf! Die Zeiten stehen auf Sturm. Meine Warnung wird über diese sündhafte Welt kommen, eine Welt, die dies nicht erwartet. Ich Bin Der, der Ist und ich weiß, was das bedeutet. Oh, ihr, meine ganz Kleinen, mein Volk, meine Treuen, hofft, denn ich komme, um die Welt mit Gerechtigkeit zu richten.

Die Zeit ist um! Die Endzeit ist um! Jetzt schlägt die Stunde GOTTES, seines Gerichts, seines Kommens. O du, der Mir zuhört, bete den heiligen Rosenkranz meiner vielgeliebten Tochter Maria, der ganz Reinen, der Unbefleckt Empfangenen. Der Ich Bin kommt. Ich komme. Seid bereit! Haltet euch bereit mit jeder Kleinigkeit eures irdischen Lebens! Ich liebe euch und Ich segne euch. Ich schließe die Tür der Arche.

«Kommt, ihr Gesegneten meines Vaters!»[354] Schaut, ich schließe die Tür der Arche! Tretet ein in den Frieden eures GOTTES!

---

353. 01.06.2016
354. Mt 25,34

Draußen wird nur Tränen, Wehklagen, Zähneknirschen sein. Ich schließe die Tür der Arche. Adieu, sündhafte Menschheit, du, die entgegen allen Rufen deines vielgeliebten Schöpfers taub geblieben bist! Ich liebe euch und Ich segne euch, auserwählte Kinder meines liebenden Vaterherzens...

♥

Bitten Unseres HERRN an Julia Youn (Kim)[355]
Liebt einander und heiligt eure Familien in gemeinsamem Einverständnis!

Geben wir allen bekannt, dass Abtreibung, alsbald ein kleines Leben im Mutterleib gebildet wurde, Mord ist!

Versucht, unseren Herrn durch häufige Beichten, in einer sauberen Seele zu empfangen!

Betet ohne Unterlass für den Papst und die Priester!

Es ist noch nicht zu spät. Beeilt euch! Kommt zu mir!

Ihr werdet gerettet werden, wenn ihr nicht nach dem Fleisch lebt, sondern mit dem Brot des Himmels, und wenn ihr mir, eurer Mutter, folgt.

---

355. Internet-Seite: www.najumary.kr/english/ – 1995 begab sich Johannes Paul II. zum Erscheinungsort von Naju und wurde Zeuge eines eucharistischen Wunders. Am 30. Juni 1985 weinte die Jungfrau Maria ihre ersten Tränen und gab am folgenden Monat ihre erste Botschaft (18.07.1985). Die Seherin, Julia Youn (Kim), hat seit 1982 bis heute zu unserem Heil an den Leiden JESU teilgenommen. Sie hat alle Schmerzen gnädig zur Umkehr der Sünder der ganzen Welt und der Heiligung des Klerus aufgeopfert. Sie ist Mutter von 4 Kindern. Diese Erscheinungen wurden von der Kirche anerkannt. Seit 1988 wurden in Naju 33 eucharistische Wunder gewirkt. Zum Lesen (nur auf Französisch): https://www.dreuz.info/2017/10/les-miracles-sans-precedent-au-sanctuaire-de-naju-en-coree-du-sud-148211.html

«Maria, Arche des Heils», das ist mein Herz, grösser als das Universum, das alle meine Kinder der Welt umschließt, um sie in den Himmel zu führen.

Helft den zahlreichen Seelen, die in der Dunkelheit herumirren und von vielem zerstreut werden, in «Maria, Arche des Heils» einzutreten!
Verwandelt euer Leben im Gebet, bringt Opfer dar, macht Sühne und lebt ein geweihtes Leben!

Donnertags wirst du dem Heiligsten Sakrament Bussopfer darbringen. Betet ohne Unterlass zur Sühne der Beleidigungen gegen den Herrn und zur Wiedergutmachung der Frevel gegen die Eucharistie!

Wenn ihr weiterhin die Ersten Samstage des Monats heiligt und praktiziert, was ich euch empfohlen habe, wird die Heilige Mutter, eure Mutter, Mittlerin aller Gnaden, für euch alle Gnaden erwerben, um die ihr bittet. Sie wird euch einen besonderen Schutz und in eurer Todesstunde die Gnaden zu eurem ewigen Heil gewähren. Sie wird euch zur Himmelstür in «Maria, Arche des Heils» begleiten und euch dem Herrn vorstellen.

Es ist noch nicht zu spät. Kommt schnell in meine Liebe!

Ich Bin für Transfusionen zuständig und tilge eure abscheulichen Sünden.

Im Geheimnis der Eucharistie gegenwärtig, Bin Ich wirklich die Quelle, die nie versiegt, das Mittel zum Heil, das die kranken Seelen retten kann.

Ich lebe und atme in der Eucharistie und Ich Bin in Ihr gegenwärtig mit Leib, Blut, Seele und Gottheit.

Ich Bin in diese Welt herabgekommen, um die Sünder zu rufen, nicht die Gerechten.

Wenn ihr euer Herz weit öffnet und zu Mir zurückkommt, werde ich eure Vergangenheit nicht beachten, sondern euch den Kelch der Segnungen reichen.

Verwandelt euer Leben im Gebet; werdet Pinzetten, die die Dornen und die Nägel entfernen, die tief in mein Heiliges Herz und das meiner Mutter gebohrt wurden und werdet ebenfalls Liebesnadeln, die die zerrissenen Herzen und Gewänder wieder flicken.

Der kürzere Weg, um zur Heiligkeit und zur Einheit zu gelangen, ist die Verwandlung eures Lebens im Gebet.

Der größte Schatz meiner Kirche ist meine Mutter Maria, die Heiligste.

Meiner Mutter zu folgen, indem man sich vor Augen hält, dass sie der Weg zu mir ist, ist eine perfekte Abkürzung eures Weges, ohne die Gefahr, auf einem Abhang auszurutschen.

Es hat in der Vergangenheit keine Heiligen gegeben, die nicht meiner Mutter nahe gefolgt wären.

Beeilt euch! Kehrt um und tretet in «Maria, Arche des Heils» ein!

Meine Mutter ist die himmlische Prophetin und meine Mitarbeiterin, die euch zur Kenntnis meiner lichtreichen und glorreichen Offenbarungen führen wird.

Wenn ihr zu Mir stets durch meine Mutter Maria kommt, werdet ihr das Licht meines Segens erhalten.

Meine Mutter Maria ist die Abkürzung zu Mir, die strahlende Morgenröte[356] einer erneuerten Kirche und die Arche eines neuen Bundes.

WIE IST ES MÖGLICH, SEINE SICHERHEIT ZU GEWÄHRLEISTEN?

MARIA zu Luz Amparo (Escorial)

Suche Zuflucht zu meinem Herzen! Ich werde dir bis zum Schluss die Kraft verleihen, die du benötigst, um die großen Prüfungen, die auf dich zukommen, zu meistern. Dein Herz halte nicht inne, mich zu lieben, wie ein unschuldiges Kind seine Mutter liebt. Suche mich, wenn du traurig und geängstigt bist. Ich werde bei dir sein. Nichts soll dich beunruhigen! Liebe von ganzem Herzen, und wenn du dort oben ankommst, werden alle Seelen, die du durch deine Sühne gerettet hast, dir einen Empfang bereiten. Liebe wird der LIEBE begegnen! Schau, wie eng die Tür ist, aber wie schön es drinnen aussieht! Liebe, die der LIEBE gegenübersteht, welch ein schönes Bild! Aber wehe den Seelen, die der mächtigen LIEBE GOTTES lieblos gegenüber geblieben sind! *Ich bin der Funke, der, dem Willen Gottes gemäß,* die Herzen entzündet. Ich bin die Königin des Himmels. Ich bin die Brücke, auf der die Menschen sich der *Kirche* nähern können. Und das ist es, was ich den Menschen seit so vielen Jahren zu sagen versuche: mein Unbeflecktes Herz wird über die ganze Menschheit herrschen!

♥

---

356. «Jesus ist die Sonne, Maria, die Morgenröte, die den Sonnenaufgang verkündet», Papst Franziskus (08.09.2013)

JESUS zu der Göttlichen Weisheit für die Auserkorenen der Endzeit[357]

Ihr Auserkorenen, liebe Freunde, seid meinem Herzen stets nahe, es sei euer **sicherer Zufluchtsort!** Vieles wird sich ereignen, aber in Mir werdet ihr immer Friede und Freude finden. In diesen ganz besonderen Zeiten werden nur die Meinen genug Kraft haben, um sich den maßgebenden Ereignissen, die Folge der allgemeinen großen Auflehnung, zu stellen...

Vielgeliebte Braut, leg deinen Kopf an mein Herz, glühende Kohle der Liebe, und lausche ungetrübt meinem Wort: glaubst du, dass Ich, Gott, zwangsweise geliebt werden möchte? Glaubst du, dass ich meine Liebe aufzwinge? Welchen Wert hat eine aufgezwungene Liebe? Der letzte Akt meines Erbarmens wird tatsächlich diese äußerste Warnung sein; danach wird alles unerbittlich seinen Lauf nehmen. Wer die Augen nicht gut geöffnet hat, wird nicht verstehen; wer seine Ohren nicht zum Hören bereithält, wird nicht zuhören. Es ist wesentlich, die Zeichen des Himmels zu verfolgen und bereit zu sein, sie zu deuten und anzunehmen.

♥

MARIA zu Dr. Gianna Talone Sullivan
« Die Zuflucht zum Unbefleckten Herzen MARIENS»
Meine Kleinen! Ich habe 2000 Jahre gewartet, um den Plan, mit dessen Verwirklichung GOTT Vater mich beauftragt hat, zur Bestätigung der Früchte der Erlösung meines Sohnes, auszuführen. Dank meines Unbefleckten Herzens werde Ich von meinem Sohn für euch jede Gnade der Gerechtigkeit, der Barmherzigkeit und des Friedens erhalten. (05.11.2000)

Das Wiederkommen Jesu, wie ein Kind, durch mein Unbeflecktes Herz, wird für euch ein Zufluchtsort sein, in dem ihr vor dem Bösen

---

357. 23.04.2005

geschützt sein werdet und der euch die Hoffnung geben wird, ein Leben in der Fülle seiner Freude zu verbringen. (29.06.2000)

Der Zufluchtsort meines Unbefleckten Herzens steht allen offen! (04.06.2000)

Mein Unbeflecktes Herz führt unmittelbar zu Jesus. Gegrüßet seist du, Maria, voll der Gnade. Heiliges Herz Jesu und Unbeflecktes Herz Mariens, bittet für uns!

Wo befindet sich das Unbefleckte Herz Mariens? Das Unbefleckte Herz Mariens ist ein spiritueller Ort. **Wie gelangt man zu diesem spirituellen Ort?** Durch das Gebet; wenn man in einem innigen Gebet das wahre und aufrichtige Verlangen ausdrückt, in das Unbefleckte Herz Unserer Lieben Frau zu gelangen, **wird der Eintritt gestattet. Wenn der Wunsch, zu Ihrem Sohn geführt zu werden, ausgesprochen ist, kommt Jesus!** Obwohl Maria Jesus einmal in einem Stall geboren hat, ist es unserer seligen Mutter gestattet, **Jesus der Welt beständig spirituell zu bringen.** Wenn wir aufrichtigen Herzens unseren Herzenswunsch Ihrem Herzen darbringen, legt sie Jesus in unsere Seele.

Während dieser Begegnung bringt Er uns die Gaben des Friedens, der Hoffnung, der Freude und unendlicher Liebe. Unter der Decke dieser Gaben sind wir vollkommen vor den Prüfungen, den Widerwärtigkeiten, der Hilflosigkeit und den Stürmen geschützt. Wir sind auch total vor dem Bösen geschützt. Das Herz Unserer Lieben Frau ist stets mit dem Heiligen-Herzen ihres Sohnes vereint und ist ein Zufluchtsort, weil es ganz mit ihrem Sohn, Jesus, gefüllt ist. Die andere Möglichkeit, in den Genuss dieses Schutzes zu kommen, die Unsere Liebe Frau von *Emmitsburg* ihren Kindern empfohlen hat, besteht darin, *klein* zu werden.

Welches das Niveau eurer Kenntnisse, welches eure Bildung, eure Stellung im Rahmen der Kirche auch sein mag, ihr dürft nie die Demut, die Kleinheit aufgeben, sonst lauft ihr Gefahr, eure Tugenden und die Weisheit der Wahrheit einzubüßen. (19.03.1998)

Fürchtet euch nicht, «klein» zu sein. Befürchtet bloß, durch die Machenschaften verborgenen Stolzes zu unterliegen. (07.22.1999)

Wahre Kraft können wir nur finden, wenn wir unsere Macht GOTT überlassen, indem wir im Verhältnis zu Ihm «klein» werden. Der spirituelle Begriff «klein» zu sein, kann schnell aufgegeben werden, weil wir gewohnt sind zu glauben, dass unser Überleben und das Maß unseres Erfolgs in der Welt von unserer persönlichen Macht abhängen. Wenn dieser Begriff nicht richtig verstanden wird, kann es vorkommen, dass «klein» mit schwach und verletzlich verwechselt wird. Aus einer Analyse geht jedoch hervor, dass wir nur wahre Kraft finden können durch die «Kleinheit».

- Die Kleinheit ist das Verständnis der Beschränkung der eigenen Kraft
- und die Überzeugung der unbeschränkten Macht GOTTES.
- Die Kleinheit ist keine Frage der Körpergröße oder des Alters; es ist eine Tugend, ein Lebensstil.
- Die Kleinheit ist Weisheit zur Verhütung der Bosheit.
- Die Kleinheit bedeutet Wagemut zum Wachsen
- und Fügung in die Umstände des Lebens.
- Die Kleinheit setzt unserer Macht Schranken bei gleichzeitiger Erhebung zur uneingeschränkten Macht GOTTES.
- Die Kleinheit bedeutet Loslösung vom Besitz, freudiger Verzicht auf das Festhalten an Zuneigungen und gänzliche, vertrauensvolle Übergabe unseres Lebens an GOTT.
- Wenn wir nicht klein sind, sind wir verletzlich.

- Wenn wir nicht Demut in unserem Leben beweisen, bringen wir uns in Gefahr.
- Wenn wir uns GOTT gegenüber nicht wie kleine Kinder verhalten, laufen wir Gefahr, in die Fallen der erbarmungslosen Feinde GOTTES, die uns gerne leiden lassen, zu gehen.
- Durch die Kleinheit, durch die Tugenden des Jesuskindes, können wir wahre Sicherheit finden.

DIE TUGENDEN DES CHRIST-KINDES:

- Reinheit,
- Unschuld,
- Demut,
- Liebenswürdigkeit des Herzens,
- Ehrlichkeit,
- und gänzliche Abhängigkeit von GOTT.

♥

JESUS, König der Liebe, zu Sulema[358]

GOTT wollte aus ihrem Unbefleckten Herzen die Arche des Neuen Bundes, die Heilige Stadt, die Wohnung GOTTES machen, die vom Himmel herabkommt. Die Welt wird durch Maria anders werden. Deshalb bereitet sie euch darauf vor, dieses Ereignis der *Erleuchtung eures Gewissens* zu leben, das euch bereit macht, in die Neue Erde einzuziehen.

♥

---

358. *Ich bereite euch auf dieses Ereignis vor: Die Erleuchtung eures Gewissens*, Band 3, Sulema, 22.08.2013, Parvis-Verlag.

Eine Arche GOTTES werden. Die Kirche, die die Erwählten umfasst, wird zu Recht Morgendämmerung oder Sonnenaufgang genannt...Für sie steht der Tag am Zenit, wenn sie mit vollkommener Klarheit ihr inneres Licht ausstrahlt.[359] Maria, in die der Herr selbst kommt, um in ihr zu wohnen, ist die Tochter Zion persönlich, die Arche des Bundes, der Ort, wo die Herrlichkeit des Herrn ruht.[360]

♥

UNSERE LIEBE FRAU, Königin des Friedens, zu Pedro Regis[361]

Ich bin eure Mutter und Ich komme vom Himmel, um euch zu helfen. Ich kenne eure Bedürfnisse, eure Leiden. Ich bitte euch, die Flamme eures Glaubens brennen zu lassen. Der Glaube ist das Licht, das euch erleuchtet und euch zu meinem Sohn Jesus führt. Ich komme vom Himmel, um eure Tränen zu trocknen. Nehmt meine Liebe an und ich werde euch zur Heiligkeit führen. Ihr seid auf dem Weg zu einer Zukunft der Zweifel und der Unsicherheit. Seid wachsam! **In den Zeiten des großen Glaubensabfalls wird der Herr meine Verehrer in Schutz nehmen.** Seid mutig, ihr seid nicht allein! Wenn die Last eures Kreuzes euch erdrückt, ruft Jesus an! In Ihm findet ihr wahre Befreiung. Er ist euer Heil. Ich komme vom Himmel, um mich eurer anzunehmen. Seid sanftmütig und demütig! Verteidigt mutig die Wahrheit!

♥

---

359. *Das Stundenbuch*, III. Band, heiliger Gregor der Große.
360. *Katechismus der katholischen Kirche*, §2676
361. 16.07.2020

JESUS und MARIA zu Luz Amparo (Escorial)

Meine Tochter, suche Zuflucht in Unseren Herzen. Mein Unbeflecktes Herz wird über die ganze Menschheit triumphieren. Meine Tochter, sei demütig, sei demütig! Küsse die Erde für alle Sünder! Bringe Opfer dar! Ich möchte, dass du dich mehr aufopferst für die armen Sünder. Die Welt ist in großer Gefahr. Küsse erneut den Boden für meine geweihten Seelen. **Demut! Das ist es, was ich von euch verlange.** Meine Kinder, seid demütig!

♥

JESUS zu Vassula[362]

Ich werde ihn auf seinem Weg beschützen und Ich werde ihn in Sicherheit bringen; nach Hause! Ja! Der Himmel ist eure endgültige Bestimmung, der Himmel ist eure wahre Heimat! Daheim werdet ihr Meinen Frieden fühlen und wissen, wo ihr hingehört, sicher werdet ihr euch fühlen; ihr werdet verstehen, dass ihr schon immer dorthin gehört habt; eure Seele wird sich von Meinen Armen umfangen fühlen, auf ewig in Meiner Umarmung und mehr noch, ihr werdet dann erkennen, dass Ich euer Gemahl bin!

Deshalb sage Ich jedem: verschwendet nicht eure Zeit in dieser vergänglichen Welt, denn eure Lebensspanne ist in einem Atemzug vorbei; jede Seele wird eines Tages oder an einem anderen gegangen sein; eure Tage im Himmel, indessen, dauern ewig, sie werden nicht gezählt; deshalb, denkt daran, dass alle, ja ihr alle die Söhne und Töchter des Allerhöchsten seid, macht also aus den materiellen Dingen keine Götter, indem ihr sie anbetet; Ich bin allzeit bereit, euch voll Zärtlichkeit zu weiden und euch alle mit Mitgefühl zu führen...

♥

---

[362]. *Wahres Leben in Gott*, 07.09.2018

7. KAPITEL – ZUFLUCHT IN JESUS & MARIA

Die GOSPA zu Marija, Medjugorje[363]
Liebe Kinder! Möge diese Zeit für euch die Zeit des Gebetes sein, damit durch das Gebet der Heilige Geist auf euch herabkommt und euch die Bekehrung gibt. Öffnet eure Herzen und lest die Heilige Schrift, damit auch ihr, durch die Zeugnisse, Gott näher sein werdet. Meine lieben Kinder, sucht vor allem Gott und die göttlichen Dinge; überlasst der Erde die irdischen, denn Satan zieht euch in den Staub und zur Sünde. Ihr seid zur Heiligkeit berufen und für den Himmel geschaffen. Deshalb sucht den Himmel und die himmlischen Dinge. Danke, dass ihr meinem Ruf gefolgt seid!

♥

Das Unbefleckte Herz MARIENS zu Sulema[364]
Meine lieben Kinder, mein Unbeflecktes Herz wird in diesen so wirren Zeiten eure Zuflucht sein. Ich komme, um euch zu lehren, im Vertrauen, in der Ruhe und der Hoffnung zu verharren. Dies wird euch helfen, dem Wort GOTTES treu zu bleiben. Ich zeige euch den Weg, der zu GOTT führt, denn derzeit stellt die Welt euch verschiedene Wege vor, die zum Untergang eurer Seele führen.

Denkt nach, meine Kinder, lasst euch nicht von meinem Feind täuschen, der euch alle möglichen Lockmittel vorhält, um euch durch eure Sinne anzuziehen. Seid wachsam, der Böse schläft nicht, er lauert euch in jedem Augenblick eures Lebens auf. Sobald er sieht, dass ihr offen oder zerstreut seid, zieht er ein und nimmt euer Herz in Besitz. Deshalb bitte Ich euch, im Zwiegespräch mit Meinem Sohn zu bleiben und in Meinem Unbefleckten Herzen Schutz zu suchen, wo ihr vor jeder Versuchung und jedem schlechten Gedan-

---

363. 25.01.2018
364. *Ich bereite euch auf dieses Ereignis vor: Die Erleuchtung eures Gewissens*, Band 3, Sulema, 16.06.2012, Parvis-Verlag.

ken sicher seid, wo ihr im Frieden, in der Ruhe, in der Freude und in aller Sicherheit bei Mir, eurer himmlischen Mama Maria seid.

♥

Tagebuch von Pelianito (Janet Klasson)[365]

Vielgeliebte Kinder meines Herzens! Mein liebender Blick ruht auf euch, während ihr mein Kommen freudigen Herzens erwartet. Meine Kleinsten! Fürchtet euch nicht! Ich Bin bei euch alle Tage auf immer neue Art, je nach der Bereitschaft eurer Herzen. Seid Eins mit Mir, denn das ist mein innigster Wunsch! Wendet euch nicht von Mir ab, sondern nehmt Mich auf in eure Futterkrippen, denn es gibt keinen Ort, an den ich nicht kommen würde, wenn ich Mich in Liebe mit einer demütigen Seele vereinen kann. Das ist Meine Botschaft für euch, Meine Kinder! Kommt zu mir, zögert nicht! Nehmt Mich auf und haltet euch nicht zurück! Es ist schon spät und es wird schon dunkel. Tretet ein in die strahlende Wärme meines Heiligen Herzens, wo meine Mutter sich aufs Zärtlichste um eure Bedürfnisse kümmern wird.

♥

Der Heilige ERZENGEL GABRIEL zu Darly Chagas[366]

Ich bringe euch den Frieden des Himmels. Verkündet, was ihr seht! Die Regierungen der Nationen werden zusammenbrechen und es wird Krieg sein. Hungersnot und Krankheit werden zunehmen. Gott verlangt, dass jeder nur auf Seine Macht baut und den Fallen, die der Teufel allen Sündern stellt, misstraut. **Bleibt im Stand der Gnade** und ihr werdet die Fallen erkennen und euch davor hüten. **Sucht Zuflucht** im Unbefleckten Herzen Mariens und alles wird gut sein.

---

365. 24.12.2014
366. 06.06.2011

Die Jungfrau MARIA zu Mario d'Ignazio[367]

Ich liebe euch! Ich bin die Arche des ewigen Heils. Tretet alle in mein Unbeflecktes Herz ein und glaubt an die Macht Meiner Fürbitte! Ich werde euch erhören, wenn ihr Meine Botschaften in Zukunft befolgt. Vertraut Jesus und lasst euch zu GOTT führen! Die Heiligste und Ewige Dreifaltigkeit fordert euch auf, um eure Beziehung zu Ihr besorgt zu sein!

Ich bin an eurer Seite und lasse euch meine himmlische Liebe zukommen. Haltet fest am Glauben, den die Apostel euch übermittelt haben... Die Heiligen mögen euch auf eurem spirituellen Weg ein Beispiel sein. Sie weinen, weil die Menschen die Fähigkeit zu lieben verloren haben und sich dem Widersacher überlassen, der sie aus Neid in Tiere mit menschlichem Gesicht verwandelt hat, indem er ihren freien Willen missbraucht. Kehrt wieder zur Liebe zurück, um nur noch GOTT zu gehören!

♥

Unser Herr JESUS zu Mgr Ottavio Michelini[368]

Die Stunde der Barmherzigkeit ist dabei, der Gerechtigkeit zu weichen. Angesichts dieser Situation müssen die Seelen zumindest in dem Sinn vorbereitet werden, dass ihnen nahegelegt wird, dass nicht der Vater an den schwierigen Zeiten schuld ist, sondern ihre Sünde und ihre Tatenlosigkeit gegenüber den Mächten des Bösen. Es muss sofort gehandelt werden, damit nicht so viele Seelen in der Finsternis der Nacht, die sich auf die Erde senkt, weggerafft werden. Fürchte dich nicht! Rufe laut aus, dass die Menschen Ohren zum Hören haben und dennoch nicht hören, und Augen zum

---

367. 04.07.2015
368. *Die Menschheit an der Schwelle ihrer Befreiung*, Offenbarungen Jesu an Priester und Gläubige, Parvis-Verlag. [Christian] Dieses Buch hat meinen spirituellen Weg stark beeinflusst und ist der Grund der Gnade vom 12. April 1999, die für mich wie eine Erleuchtung meines Gewissens war!

Sehen, und dennoch nicht sehen! In ihren Herzen ist das Licht erloschen. Die Mächte der Finsternis werden jedoch den Sieg nicht davontragen. Meine Kirche wird von dem irrsinnigen menschlichen Stolz gereinigt werden und am Ende wird **die Liebe meiner und eurer Mutter triumphieren...** Es wird eine Zeit der Siege und der Triumphe sein; es wird die Zeit des Triumphs meiner Mutter sein, die zum zweiten Mal den Kopf der bösen Schlange zertreten wird; es wird eine Zeit des Lebens und der Auferstehung sein.

♥

MARIA, Königin des Friedens, zu Sulema[369]

Es ist spät, meine Kinder, **kommt in die Arche meines Unbefleckten Herzens**, damit ihr beschützt und gerettet werdet. Habt keine Angst, Ich bin die Mutter der Barmherzigkeit und habe die Aufgabe erhalten, **euch auf dieses Ereignis der Erleuchtung eures Gewissens vorzubereiten**, das auch als Warnung bekannt ist. Es ist die letzte Tat der göttlichen Barmherzigkeit Gottes, des Vaters, **um die glorreiche Wiederkunft des Sohnes durch die Allmacht des Heiligen Geistes vorzubereiten**. Habt Vertrauen, meine Geliebten, habt keine Angst, Mama ist bei euch. **Ich werde mich auf außergewöhnliche Weise denen kundtun**, die den heiligen Rosenkranz mit dem Herzen beten, die sich dem Heiligsten Herz Jesu und meinem Unbefleckten Herzen geweiht haben, die unsere Worte in die Tat umgesetzt haben und im Stand der Gnade sind.

♥

---

[369] *Ich bereite euch auf dieses Ereignis vor: Die Erleuchtung eures Gewissens*, Band 3, Sulema, 30.11.2013, Parvis-Verlag.

JESUS zu Sulema[370]

Die Wahrheit, das bin Ich, und Ich sage euch: Fürchtet euch nicht, **kommt in meinen Zufluchtsort,** mein Heiligstes Herz und das Unbefleckte Herz meiner heiligen Mutter. Was ihr erleben werdet, ist die Vorbereitung auf den Triumph ihres Unbefleckten Herzens, denn Ich werde durch Sie kommen, und ihr werdet mich alle sehen, wo immer ihr seid; niemand wird vergessen, Ich erwarte euch. Dankt meiner Mutter, denn Sie, die Königin des Himmels und der Erde, hat diese erhabene Gnade erlangt, den letzten Akt der Barmherzigkeit des Höchsten: die Erleuchtung eures Gewissens. Das ist die letzte Chance, die Ich, Jesus der Barmherzigkeit, meinen Kindern geben werde.

♥

JESUS zu Luisa Piccarreta «Leben im göttlichen Willen»[371]

Mein Kind! Wenn du meinen Willen überblickst, um jedes Geschöpf zu erkunden, nehmen alle meine Eigenschaften deinen Ruf wahr und machen sich an die Arbeit, um das kleine Meer ihrer Fähigkeiten, eine nach der anderen, zu bilden. Wie sie triumphieren, da sie aktiv und fähig sind, eine jede ihr kleines Meer zu bilden! Aber ihre Freude wird noch größer, wenn sie in dem kleinen Geschöpf ein Meer der Liebe, des Lichts, der Schönheit, der Zärtlichkeit und der Macht bilden können. Meine Weisheit wirkt als talentierter Handwerker und mit wunderbarer Klugheit, um ihre großartigen und unendlichen Fähigkeiten in der Kleinheit unterzubringen. Wie sehr doch die Seele, die in meinem Willen lebt, mit meinen Fähigkeiten übereinstimmt! Eine jede übt hinsichtlich der Gewährleistung der göttlichen Eigenschaft ihren Dienst aus. Wenn du wüss-

---

370. *Ich bereite euch auf dieses Ereignis vor: Die Erleuchtung eures Gewissens*, Band 2, Sulema, 16.10.2012, Parvis-Verlag.
371. *Das Buch des Himmels*, Luisa Piccarreta, 12. Band. Siehe Fußnote Nr. 349.

test, welchen Schatz du dir zusicherst und welche innere Wohltat dir beschert wird, wenn du in allen deinen Handlungen meinen Willen befolgst, wärest auch du stets in Festtagsstimmung!

♥

Der Krieg, den der Göttliche Wille den Geschöpfen liefern wird[372]

Meine Tochter! Ich wiederhole dir, hänge dich nicht an die Erde! Lassen wir die Geschöpfe tun und machen, was sie wollen. Sie wollen den Krieg?

Es sei denn. Wenn sie dessen müde sind, werde auch ich meinen Krieg führen. Durch ihren Überdruss des Bösen, ihre Enttäuschungen und ihr Leid werden sie geneigt sein, meinen Krieg anzunehmen. Es wird ein Krieg der Liebe sein. Inmitten meiner Geschöpfe wird mein Wille vom Himmel herabkommen. Deine Handlungen nach meinem Willen sowie die Handlungen anderer Seelen nach meinem Willen werden Krieg mit meinen Geschöpfen führen, aber es wird kein blutiger Krieg sein. Meine Heerführer werden streiten mit den Waffen der Liebe, indem sie den Geschöpfen Geschenke bringen, Gnaden und den Frieden. Sie werden ihnen so überraschende Dinge schenken, dass die Menschen hocherstaunt sein werden. Mein Wille, mein Himmlisches Heer, wird die Menschen mit göttlichen Waffen in Verwirrung bringen; sie werden mit Gnaden überschüttet werden, sie werden erleuchtet werden, damit sie einsehen, mit welchen Gaben und mit welchem Reichtum ich sie beschenken möchte. Die Taten, die meinem Willen entsprechen, sind mit Schöpfungsmacht beseelt; sie werden das neue Heil der Menschheit darstellen und ihnen alle Wohltaten des Himmels auf Erden bringen. Sie werden die neue Ära der Liebe und den Triumph der Liebe über die menschliche Bosheit einläuten. Vermehre also deine Taten, die meinem Willen entsprechen, damit die Waffen,

---

372. *Das Buch des Himmels*, Luisa Piccarreta, 20. Band.

Geschenke und Gnaden, die auf die Geschöpfe herabkommen, geschmiedet werden und der Krieg der Liebe eingeleitet wird.

♥

JESUS zur Tochter der Sonne[373]

Meine einzige Arznei ist die Liebe, die Grundlage aller Heilungen, das Gegenmittel aller Leiden. Ich verwandle die menschliche Liebe in die göttliche. Deine Worte seien Liebe, deine Taten seien Liebe. Ich will, dass in dir in allem nur Liebe ist... Dann wirst du verstehen, was der Himmel ist.

♥

Der ALLERHÖCHSTE zur kleinen Tür der Morgenröte[374]

Der Friede sei mit euch! GOTT ist mit euch! Meine kleinen Kinder, GOTT kommt! Er kommt auf eure Erde. Die Zeiten werden sich ändern. Die heutige Welt wird vergehen. Es sei euch bewusst, dass nichts davon übrigbleiben wird! Ich allein, Ich bleibe. Tretet ein bei Mir! Ich drücke euch an mein Liebendes Himmlisches Vaterherz. Mein Herz ist euer Zufluchtsort, eure Bleibe. Meine kleinen Kinder, ruft mein Liebendes Herz an! Haltet an Ihm fest! Dank seiner Allmacht werdet ihr sicher sein. Ich bin ein guter GOTT, ein GOTT der Liebe. Und Ich will nur euer Glück, euer wahres Glück in Mir, eurem Himmlischen Vater. Meine kleinen Kinder, sucht Mich und ihr werdet Mich finden, denn Ich bin ein Gott, der sich finden lässt. Ich liebe euch und Ich segne euch!

---

373. *Göttlicher Duft*, Tochter der Sonne, 2010, Parvis-Verlag.
374. 30.01.2020

**Betet zu Meinem Liebenden Vaterherzen!
Meine kleinen Kinder, um euch zu helfen,
gebe ich euch folgende Litanei. Ich bin Gott und Vater.
Und Ich liebe euch.**

- Liebendes Herz des Ewigen Vaters, komm uns zu Hilfe, Sei unsere Bleibe, unser Zufluchtsort!
- Liebendes Herz des Ewigen Vaters, von dem alles Leben kommt, sei uns wohlgesinnt!
- Liebendes Herz des Ewigen Vaters, Zuflucht aller Herzen, sei unsere Zuflucht!
- Liebendes Herz des Ewigen Vaters, von dem alle Liebe kommt, sei Unsere Zuflucht!
- Liebendes Herz des Ewigen Vaters, Abgrund aller Barmherzigkeit, erbarme dich unser!
- Ich Bin der Ich Bin, FRIEDE.
- Lobpreis gelte auf ewig dem Liebenden Herzen des Ewigen Vaters!
- Vater, behalte uns alle in Deinem Liebenden Herzen!

♥

Die JUNGFRAU MARIA zu Edson Glauber[375]

Die meinem Herzen Geweihten werde ich vor Katastrophen, vor dem Krieg, der Hungersnot, der Pest und anderem Unheil beschützen. Für sie wird mein Herz ein Zufluchtsort sein.

---

375. 12.2004

EIN LEUCHTTURM IN DER NACHT

Du bist das Feuer, das stets brennt, ohne jemals zu erlöschen. Du bist dieses Feuer, das in seiner Glut alle Eigenliebe vernichtet. Du bist das Feuer, das jede Kälte wegnimmt. Du erleuchtest: Durch Dein Licht habe ich Deine Wahrheit erkannt. Licht über allem Licht, Du erleuchtest übernatürlich den Blick der Intelligenz mit so viel Macht und Vollkommenheit, dass ich in meinem strahlenden Glauben sehe, wie meine Seele von Deinem Licht lebt. In diesem Licht kenne ich Dich und in diesem Licht stellst du dich mir vor, Du, das höchste und unendliche Gut; Gut, über allem Gut erhaben, glückliches Gut, unbegreifliches Gut, unschätzbares Gut, Schönheit über alle Schönheit erhaben, Weisheit über aller Weisheit, die Weisheit selbst, Nahrung der Engel. Du, der dich den Menschen mit so großem Feuer hingegeben hast, Gewand, das jegliche Nacktheit bedeckt, Sanftheit, die die Hungernden sättigt! Süß, ohne jegliche Bitterkeit...

Heilige Katharina von Siena

♥

**Süßes Herz Mariens, sei meine Zuflucht!
Süßes Herz Jesu, sei meine Liebe!**

8. KAPITEL
KINDER DES LICHTS & AUSERWÄHLTER KLEINER REST

KINDER DES LICHTS

Die Jungfrau MARIA zu Manuela Strack[376]
… Mein Licht sende ich zu euch hinab, meine Strahlen umfangen euch, ihr, meine Gebetsperlen. Betet und bleibt meinem Sohn treu ergeben. In der Welt ist das Gebet nicht gern gesehen und es wird nicht geschätzt. Ist aber das Gebet nicht allein heilsam für euch, liebe Seelen? Nicht in den Aufführungen jeglicher Art ist die Gnade des Gebetes zu finden, nur im Gebet alleine. Wenn ihr betet, so sprecht mit dem Vater, mit dem Sohn, mit der Mutter. Seid euch dessen bewusst! Erlebt dieses innige Gespräch täglich von neuem. Meine Liebe lege ich in eure Seelen, ein jeder von euch empfängt meine Gnade. Ich bitte euch, besonders für eure Familienangehörigen zu bitten, damit ich in ihr Herz eintreten kann. Wenn auch verborgen, so finde ich doch einen Weg zu ihnen durch euch.

Ihr, meine Kinder, werdet meine Kirche nur noch schwinden sehen, jedoch die jüngere Generation, die des Gebetes bedarf, wird die Kirche erneuern. Seht, die Finsternis plant eine Weltreligion, die der göttlichen Wahrheit fern ist. Alles soll vereinheitlicht, weltlich vereinheitlicht werden unter der Voraussicht, Einigkeit und Frieden auf der Erde zu finden, wenn es keine Unterschiede mehr

---

376. 06.06.2000

gibt unter den verschiedenen Religionen. Doch diese ist nur eine Scheinreligion, die die Menschen fügsam machen soll.

Ist dieser Zeitpunkt auf der Erde erreicht[377], wird es gewaltige Umbrüche geben. Besonders Europa wird davon betroffen sein und dies ist auch der Grund für mein KOMMEN. Seht, wie oft bin ich in Europa schon erschienen! Doch all diese Ereignisse sollen euch nicht ängstigen, denn sie müssen geschehen, damit mein göttlicher Sohn Jesus Christus zu euch kommen kann und ihr Ihn erkennt und empfangt, wie es einem König gebührt. Meine Kinder, ich gehe meinem Sohn voraus. Seid gesegnet!

♥

Die Jungfrau MARIA zu der Botschafterin Unserer Lieben Frau[378]
Ich kann meine Worte nicht zurückhalten. Sie quellen aus meinem Herzen hervor wie ein mächtiger Strom. Jeder Mensch, jede Pfarrei, jede Nation muss meine Worte vernehmen. Ich steige auf den höchsten Berg und schreie auf die Dächer herunter, **dass die Welt auf dem Weg in die Finsternis ist** und auf diesem Weg bleiben wird, wenn sie nicht auf mich hört. Ich bin bereit, zu handeln. **Ich bin bereit, ein grenzenloses Licht erstrahlen zu lassen, das die Richtung, in die die Welt sich entwickelt, radikal ändert.** Ich bin bereit, auf weltweiter Ebene zu wirken und die Personen in den Vordergrund zu stellen, die die **Lichtträger** sein werden. Das findet schon jetzt unter Papst Franziskus statt, der von einem anderen abgelöst werden wird, von meinem vielgeliebten Sohn, dem Priester. Aber das ist noch nicht alles! **Ich werde Millionen Herzen mit einem neuen Licht durchfluten,** indem ich sie ermutige, zu handeln, zu sprechen, Stellung zu beziehen und zu helfen.

---

377. Jetzt ist es so weit!
378. Juni 2015.

Sie werden nicht mehr verwirrt sein oder von der Finsternis, die jetzt die Oberhand hat, überrumpelt werden. Das ist es, was ich über «meinen kleinen Weg» sagen will, der nur denen angeboten wird, die bereit sind, die Wege, die die Regierenden der Welt jetzt beschreiten, aufzugeben.

Licht! Licht! Überall Licht! Überfließendes Licht, in Erwartung verbreitet zu werden, wenn Ich bloß Herzen finden würde, die bereit wären, es aufzunehmen und zu handeln! Ich tue es jetzt schon, wie ihr es bei den anderen, die sich freuen, feststellt, und wenn ihr es selbst erfahrt, wenn ihr dankt und wenn ihr auf der Suche seid. Ich weigere mich anzunehmen, dass diese Welt, die vom Vater erschaffen, von meinem Sohn erlöst und vom Heiligen Geist geheiligt wurde, auf ewig Opfer der Finsternis sein soll. Das Gegenmittel ist das Licht, aber die Zeit ist knapp. **Außerordentliche Lichtträger müssen vorangehen und es müssen außerordentliche Anstrengungen gemacht werden, um dieses Licht aufzunehmen.**

♥

Die Jungfrau MARIA zur Botschafterin Unserer Lieben Frau[379]

Mein LICHT auf den Leuchter zu stellen, ist bloß der Anfang, denn jeder in der Welt befindet sich in unterschiedlicher Weise in der Finsternis. Sogar die frommsten Seelen weisen Aspekte ihrer Personalität und ihrer Heiligkeit auf, die mit dem Dunkel in Kontakt gekommen sind. Ihnen werde ich die Fülle des Lichts schenken. Die restliche Finsternis wird getilgt. Das wird durch eine Gabe der Freude geschehen. Ich werde sie also mit meiner Gegenwart verwöhnen, und ihre Herzen werden sich freuen, so dass die Dunkelheit, die noch als Restbestand in den verborgenen Winkeln der

---

379. 29.06.2013

Seele übrig ist, vom größten Glück vertrieben wird. Sie werden eine Glückseligkeit empfinden, wie sie eine solche nicht einmal erahnen konnten und in einem Zug meinen Lobpreis zu Papier bringen, damit alle dieses neue Zeitalter kennen lernen. **Muss das Fatima-Zeitalter nicht anbrechen durch jene, die Mir so treu geblieben sind?**

♥

Myriam van Nazareth[380]
Es ist von höchster Bedeutung, dass alle die Maria geweihten Seelen zusammenfinden, um durch ihre ausdauernden Gebete, ihre Opfer, ihre Prüfungen und Lasten, die sie selbstlos aufopfern, eine **Lichtkette zum Zügeln des Bösen** zu bilden. Jesus hat gesagt, dass er in die Welt gekommen ist, um das Feuer anzuzünden. Als Christen der Endzeit sind wir verpflichtet, Flammen zu werden, die das Feuer der wahren Liebe und das Licht der Wahrheit verbreiten. Indem wir uns aneinanderreihen, können wir eine regelrechte Lichterkette bilden. Durch diese Kette wird Satan samt seinem Gefolge der Unterwelt in Ketten gelegt und verblendet werden. Werdet folglich Soldaten des Lichts, damit das Licht durch euren Beitrag in der Finsternis leuchten kann!

♥

Heiliger Johannes XXIII.[381]
Wir fordern euch auf, die hilfreichen Warnungen der Mutter GOTTES **einfachen Herzens und ehrlichen Geistes zur Kenntnis zu nehmen.**

♥

---

380. 01.01.2006 – Internet-Seite: www.maria-domina-animarum.net
381. In Lourdes, am 18.02.1959 – Internet-Seite: https://aleteia.org/

Unsere Liebe Frau (GOSPA), Königin des Friedens, zu Mirjana[382]

Liebe Kinder! Ich möchte durch euch, meine Kinder, meine Apostel, wirken, damit ich am Ende alle meine Kinder dort sammle, **wo alles für euer Glück bereitet ist.** Ich bete für euch, dass ihr mit Werken bekehren könnt, denn die Zeit für die Werke der Wahrheit, für meinen Sohn, ist gekommen. Meine Liebe wird in euch wirken, ich werde mich eurer bedienen. Habt Vertrauen in mich, denn alles, was ich möchte, möchte ich zu eurem Wohl – dem ewigen Wohl, geschaffen vom himmlischen Vater. Ihr, meine Kinder, meine Apostel, ihr lebt das irdische Leben in Gemeinschaft mit meinen Kindern, die die Liebe meines Sohnes nicht kennengelernt haben, die mich nicht Mutter nennen; aber fürchtet euch nicht, die Wahrheit zu bezeugen. Wenn ihr euch nicht fürchtet und mutig Zeugnis gebt, wird die Wahrheit wundersam siegen, aber merkt euch, in der Liebe ist die Kraft. Meine Kinder, Liebe ist Reue, Vergebung, Gebet, Opfer und Barmherzigkeit. Wenn ihr liebt, werdet ihr mit Werken bekehren, ihr werdet es ermöglichen, **dass das Licht meines Sohnes in die Seelen dringt.** Ich danke euch! Betet für eure Hirten! Sie gehören meinem Sohn, Er hat sie gerufen. Betet, damit sie stets die Kraft und den Mut haben, das Licht meines Sohnes auszustrahlen!

♥

UNSERE LIEBE FRAU der Freudenträne[383]

Der sanfte Wind, der euch berührt und die Gnaden und Segnungen des Himmels gehen auf euch nieder, wenn ihr Mich und Meinen Sohn anruft. Meine kostbaren Kleinen, nehmt euch im Lauf eures Tages Zeit, um sie mit Mir zu verbringen, denn Ich bin eure himmlische Mutter. Oh, Meine Kleinen, eure Herzen sind voller

---
382. 02.06.2015
383. 08.04.2020

Angst. Ich bringe Frieden in eure Herzen. So wie der Wind euch berührt, so werdet ihr von den Gnaden und Segnungen berührt, die wir euch senden. Ich liebe euch, Meine kostbaren Kleinen, und segne euch im Namen meines Sohnes.

♥

Die Jungfrau MARIA zur Botschafterin von Unserer Lieben Frau[384]

Wenn es an Mitternacht dunkel ist, hat niemand Angst. Man weiß, dass die Sonne bald wieder aufgehen wird. Wenn aber die ganze Erde zur Mittagsstunde noch in Dunkelheit eingetaucht ist, wird die ganze Welt Angst haben. Zur Todesstunde Jesu lag die ganze Welt im Dunkel, aber sein Tod hat zu einem Tag des Lichts geführt, dem erstaunlichen Licht seiner Auferstehung, das Satans Reich der Finsternis aufgelöst hat. Während 2000 Jahren hat Satan seine Finsternis wieder ausgebreitet mittels Lügen, Täuschungen und der Sünden der Menschheit. Er hat Komplotte geschmiedet, um das Licht der Auferstehung zu verfinstern. Dieser Augenblick ist der, den die Welt jetzt erlebt. Um über die Finsternis zu triumphieren, hat der himmlische Vater einen Entschluss gefasst: GOTT hat mich mit der Sonne bekleidet und Satan ist nicht fähig, die Sonne, die mich bekleidet, zu überdecken. **Das ist es, was Ich offenbaren möchte. Bei der Eröffnung der Gabe des Geheimnisses von Fatima durch die Kirche wird die Welt die Erfahrung der Sonne der Auferstehung Jesu, die mich bekleidet, machen.**

♥

---

384. 27.09.2013

Johannes, ein Bote des Lichtes[385]

Ihr lebt in einem **Leuchtturm** (eure Spiritualität), gegenüber einem Meer, das sich zurückzieht (die Welt, die auf ihren Untergang zusteuert). Durch das Licht, das ihr ausstrahlt (Gebete, Bestellung von Messen, Zeugnisse), leitet ihr die Personen, die in der Finsternis sind. Nicht im Entferntesten habt ihr angenommen, dass ihr eines Tages in einem **Leuchtturm** wohnen und dass ihr die gute Nachricht (Evangelisation) durch Liebesstrahlen (eure Worte und Taten) verbreiten würdet. Diese Strahlen sind zur Führung der Seelen genauso erforderlich wie die der **Leuchttürme** für die Schiffe, die sich verirrt haben, denn sie zeigen in die gute Richtung. All das, damit alle Seelen in den guten Hafen einmünden und Kontakt aufnehmen mit ihren so zahlreichen Verwandten und Freunden, die auf sie warten, um sie zum Tisch des Herrn einzuladen (die Gemeinschaft der Heiligen)... Folgt auf eurem Pilgerweg dem Licht all dieser **Leuchttürme**, die die Erde beleuchten. Und bei der Wiederkehr des glorreichen Christus wird der Tag kommen, an dem alles von der Liebe GOTTES beleuchtet sein wird. Ja, es ist eure Aufgabe, **Leuchttürme** zu werden; dann wird die Erde sich in ein Paradies verwandeln.

♥

JESUS an Léandre Lachance[386]

Der Jubel besteht darin, Wesen der Liebe zu werden und Zeugen dessen zu sein, was die Liebe in dir, durch dich und um dich herum vollbringt. Dieser Jubel geht der großen Drangsal voraus, damit ihr die Ereignisse, die eintreten werden, auf eine ganz andere Weise durchleben könnt und zugleich auch deshalb, damit ihr für all jene, die das Licht suchen werden, **Leuchttürme** seid. Je mehr du Liebe

---
385. 19.09.2000
386. *Meinen Auserwählten zur Freude*, 1. Band, § 29, Léandre Lachance, Parvis-Verlag.

wirst, desto kraftvoller ist dein **Leuchtturm**. Mit anderen Worten: um ein solch kraftvoller **Leuchtturm** zu sein, musst du ein Wesen der Liebe sein; und um ein solches Wesen der Liebe zu werden, musst du dich lieben lassen.

♥

JESUS, der gute Hirte, zu Enoch[387]

Die Ereignisse stehen kurz bevor; deshalb sollt ihr aufmerksam und wachsam wie gute Soldaten sein und stets eure spirituelle Rüstung tragen, bei Tag und bei Nacht, und euren Weg beschreiten wie **Kinder des Lichts,** damit euer Licht die Finsternis erleuchten kann, die auf euch zukommt. Außerdem sollt ihr **Leuchttürme** sein, die allen Seelen, die noch in der Lauheit und in der Finsternis leben, den rechten Weg zeigen.

♥

UNSER HERR JESUS CHRISTUS zu Luisa Piccarreta[388]

Meine Tochter! Die Sonne spendet mit einem einzigen Lichtstrahl dem ganzen Menschen ihr Licht, so dass sie im gleichen Augenblick und durch eine Tat seinen Blick erhellt, seinen Mund beleuchtet, seine Hände, seinen Tritt und alles Übrige. Das gleiche Prinzip gilt für die Handlungen der Seelen, gemäß meinem Göttlichen Willen. Da sie Kinder des Lichts meines Göttlichen Willens sind, können sie mit einer einzigen Tat **allen Licht spenden**, das sich überall verbreitet. Jede einzelne ihrer Taten besitzt die Auswirkung und die Befugnis des LICHTS meines Göttlichen FIATS, das heißt die Kraft, allen Licht zu spenden durch eine einzige Tat.

---

387. 13.05.2015
388. *Luisa, le Don de la Vie dans la Divine Volonté*, Vortrag von Pater J. Iannuzzi, am 7. Juni 2013.

Johannes, ein Bote des Lichtes[389]

Zu MARIA zu gehen, ist **eine wunderbare Aufgabe**. Die Liebe der Mutter GOTTES wird eure Herzen mit zahlreichen Gnaden füllen…

♥

UNSERE LIEBE FRAU von Zaro zu Simona[390]

Liebe Kinder! Seid bereit, dem Herrn euer «Ja» zu geben, euer «hier bin ich», seid bereit, seinen Willen zu tun. Bald werden großartige Zeichen am Himmel und auf Erden erscheinen, die Umkehr vieler Menschen und zahlreiche Heilungen, aber leider wird das Böse auch wüten. Meine Kinder, seid bereit zu kämpfen mit der Waffe des heiligen Rosenkranzes, fest in eurer Hand… Betet für alles, was in der Welt vorgeht, für alles, was sie beherrscht. **Seid Liebesfackeln, die aus Liebe zum Herrn entbrannt sind.** In jeder Familie soll ein Gebetszönakel bestehen, wie eine kleine Liebesflamme, die zum Herrn emporsteigt. Das Gebet ist die stärkste Waffe!

AUSERWÄHLTER KLEINER REST

Unser Herr JESUS zu Sulema[391]

Ihr seid das **auserwählte Volk,** ihr seid die von Ewigkeit her erwählten Kinder, ihr seid **Leuchttürme** in dieser Nacht der Finsternis. Und alles geschieht im Verborgenen eures Herzens, denn das Gute macht keinen Lärm.

♥

---

389. *Die Gemeinschaft der Heiligen*, Band 2, Jean, ein Bote des Lichtes, 02.01.2001, Parvis-Verlag.
390. 08.09.2014
391. *Ich bereite euch auf dieses Ereignis vor: Die Erleuchtung eures Gewissens*, Band 3, Sulema, 15.09.2013, Parvis-Verlag.

JESUS zu Harriet Hammons[392]

Bald werdet ihr sehen, wie das Antlitz der Welt sich ändern wird. Ihr, meine Jünger, mein **kleiner auserwählter Rest,** müsst standhaft bleiben, standhaft in eurem Glauben, denn ihr werdet in Sicherheit in meinen Armen und in meiner Barmherzigkeit sein.

Ob ihr lebt oder sterbt, ihr werdet in der Sicherheit der Geborgenheit sein, der Geborgenheit meiner Liebe und meiner Barmherzigkeit, und ihr werdet die Gewissheit haben, dass eure Mutter Maria euch unter ihren jungfräulichen Schutzmantel nehmen wird, um euch durch ihr Unbeflecktes Herz zum Zufluchtsort meines Herzens zu befördern.

♥

Das Heiligste Herz JESU zu Sulema[393]

Habt keine Angst, meine Kinder, denn der Vater hat euch erwählt, damit ihr erlebt, was ihr bald erleben werdet, dieses große Ereignis, das vor eurer Tür steht: die Erleuchtung eures Gewissens, bei dem sich die Augen der Blinden und die Ohren der Tauben öffnen und sie auf meine Stimme hören werden. **Er hat euch erwählt, ihr meine Kinder des Lichts!** Er hat euch reich gemacht an Glauben, er wird eure Zunge lösen, damit ihr die Frohe Botschaft zu den Menschen bringt und die Bedrückten und Betrübten aufrichtet. Vertraut ihm, alles, was ihr braucht, wird euch zu seiner Zeit auf seine Art gegeben werden.

♥

---

392. 28.06.2004
393. *Ich bereite euch auf dieses Ereignis vor: Die Erleuchtung eures Gewissens*, Band 2, Sulema, 09.09.2012, Parvis-Verlag.

JESUS zu Vassula
Ein kleiner Rest meiner Schöpfung ist aufrichtig. So viele interessieren sich nur aus Sensationslust für Meine Zeichen und nichts weiter. Meine Zeichen werden euch nicht gegeben, um auf dieser Erde Aufsehen zu erregen. Ich bitte ernstlich all jene, die auf Sensationen aus sind, demütig zu Mir zu kommen und zu beten. Kommt zu Mir, ohne nach Zeichen und Wundern zu suchen. Kommt zu Mir mit Gebeten, seid heilig, bereut und fastet weiterhin, statt eure Seelen mit eitlen Illusionen anzufüllen, was letztendlich, weil Ich euren Geist nicht zufrieden stelle, dazu führt, dass ihr euch vollends von Mir abwendet...[394]

Ich habe für Mich einen **kleinen Rest bewahrt, erwählt und umgestaltet durch Meine Gnade, damit er Mir treu bleibt.** Diesen Rest erhebe Ich, um die Altäre von früher wieder aufzubauen und Mein Heiligtum wiederherzustellen. Sie sind die Erbauer Meiner Neuen Kirche. Während also die Bösen mit ihren Übeltaten fortfahren und euch verfolgen, euch, Meine Propheten und Meine Heiligen der Endzeit, und während die Stolzen um weltweite Autorität kämpfen, ziehe Ich, euer Erlöser, diese Erbauer in Meinem Heiligen Herzen heran und schule sie, damit sie die Säulen Meiner Kirche werden. Brüder, Ich werde euch niemals verlassen, niemals... kommt... nehmt euer Kreuz auf euch und folgt Mir nach, und wenn ihr auf dem Wege ermattet, stützt euch auf Mich, lehnt euch an Mein Herz, und Meine Herzschläge werden euch den nötigen Mut geben und die Kraft, dass ihr auf eurem Weg nach Golgotha weitergeht. Seid gesegnet; Ich habe euch heute all dies gesagt, damit ihr Frieden und Hoffnung in Mir findet. Ich habe heute in klaren Worten zu euch gesprochen. Geliebte, wachet und bleibt wach, dann werdet ihr Meine Schritte hören. Das Wort ist nunmehr nahe bei euch und auf Seinem Rückweg. Ich segne euch

---
394. *Wahres Leben in Gott*, Band 1, Vassula Ryden, März 1989, Seiten 360-361.

und lasse den Hauch Meiner Liebe auf eurer Stirn, diesen Seufzer, der euch als die Meinen kennzeichnet. Seid eins unter Meinem Heiligen Namen![395]

Sie werden sich so sehen, in dieser Welt von Schlamm, Steinen und Leichnamen, die sie zu ihrem Ende führen und beenden wird, was sie angefangen haben. Dann wird mein Reich des Friedens erscheinen mit **meinen erwählten Kindern, meinem Kleinen Rest, den Gesegneten Meines Vaters,** denen, die mich nie enttäuscht haben.
Aber bevor die Zivilisation der Liebe auf der ganzen Erde herrschen und strahlend sein wird wie die Herrlichkeit GOTTES in Meinem Himmel, werdet ihr die chaotische Wüste durchqueren, wo für eine Zeit der regieren wird, der seinen verfluchten Namen von einem Ende der Welt zum anderen erschallen lassen wird.[396]

— ♥ —

DIE AUSÜBUNG UNSERES AUFTRAGS

Die heiligste Jungfrau MARIA zu Myriam van Nazareth[397]
Liebe Seelen! Der Heilsplan GOTTES für alle Seelen ist etwas ganz Großes. In jeder Seele ist ein im Herzen GOTTES gebildeter Diamant verborgen. So gleicht die Menschheit im großen Ganzen in den Augen GOTTES **einer riesigen Schatztruhe.** Jeder Diamant

---

395. *Wahres Leben in Gott*, Band 1, Vassula Ryden, 19.12.1990, Seite 570.
396. *Wahres Leben in Gott*, 18.08.2004
397. 25.03.2011 – Internet-Seite: www.maria-domina-animarum.net/index.php/de/startseite

muss von seinen Schlacken befreit werden, um vollwertig, geschliffen, gesäubert und geläutert zu sein.

Diese verschiedenen Phasen seiner Veränderung zu begleiten, zu verwalten und zu leiten, das ist in der Hauptsache mein Auftrag im Göttlichen Heilsplan. Das war meine Sendung, die ich am Tag meiner Unbefleckten Empfängnis erhalten habe und zu der ich mein Jawort gegeben habe: «Mir geschehe nach Deinem Wort», als der Engel GOTTES mich um meine Einwilligung gebeten hat, die Mutter des Gottmenschen zu werden. Liebe Seelen, eine jede von euch hat im Laufe ihrer Existenz einen Auftrag auszuüben, der die alltäglichen Geschäfte in diesem Leben bei weitem übersteigt und der sich auch in weit höheren Sphären abspielt. Die Seele lebt nicht für sich selbst und auch nicht für die Welt. Die Seele lebt für die Verwirklichung des Heilsplans GOTTES. Die Schatztruhe muss vollwertig werden, wenn sie das Lösegeld aufbringen soll, das für die Errichtung des Reiches GOTTES erforderlich ist, das heißt die Verwandlung der Erde in einen blühenden Garten der Glückseligkeit.

GOTT verlangt von jeder Seele beharrliche Ausdauer in ihren Bemühungen, der Weihe Meines Herzens gerecht zu werden, denn Ich wurde mit der Verwaltung und Valorisierung der Schatztruhe beauftragt. Es genügt nicht, euren Auftrag zu erledigen oder das zu tun, was ihr als euren Auftrag betrachtet. Die Seele, die nur «ihrem Auftrag» nachkommt, hat kein Verdienst, denn wahre Liebe fängt an, wo der Auftrag aufhört. Dort, wo die wahre Liebe anfängt, kann die Seele Verdienste erwerben.

Hat Mein Sohn den Seelen, die nur ihrem Auftrag nachkommen wollten, nicht schon gesagt: «Welchen Lohn könnt ihr dafür erwarten?» Eine Seele, die ihre Aufgabe wahrnimmt, aber die anderen Geschöpfe GOTTES nicht in ihrem Herzen trägt und nicht für sie ein Spiegelbild meines Herzens voller Liebe, Sanftheit und Takt ist und nicht vom Wunsch beseelt ist, Ihresgleichen in eine Atmosphäre der Nähe GOTES zu hüllen, verrichtet nicht die Werke GOTTES. Die Seele, die zu meinen Diensten steht und nur tut, was sie als ihre Aufgabe betrachtet, oder nur das, was sie sich traut, zu tun, und im Lauf ihrer Geschäfte Bedingungen und Grenzen setzt, ist keine Seele, die des Vertrauens GOTTES würdig ist. Sie denkt mehr an sich selbst als an die Bedürfnisse GOTTES, denn ihre Liebe zu GOTT und zu den andern Geschöpfen GOTTES, ihren Geschwistern, ist nicht bedingungslos.

Liebe Seelen! Wenn ihr für Mich arbeitet, sucht nicht euch selbst, euren flüchtigen, vergänglichen Bedürfnissen zu genügen, versucht nicht, von der Welt anerkannt zu werden, trachtet weder nach den Annehmlichkeiten noch nach der Genugtuung eurer Neigungen, sondern nur nach der Freude, dazu beizutragen, dass die Werke GOTTES sich ihrer Verwirklichung nähern. Dann wird alles Übrige euch im Verborgenen hinzugegeben und in der Stille gedeihen bis zum Tag eures eigenen Gerichtsurteils. Wahren Frieden könnt ihr nur finden in dem Maße, in dem ihr euch aus selbstloser Liebe verpflichtet, weit über die Grenzen des «Auftrags» hinaus. Nur die Liebe löst aus, nur die Liebe heiligt, nur die Liebe reinigt und läutert die Diamanten, die GOTT in eure Obhut geben und unter euren Schutz stellen möchte, denn sie müssen die Erfahrung der Nähe GOTTES machen.

Was Ich euch lehre, sind die Wege der Vervollkommnung der Liebe. Wahre Liebe bringt Hoffnung, Ermutigung und ein inniges Gefühl innerer Sicherheit, schenkt Vertrauen, immer neu, lässt die Diamanten funkeln, denn unter dem Atem der Liebe schütteln diese den Staub ihrer vielfältigen Unsicherheit ab. Da, wo der Geist GOTTES fühlbar wird, gibt es keine Unsicherheit mehr. Wahre Liebe lässt die Herzen sich entfalten und aufblühen, spendet Frieden, Freude, Fröhlichkeit. Wahre Liebe ist die Frucht der Ganzhingabe zur Verwirklichung von GOTTES Plan, denn nur die Seele, die im Lauf ihrer Existenz die Diamanten wie den Schatz, den sie tatsächlich sind, behütet, ist ein Abbild meines Herzens und zieht GOTTES Gnaden der Befreiung für sich und viele Ihresgleichen an.

Liebe Seelen! Als der Engel GOTTES zu Mir geschickt wurde, um Mir zu verkünden, dass Ich zur hochheiligen Mutterschaft des Erlösers erwählt worden war, habe ich Mich dem Allerhöchsten hingegeben mit allen Bedürfnissen Meines Wesens und meiner ganzen Existenz, auf immer und ewig, aus Liebe zu GOTT, für alle die anderen Geschöpfe GOTTES, Meinesgleichen, und ihre ewige Glückseligkeit. Daraus ergab sich, dass mein Leben für GOTT eine auf ewig unerschöpfliche Goldgrube wurde.
Ahmt mein Beispiel nach! Ich sende heute einen Engel zum Herzen eines jeden von euch, um euer «*Ja*» einzulesen, vollkommen und bedingungslos in meinen Dienst zu treten... Gebt euch jetzt Mir bedingungslos hin, Mir, der Meisterin aller Seelen, und lasst die Saat, die ich täglich in euch senke, aufgehen und blühen. Die Blumen und die Früchte dieser Saat werden euch genau dorthin führen, wo ihr sein müsst. Vertraut Mir, damit GOTT euch vertrauen kann.

♥

Alan Ames[398]

Es gibt jetzt viele Prophezeiungen über die uns bevorstehende Zeit. Viele reden über das, was geschehen wird... das sind Botschaften, die Ich gebe, um die Menschen zu warnen vor dem, was geschehen wird, wenn sie sich nicht ändern. Man ist sich jedoch dem wichtigsten Aspekt dieser Botschaften nicht bewusst, denn man achtet nur auf die Katastrophen, die sie ankündigen, auf das

---

398. *Der Weg der Hoffnung*, 02.10.1995, Miriam-Verlag (ausverkauft).

Spektakuläre, das Beängstigende, während ihr wichtigster Inhalt in Folgendem besteht: Wenn die Menschen sich ändern und zu GOTT zurückkehren, im Gebet, in der Busse und zu den Sakramenten, können alle diese Schwierigkeiten vermieden werden. Das Gebet und die Liebe werden das Böse stets besiegen, und wenn alle Menschen das tun würden, könnte der Böse sich nicht meiner Kinder ermächtigen und ihnen schaden. Erinnert euch, dass das Böse nur dort aufkommen kann, wo es angenommen wird. Lehnt es im Gebet und in der Liebe ab und ihr werdet sehen, wie es von diesem Planeten verschwindet. Die Menschen haben stets den freien Willen der Wahl gehabt und sie haben ihn auch jetzt noch. Wenn die Menschheit sich für GOTT entscheidet, hat sie in Zukunft nichts mehr zu befürchten. Wenn sie aber GOTT ablehnt, wird sie Vieles zu befürchten haben, Vieles, was sie beängstigen würde. Trefft jetzt die gute Wahl und erspart euch das Leid, deren Ursache vielleicht ihr selbst sein könntet. Ich bitte euch, legt Meine Liebe in eure Herzen...

♥

JESUS zu Marie-Elisabeth[399]

Mein Kommen wird wie ein Lauffeuer von Gnaden sein, die sich in Goldtropfen verwandeln und jede Seele mit meiner Gegenwart durchfluten werden.

♥

JESUS zu Maureen[400]

---

399. *Toi, aussi, annonce ma Venue: Ecole de rayonnement divin*, Marie-Elisabeth, 2004, Editions du Parvis (nur auf Französisch erhältlich).
400. 19.01.2001

Wenn ihr meine wirkliche Gegenwart verehrt, betrachtet den Schmerz meines wohlwollenden Göttlichen Herzens. Ich liebe jede Seele mehr als ihr irgendeine Person lieben könntet. In jedem Augenblick in der Zeit kommt es zu Millionen Anschlägen auf meine Liebe. Was ich aufbaue, wird zerstört. Was ich befehle, wird ignoriert. Die Gnaden, die ich gewähre, werden ihrem Schicksal überlassen. Und trotzdem liebe ich euch weiterhin. Ich kann nicht anders. Denn mein Herz ist reinste barmherzige Liebe. Wäre ich nicht Liebe und Barmherzigkeit, hätte die Stunde der Gerechtigkeit längst geschlagen. Aus diesem Grund hat ein großer Teil der Offenbarungen unserer Vereinten Herzen mit der **Erleuchtung der Gewissen** zu tun und der Vervollkommnung in der Liebe. Dieser Auftrag hat eine innere Reform zum Ziel. Die Gnade zum Erfolg wird gewährt.

♥

Unsere heilige MUTTER zu Dory Tan[401]

Mein Kind! Sag allen, dass Ich sie unermesslich liebe und dass das Herz meines Sohnes allen zur Einbringung ihres Herzens offensteht, als Schutz vor den kommenden Feinden. Jetzt ist der Feind sehr mächtig geworden und er ist hinter euch her, um euch alle zu besiegen.

♥

GOTT VATER zu Rosanna[402]

Wie ihr wisst, bedarf es der Ewigkeit, um das Geheimnis meiner Unermesslichkeit zu verstehen und zu leben, aber, da es unendlich ist, wird es nie ganz verstanden, eben, weil es unendlich ist.

---

401. 06.07.2019
402. 27.10.2013

Mit euren zukünftigen verherrlichten Leibern werdet ihr jedoch meiner göttlichen Wirklichkeit näherkommen und euer Verstand wird die große Himmlische Wirklichkeit umfassen, die alle Kinder GOTTES nach der irdischen Prüfung erwartet. Zurzeit erfreut ihr euch der Gnade zahlreicher Möglichkeiten, euren schwachen Glauben wieder aufleben zu lassen, indem ihr endlich mit dem Herzen anstatt mit dem Verstand glaubt, der oft dem Glauben und der Wahrheit Abbruch tut. **Lasst euch von der neuen, nach Frühling duftenden Luft durchfluten,** sowie von der Liebe, die in die gequälten Herzen meiner Kleinen Einlass erhält. **Werdet die** Protagonisten **einer Glaubenserweckung in meiner Kirche,** die von Feinden verletzt und gequält wurde, die krank ist, aber von euch erwartet, erneut in Brand gesetzt zu werden, frische Kraft zu erhalten und die Hoffnung auf Sieg in den heutigen und zukünftigen Kämpfen! Die Liebe zu Gott verleiht euch alle Hilfe, um in der Lage zu sein, die Tugenden der Liebe, der Geduld, des Mitleids und der Sorge um den Nächsten zu entfalten. Ohne meine Liebe und meine Gnade seid ihr nicht in der Lage, den für euch schwierigen Schritt zu tun: die anderen mit dem Herzen GOTTES zu lieben. Ihr werdet euch immer der **dringenden Notwendigkeit bewusster**, aus eurem Leben alles auszumerzen, was euren unsterblichen Geist verdüstert, und euch Mir zuzuwenden, um jede Geste, jeden Gedanken, jede Tat zu läutern, damit euer kleines, in eurem Wesen eingeschlossenes Universum gereinigt wird, um eurem VATER der Liebe näher zu kommen. Ich habe mich euch genähert. Ich spreche in euer Herz hinein. Ich suche euch. Ich liebe euch. Ich wünsche, dass ihr bei Mir seid und an meinen Freuden teilnehmt. Enttäuscht Mich nicht, ruft Mich an, sucht Mich, bittet Mich, und Ich werde euch umarmen und Ich werde euch verteidigen. Ich Bin Liebe und das ist alles, was ihr braucht, heute und in Ewigkeit. Ich liebe euch unermesslich.

♥

Die GÖTTLICHE WEISHEIT für die Auserwählten der Endzeit[403]

Liebe Freunde, *meine Auserwählten*! Die Quelle des Friedens, die Quelle der Freude entspringen in Mir. Bleibt in Mir und ihr werdet alles haben!...

Liebe Braut, die Erde muss ihre radikale Reinigung, durch die sie von Grund auf erneuert wird, fortsetzen. Habt keine Angst: was bleiben soll, wird bleiben, aber was verschwinden soll, wird verschwinden... Seid wie jene, die an meinem Herzen liegen wie ein Kind, das friedlich am Herzen seiner Mutter einschläft und beim Erwachen die Neue Erde und den Neuen Himmel sieht, endlose Wunder. Öffnet euch den Gnaden, die auf euch herniedergehen wie ein intensiver Regenguss.

♥

Conchita Gonzalez[404]

In der Kirche oder Zuhause sind wir in der Lage, eine **Gewissenserforschung** durchzuführen, um alles auszuräumen, was uns hindert, die Stimme GOTTES klar und deutlich zu hören. Aufrichtigen Herzens können wir GOTT bitten, uns mitzuteilen, was er von uns am heutigen Tag verlangt und das täglich fortsetzen. **Und möglichst viel Zeit mit GOTT** in der Kirche oder Zuhause, dort wo Stille ist, verbringen. **Er ist alles, was wir brauchen.**

♥

JESUS zu Bénédicte[405]

Ich wünsche so sehr, dass ihr euch der Liebe, die ich zu einem jeden meiner Kinder empfinde, bewusst wäret. Ich senke unzählbare

---

403. 19.07.2010
404. Garabandal, 19.03.2020
405. *Feu d'Amour sur le monde*, Bénédicte, 10.08.2010, Editions Résiac (nur auf Französisch erhältlich).

Gnaden in ihr Herz, um ihren Wandel auf ihrem Lebensweg zu erleichtern, um sie zu erleuchten, sie zu stärken, ihnen den Reichtum meiner Gebote, Quellen des Glücks, und den Weg zum Himmel zu offenbaren. Falls ihr wünschen würdet, meinen Heiligen Geist anzurufen, würde euer Herz mit Frieden erfüllt, denn Er würde euch leiten, euch unter allen Umständen dazu anleiten, den richtigen Entschluss zu treffen. Was könnt ihr tun, ohne meine Gnade? Was wüsstet ihr euren Brüdern zu sagen, um sie zu trösten, zu ermutigen, zu stärken? Meine Kleinen, lasst meine göttliche Hand nicht los! Schenkt meinen Eingebungen Gehör, um die Erde durch meine heiligende Gegenwart zu erleuchten. Wenn ihr im Geist und in Wahrheit zu lieben versteht, wie Ich es euch gelehrt und es von euch verlangt habe, wird in euren Herzen Friede herrschen und sich auf die ganze Erde, die vom Hass schwer verletzt ist, ausdehnen. Geht zu Maria, eurer himmlischen Mutter, in die Lehre, die eure Erde unermüdlich besucht, um den Mantel des Friedens über sie auszubreiten, der den Menschen, die guten Willens sind, verheißen wurde. Werdet wieder wie kleine Kinder, um alles zu verstehen! Beschreitet hierzu die Wege der Weisheit, nach dem Vorbild eurer Freunde, den Heiligen! In ihrer Nachfolge werdet ihr die gute Saat säen, die die Armen und die Ausgeschlossenen, die Schwachen und jene, die auf der Suche nach GOTT sind, sättigen wird. **Der Aufgang der Zivilisation der Liebe erscheint schon am geklärten Himmelszelt.** Der Friede, der den Menschen guten Willens verheißen wurde, wird neugeboren werden in den Herzen, die sich meiner Gnade öffnen, in denen der Hass, die Angst und der Krieg ausgeräumt wurden. Ich bin ein Gott des Friedens!

♥

JESUS zu Kind des Vaters[406]

Bei meiner Wiederkehr sind alle, die es wünschen, zu einem großen Fest eingeladen. Es wird ein Fest der Freude, des Glücks und der Liebe sein. Es wird das Fest der Liebe sein! Seid ihr im Gebet? Dann werdet ihr eine besondere Einladung erhalten. **Ich werde euch eine Anzeige schicken, die mit «Jesus» unterzeichnet sein wird.** Bereitet euer Herz vor, sorgt euch nicht um eure Kleidung, denn alle Klassen der Gesellschaft sind eingeladen. Die Kleidung wird egal sein, denn an jenem Tag werden wir nur unsere Herzen sehen. Es wird das größte Fest dieser Welt sein! Ihr müsst euer Herz auf dieses Fest vorbereiten. Meine Mutter und mein Vater, der König und die Königin aller Zeiten, werden majestätisch erscheinen! Sie werden zu diesem großen Fest kommen. Für jene, die Mir ihr Leben übergeben, habe ich Geschenke bereit. Ich liebe euch so sehr!

♥

UNSERE LIEBE FRAU, Königin des Friedens, zu Pedro Regis[407]

Meine lieben Kinder! Ich liebe euch, so wie ihr seid, und ich bitte euch, in allem so wie Jesus zu sein. Bezeugt mit eurem Leben, dass ihr dem Herrn gehört! Wendet euch ab von der Welt und wendet euch dem Paradies zu, für das ihr seit eurer Erschaffung bestimmt seid. Entfernt euch nicht vom Gebet! Die Menschheit wandelt in der Finsternis und braucht das Licht des Herrn. Öffnet euer Herz und nehmt den Willen GOTTES für euer Leben an! Ihr lebt in einer Zeit, die schlimmer ist als die der Sintflut; die Zeit zur Umkehr ist gekommen. Bereut und kommt zu Meinem Sohn Jesus zurück! Die gläubigen Männer und Frauen werden den bittern Kelch des Leids trinken. Ihr werdet noch Gräuel auf Erden erleben und nur

---

406. *Embarquement: Terre Nouvelle*, Enfant du Père, Editions Christian, 2014 (ausverkauft).
407. 10.10.2020

Wenige werden standhaft im Glauben sein. Schöpft eure Kraft im Evangelium und in der Eucharistie! Was auch immer geschehen mag, bleibt standhaft im Glauben! Weicht nicht zurück! Seid euch bewusst, dass die Wahrheit nur in der katholischen Kirche ganz beibehalten wurde. In GOTT gibt es keine Halbwahrheiten. Nur Mut! Dies ist die heutige Botschaft, die ich euch gebe im Namen der Hochheiligen Dreifaltigkeit. Danke, dass ich euch noch einmal hier versammeln durfte. Ich segne euch im Namen des Vaters, des Sohnes und des Heiligen Geistes. Amen. Seid im Frieden!

♥

DIE MUTTERGOTTES an Mirjana in Medjugorje[408]

Vielgeliebte Kinder meines Unbefleckten Herzens! Ich segne euch. Ich bin der **Leuchtturm,** der den Weg der ganzen Menschheit erleuchtet. Mein Sohn hat mich seinem Volk gegeben, damit ich Fürbitte für einen jeden von euch einlege und euch zu Ihm führe.

---

408. 02.02.2010

— ♥ —

**Die Gefäße sind unsere Herzen
und das Öl ist der innere Glanz der Glorie,
d.h. der Tugenden.**

Heiliger Gregorius der Große

— ♥ —

Eine Befragung des Papstes Franziskus in «Fratelli tutti» fordert uns zum Nachdenken über die jetzige Situation heraus und lässt uns glauben, dass er sich durchaus im Klaren ist, was auf dem Spiel steht.

«Könnte es nicht sein, dass Grundrechte… von den derzeitigen Mächtigen beschnitten werden, mit dem Einverständnis einer schlafenden und eingeschüchterten Bevölkerung?» (209)

Nein! Lassen wir nicht zu, dass uns unsere Art und Weise, den Papst zu lieben oder nicht zu lieben von den Verleumdern des Papstes diktiert wird! Wir, der kleine Rest, sind die Anhänger des Leuchtturms. Lasst uns standhaft in der brüderlichen Liebe sein, mutig und vor allem, lasst uns immer und überall fröhliche Kinder des Lichts sein!

9. KAPITEL
PAPST FRANZISKUS TREU BLEIBEN

Wir leben in einer Zeit, in der die Verwirrung grassiert, und wir wissen, dass es erst der Anfang ist. Für uns Christen kann in solchen Zeiten nicht die Rede davon sein, zum Teil auf der Seite der «Gläubigen» zu stehen und zum Teil auf der Seite der «Welt». Der kleine Rest wird abbröckeln und alles, was sich am Rande befindet, so tauglich es auch sein mag, wird den Grund unter den Füssen verlieren. Dazu eine kleine Geschichte: Jesus lädt dich ein, in das Boot zu steigen. Wenn du zögerst oder vom Zeitgeist hin und her gerissen wirst (zum Beispiel von den Nachrichten), einen Fuß im Boot hast und einen Fuß auf dem Kai, was geschieht mit dir, wenn eine kleine Welle das Boot von der Kaimauer entfernt? Plumps! Du fällst ins Wasser! Der Schwall von Finsternis, der geradezu auf uns zukommt, ist aber weit mehr als eine kleine Welle! Daher ist es geboten, heute mehr denn je, JETZT vom Zeitgeist abzulassen. Sulema würde sagen: Macht den Fernseher aus!

*Menschen oder/und Satan mittels der Menschen schmieden machiavellistische Pläne zur Kontrollübernahme... Gleichzeitig wirkt GOTT darüber, darunter und im Innern mit Seinem Plan der Reinigung. Welche Gabe GOTTES! Einerseits der Schwall der Finsternis und andererseits die gute Seite: GOTT, der das Unkontrollierbare kontrolliert, und die Erde, die Menschen, die Kirche REINIGT... Ich möchte eine schöne Vision von Karine Cloutier mit euch teilen: «**Ich habe DIE WELLE DES VATERS gesehen!**»*[409]

---

409. Karine Cloutier (Projet PÈRE-DIEU), Email: karine@ranch2r.com – Youtube: Karine Cloutier Facebook.com/karine.Cloutier.7 (alles nur auf Französisch)

Wir leben in einer besonderen Zeit. Man fühlt, dass alles im Unsichtbaren in Bewegung ist. Vor kurzem habe ich zu meiner Tochter gesagt: «Trau dem nicht, was du siehst... denn im Unsichtbaren ist FREUDE!» Ja, der spirituelle Kampf ist in vollem Gang, aber im Unsichtbaren spielt sich auch ein großes Fest ab! Ich teile euch eine Vision mit, die ich von GOTT erhalten habe; ER hat mir bestätigt, dass es an der Zeit ist, sie mitzuteilen.

Vor ungefähr drei Jahren waren wir zu einem Gebetstreffen in der kleinen Kapelle «Gott-Vater» versammelt; es ist eine kleine Kapelle der Familie am Waldrand. An jenem Abend betete meine Schwester Denise vor. Ich saß vorne und beim Lied «Salbung» habe ich Folgendes gesehen: Der Herr hat mir eine WELLE gezeigt, eine riesige WELLE, eine unermesslich und unendlich große WELLE, eine Welle von der Art, die alles mitreißt, was sich auf der Erde befindet. Diese Welle war die Hand GOTTES, die Hand des Vaters. Auf jeder Fingerspitze war das Antlitz des Vaters. Es war eine Welle, die reinigt! Nachdem diese Welle vorbeigekommen ist, wird nichts Unreines mehr bestehen, alles wird wirklich gereinigt und geheiligt sein.

Wie in dieser Parabel JESU (Lk 13,6-9) sind wir die Feigenbäume und wir müssen, aus GOTTES Gnade und ohne Widerstand, im Vertrauen unsere Hingabe steigern und es verstehen, unserem Vater, dem Schöpfer, unter allen Umständen zu danken. Lasst uns im Vertrauen an uns geschehen, dass wir bearbeitet, zugeschnitten, beackert, entblößt werden, denn es geschieht durch reine Liebe! Unser Vater will uns vorbereiten auf ein Leben im FIAT der Heiligung; Welch ein Privileg! Das Reich GOTTES ist dabei, sich auf der ganzen Erde auszubreiten und es ist GOTTES Wille, dass wir dazu gebraucht werden. Alle die Instrumente, die in den Einsatz dieses FIAT kommen, müssen gereinigt werden, damit sie Früchte im Übermaß bringen! «Danke, PAPA, dass du dich um den Feigenbaum, der ich bin, kümmerst, auch wenn ich das manchmal schwierig finde... Ich vertraue DIR».[410]

Diese Vision, die Karin erhalten hat, zeigt uns deutlich, wer der Chef ist! Die Flut von schlechten Nachrichten bedrückt die Menschheit, aber GOTT ist der Meister der Zeit! Selig die, die sich für die ZUFLUCHTS-ORTE entschieden haben! In den ZUFLUCHTSORTEN gilt das Gebet und die Selbsthingabe! Das ähnelt sehr der Heiligkeit! Nun, Heilige lieben aber ihre Priester und ihren Papst!

Ich bin jedoch Zeuge einer erschreckenden Zahl von Lügen und «fake news» betreffend unseres Papstes: Für ihn, viel Verleumdung, zu wenig Gebete; und diese Lügen werden oft von anderen Christen weitergeleitet, die zu lau sind, um in der Lage zu sein, die Wahrheit von der Lüge zu unterscheiden... das Licht von der Finsternis, die Intelligenz des Glaubens von den noch qualmenden Fallen des Divisors (sein Name passt zu ihm). Ist es nicht so, dass der, der entzweit, auch den Divisor zum Meister hat? Wenn die Schlechtmacher und vor allem die, die die Pamphlete für bare Münze nehmen, täglich die Aufrufe des Papstes Franziskus lesen würden, würden sie feststellen, dass diese Rufe Aufforderungen zur Heiligkeit sind, ganz im Sinne von Christus!

In der Zeitschrift «l'Appel du Ciel» vom Mai 2013 wird berichtet, dass Mirjana sich nach der Erscheinung in Medjugorje den Pilgern zuwendete und öffentlich erklärte: **«Bei seiner Wahl ist unser Papst Franziskus sofort in das Herz eines jeden von uns ein-**

---

410. Zum Weiterlesen: *Das Buch des Himmels* von Luisa Piccarreta. Bände zum Herunterladen als PDF auf der Website: www.luisapiccarreta.de/das-buch-des-himmels-1.html
15. Band, 14.07.1923 – Die Hoffnung einer neuen Ära: ein sicheres Zeichen, dass sie kommen wird, ist, dass Jesus seinen Willen einer Seele anvertraut, um ihn der ganzen Menschheit als Geschenk anzubieten.
13. Band, 20.07.1921 – Überflutung des Göttlichen Willens

gedrungen. Dieser Papst ist "der Papst", den wir in der Zeit, in der wir leben, brauchen. Wir müssen alle viel für ihn beten, ihm mit unseren Gebeten helfen, denn sein Weg wird sehr schwierig sein!» Mirjana[411] hat wie folgt geschlussfolgert: «Der Rücktritt von Benedikt XVI. ist eine große Lektion von Mut und Demut... Da er jetzt bei Jahren und krank ist, und der Kirche nicht mehr alles geben kann, hat er sich wie ein großer Mensch zurückgezogen. Unterstützen wir alle Papst Franziskus mit unseren Gebeten». Pater Jozo hat erklärt: «Papst Franziskus ist die beste Wahl, die die Kirche jetzt treffen konnte und ich behaupte, dass es keine bessere Person als Papst Franziskus gibt, um die Kirche wieder aufzubauen. Als Papst ist Franziskus ein Geschenk für die Kirche, eine Frucht der Gnade für unsere Zeit.»

♥

MARIA in Medjugorje

«Liebe Kinder! In dieser Zeit rufe ich euch auf, dass ihr zu GOTT und zum Gebet zurückkehrt. Ruft alle Heiligen um Hilfe an, damit sie euch Vorbild und Hilfe seien. Satan ist stark und kämpft darum, so viele Herzen wie möglich an sich zu ziehen. Er will Krieg und Hass. Deshalb bin ich so lange bei euch, um euch auf den Weg des Heils zu führen, zu Dem, Der der Weg, die Wahrheit und das Leben ist. Meine lieben Kinder, kehrt zurück zur Liebe zu GOTT, und er wird eure **Stärke** und **Zuflucht** sein. Danke, dass ihr meinem Ruf gefolgt seid.»[412]

---

411. Zeichen der Zeit: Am 18. März 2020 wurden die Erscheinungen des 2. jeden Monats in Medjugorje beendet. Auszug aus der letzten Botschaft Unserer Lieben Frau von Medjugorje an Mirjana, vom 2. März 2020: «Apostel meiner Liebe, jetzt ist es an der Zeit, wachsam zu sein.»
412. 25.10.2020

9. KAPITEL – PAPST FRANZISKUS TREU BLEIBEN

Damit ist alles gesagt! Einige Tage später sorgte ein Brief des zurückgetretenen Bischofs Vigano (2016) an Präsident Trump in Bezug auf die Bedrohungen in der jetzigen Zeit, der einen unterschwelligen Angriff auf den darstellte, den er Bergolio nennt, für Aufsehen. Wir könnten mehrere Beweisdokumente anführen, aber das stände im Widerspruch zu unserem Auftrag. *Auf Befragung übernahm Mirjana erneut die Verteidigung des Papstes.*[413]

Ich möchte etwas sagen, was mir am Herzen liegt: ich höre viele Pilger sagen, dass Papst Johannes Paul II. gut war, dass Papst Benedikt weniger gut war und dass sie Papst Franziskus nicht mögen. Das tut mir leid, denn der Papst ist der Papst, unser Papst, und es ist unsere Aufgabe, für ihn zu beten, für alles, was er auf den Schultern hat und sich unserer Kenntnis entzieht. Urteilen, das ist alles, was wir zu tun wissen! Wir beten nicht und helfen ihm nicht mit dem Gebet. Ich glaube von ganzem Herzen, dass der Heilige Geist uns stets den Papst gibt, den wir brauchen. Als ein Papst wie Johannes Paul II. notwendig war, wurde er zum Papst gewählt; als ein Papst wie Benedikt XVI. gebraucht wurde, war er unser Papst. Jetzt brauchen wir Papst Franziskus! Wir sollen beten, anstatt über ihn zu reden, wie wir es normalerweise tun, weil wir glauben, alles zu wissen. In Wirklichkeit wissen wir nichts! Es ist wahr: Wir wissen absolut nichts über den Plan GOTTES, über das, was er in diesen ZEITEN verwirklichen will. Was uns zu tun übrig bleibt, ist, uns Ihm, unserem Herrn und GOTT, anzuvertrauen, uns Ihm zu übergeben und den irdischen Leitern, die Er uns vorschlägt, Vertrauen zu schenken.

Erinnert ihr euch an die berühmte Frage von Papst Franziskus? **«Wer bin ich, um zu urteilen?»** Er, der großzügige Mensch, der Mensch der Seligpreisungen, wohl ein Mensch, der sich mit seinen 85 Jahren täglich im Dienst der Liebe und der Kleinen bemüht.

---

413. 30.10.2020 – Internet-Seite: https://mysticpost.com (auf Englisch)

Er, stets der Öffentlichkeit preisgegeben, der seit dem ersten Tag seines Pontifikats ohne Unterlass beurteilt wird. «Wer bin ich, um zu urteilen?» Er selbst wird aber sehr streng beurteilt! Könnte er sich zumindest verteidigen? Er erfüllt einen Auftrag und er wird es bis an das Ende der Liebe tun. *«Es gibt keine größere Liebe als sein Leben für seine Freunde hinzugeben!»* (Joh 15,13) So wie JESUS, in dessen Dienst er steht, geschieht auch ihm, und zwar, dass alles, was er sagt und tut und alles, was er nicht sagt und nicht tut, von seinen Anklägern aufs Schärfste beurteilt wird. «Wer bin ich, um zu urteilen?» Wem dienen denn eigentlich seine Ankläger? Dem GOTT der Liebe oder dem Meister der Ankläger: Satan? Ich kenne aber auch Leute, die ihn nicht besonders lieben, aber wenigstens für ihn beten; das ist immerhin ein Zeichen der Liebe. Und wenn sie den Heiligen Geist bitten würden, ihnen seine Schönheit zu enthüllen? Ist es nicht GOTT, der ihn als Nachkommen Petri bestellt hat? Für mich ist er der Mensch der Seligpreisungen, der täglich mit seinem Leben evangelisiert, sogar unter einem Regen von Felsblöcken… Sei gegrüßt, Papst Franziskus! Danke und GOTT segne dich!

♥

Die GOSPA an den Seher Yvan[414]

Liebe Kinder! Heute lade ich euch ein, ganz besonders für den Frieden zu beten. Öffnet euch dem Heiligen Geist, liebe Kinder, damit der Heilige Geist euch leite. Betet jetzt ganz besonders **für meinen vielgeliebten Heiligen Vater,** betet für seinen Auftrag, für den Frieden. Die Mutter betet für euch und legt für einen jeden von euch Fürbitte bei ihrem Sohn ein. Danke, liebe Kinder, dass ihr sogar heute meinem Ruf gefolgt seid.

♥

---

414. 17.08.2014 – Internet-Seite: https://medjugorje.altervista.org/

MARIA, Rosa Mystica, zu Enoch[415]

Meine Kinder, betet für den Papst und die Kardinäle, dass die anstehenden Reformen innerhalb der Kirche mit dem Willen GOTTES übereinstimmen.

Die Spaltung rückt näher, die Kardinäle sind geteilter Meinung und die Atmosphäre innerhalb des Vatikans ist explosiv.

Unterstützt Papst Franziskus mit eurem Gebet, lasst ihn nicht fallen, er ist der erwählte Hirte zur Bestimmung des Schicksals der Kirche und zur Weide der Herde meines Sohnes in dieser Zeit der Verwirrung und der Apostasie. Sein Pontifikat wird nicht lange dauern; deshalb bitte Ich euch, meine Kleinen, viel für Papst Franziskus zu beten, damit er seinen Auftrag, die Kirche vorzubereiten und zu stärken, erfüllen kann, auf dass sie in dieser Zeit der großen Drangsal den Angriffen des Widersachers und seiner Helfershelfer widerstehen kann.

Meine Kleinen, bald wird in Rom die Anarchie die Oberhand gewinnen und die katholische Welt wird gespalten sein.

Meine Kleinen, bereitet euch vor, steht fest im Glauben, denn eine spirituelle Hekatombe wird die Grundlagen der Kirche erschüttern und viele dazu verleiten, ihren Glauben aufzugeben.

Alles ist von den Verrätern meines Sohnes geplant, die Passion der Kirche steht bevor.

Viele meiner bevorzugten Söhne, die geschworen haben, dem Evangelium und der Lehre der Kirche treu zu bleiben und redlich

---

415. 13.09.2015

zu dienen, werden die Judasse dieser Zeit sein; sie werden die Kirche in die Hand der Bösen geben.

Die Kirche ist mein Sohn! Wie groß ist mein Schmerz, wenn ich den Verrat betrachte, den er erneut erdulden muss seitens einiger, die behaupten, seine Freunde zu sein!

Bald werden im Innersten des Vatikans **Verwirrung und Chaos herrschen;** das Blut meiner treuen Lieblingssöhne wird in den Heiligen Mauern fließen.

Der Papst wird fliehen inmitten der Leichen und wird ebenfalls sein Leben hingeben für den Glauben und die Festigung der Kirche...

Meine Kleinen, bereitet euch also vor, denn euer Glaube wird auf die Probe gestellt werden; ihr werdet durch den Feuerofen dieser Drangsal, durch Verfolgung und durch die Apostasie gehen müssen.

Der Name meines Sohnes und der Meine werden befleckt, sein Wort wird mit Füssen getreten und seine Tabernakel werden geschändet werden.

Aber ihr, Mitglieder des Volkes GOTTES, seid ohne Angst, nicht ein Haar wird euch gekrümmt werden, wenn ihr fest im Glauben steht und vereint im Weinberg seid.

Ich, eure Mutter, ich werde euch beschützen und euch mit meinem Mantel bedecken; **ich werde die Führerin und der Leuchtturm auf eurem Weg sein;** mein heiliger Rosenkranz wird die Kraft sein, die euch standhaft in eurem Glauben halten wird. Durch das Gebet meines Rosenkranzes könnt ihr nicht zu den Verlierern zählen; Ich und die Engel des Himmels werden sich Tag und Nacht um euch kümmern.

Bleibt also in der Liebe GOTTES, meine Kleinen, nichts und niemand störe den Frieden meines Herrn!

♥

JESUS zu Vassula Ryden[416]
Hüte dich vor Klatsch; hüte dich vor jenen, die den Papst verurteilen und richten, sie sind Schwätzer, welche sich selbst und untereinander beglückwünschen, während sie gegen den Papst reden; gefangen in ihren eigenen Reflexionen sind sie mitgerissen und benehmen sich töricht; Meine Kirche wird immer die Wahrheit aufrechterhalten und wird sie immer bewahren...

Jeder, der den Vikar Meiner Kirche verdammt, kann nicht Mein Jünger sein; ihm fehlt die Demut!

Deine Aufgabe, Meine Vassula, ist, Mein Volk zu trösten – und ihnen von den erstaunlichen Werken zu berichten, die ich für diese vom Glauben abgefallene Generation vorbereitet habe... Meine Botschaft spricht zu ihren Herzen, sie ist ein Licht auf ihrem Pfad, es ist die Weisheit, die in ihr Herz eintritt, und die Erkenntnis GOTTES wird zur Freude in ihrem Leben!

♥

Der HEILIGE MICHAEL zu Janie Garza[417]
Vielgeliebte des Vaters! Wir, die Drei Erzengel, werden euch vom Himmel aus leiten. Denkt an alles, was wir mit euch teilen. Vielgeliebte, betet weiterhin für das Leid in der Welt und für alle Seelen, die die Warnungen des Himmels in den Wind schlagen. Das Leid

---
416. 16.08.2019
417. 01.11.2018

wird zunehmen und viele werden wegen der zahlreichen Katastrophen erschrecken, die sich auch in Zukunft ereignen werden. In der Heiligen Schrift ist die Rede von diesem Leid, vor allem in der Geheimen Offenbarung, obwohl das Ende noch nicht herannaht. Viele Seelen sind blind für das Leid in der Welt und glauben, dass all dieses Leid von Mutter Natur ausgelöst wird, wohingegen dieses Leid eine Warnung des Himmels ist, um die Leute aufzurufen, ihre sündhaften Wege zu verlassen.

Betet für die Braut Christi,[418] in der viele Verfolgungen stattfinden werden. **Betet für den Stellvertreter Christi,**[419] der weiterhin von jenen verfolgt werden wird, die innerhalb der Braut Christi sind, und von vielen Gläubigen. Die Familie wird auch in Zukunft dort auseinanderbrechen, wo viele das Gebet aufgegeben haben und auf die schiefe Bahn geraten sind... Bittet GOTT um sein Erbarmen mit den nichtbekehrten Sündern. Betet ohne Unterlass! Gebet und Fasten sind die Heilmittel dieses Übels der Welt. Friede euch, Vielgeliebte, Friede!

♥

Vassula Ryden[420]

Die folgende Botschaft habe ich bereits am 17. März 1993 erhalten. Es war fast genau 20 Jahre auf den Tag bevor ein neuer Papst gewählt wurde: Papst Franziskus.

Die Botschaft ist eine **Warnung** sich nicht täuschen zu lassen und auf falsche Propheten zu hören, die ihn von links und rechts angreifen, offen und ohne Furcht, dass er ein «*falscher Papst*» oder, noch schlimmer, der Antichrist sei. Wegen seiner Offenheit für den Hei-

---

418. Die Kirche (und/oder der Vatikan)
419. Unser Heiliger Vater, der Papst Franziskus
420. *Den Himmel gibt es wirklich, die Hölle aber auch»*, Vassula Ryden, Parvis-Verlag

ligen Geist stehen viele um ihn herum im Widerspruch zu ihm und ärgern sich. In seinen Predigten ist er wagemutig, entstaubt alte Vorurteile und wendet sich gegen Unnachgiebigkeit beim Streben, um der Einheit willen.

Ich, Jesus Christus, möchte Meine Priester, Bischöfe und Kardinäle warnen. Ich möchte Mein ganzes Haus vor einer großen Drangsal warnen. Meine Kirche nähert sich einer großen Drangsal.

Ich sage euch ernsthaft, dass ihr bald durch Feuer geprüft werdet. Betet und fastet, so dass ihr nicht auf die Probe gestellt werdet. Bleibt standhaft und bewahrt die Traditionen, die euch gelehrt wurden.

Gehorcht Meinem Papst, ganz gleich was geschieht; haltet treu zu ihm, und Ich werde euch die Gnaden und die Stärke geben, die ihr braucht. Ich bitte euch dringend, ihm treu zu bleiben und euch von jedem fernzuhalten, der gegen ihn rebelliert. Vor allem, **hört niemals auf jemanden, der ihn verbannt.** Lasst eure Liebe zu ihm niemals unaufrichtig werden.

Meine Feinde werden versuchen, euch mit heimtückischen Reden für sich zu kaufen. Der Böse ist bereits am Werk, und die Zerstörung ist nicht mehr fern von euch.

Der Papst wird viel zu leiden haben, ihr werdet deshalb alle verfolgt werden, weil ihr die Wahrheit verkündet und Meinem Papst gehorsam seid. Und deswegen werden sie auch euch hassen, denn ihre Taten sind böse, und tatsächlich jeder, der für das Böse arbeitet, hasst das Licht und meidet es aus Angst, seine zerstörerischen Handlungen könnten aufgedeckt werden.

♥

MARIA, Königin des Friedens, zu Sulema[421]

Betet, betet, betet, für euren Papst Franziskus, für Benedikt XVI., euren ehemaligen Papst, für meine Lieblingssöhne, für alle geweihten Seelen. Steht ihnen durch euer Gebet bei.

Betet, um die Gnade der Beharrlichkeit bis zum Schluss zu erlangen, damit ihr bis zum Ende aushaltet und nicht den Mut verliert.

Verschließt der Angst die Tür, denn die Angst ist die Waffe, die mein Feind derzeit benutzt. Er weiß, dass man durch die Angst allen Gnaden die Tür verschließt. Ja, meine Kinder, **die Angst lähmt euch,** macht euch blind und taub.

Habt Vertrauen! Wenn eine **Krankheit,** ein Problem, eine Prüfung kommt, übergebt sie mir, meine Kinder. Ihr müsst alles annehmen und alles übergeben, das ist die Armut des Herzens. Behaltet nichts in eurem Herzen, ihr müsst im Herzen arm sein.

♥

GOTT Vater zu Pelianito (Janet Klasson)[422]

Betet für den Heiligen Vater und für die ganze Kirche! Satan hat dort Fuß gefasst und ihr lasst ihn in aller Ruhe walten. Wacht auf, sage ich euch, er schläft nie und ihr könnt durch seine List getäuscht werden; mit eurer Intelligenz erreicht ihr nichts. Kniet vor dem König der Könige nieder, vor Dem, der auf dem Kreuz den Tod erlitten hat. Ich bin euch nahe, aber jene, die auf meine Vaterarme zählen, sind nicht zahlreich. Kinder, seht ihr das nicht ein? Versteht ihr nicht? Tut meinen heiligen Willen. Nehmt an, was euch

---

421. *Ich bereite euch auf dieses Ereignis vor: Die Erleuchtung eures Gewissens*, Band 3, Sulema, 24.06.2013, Parvis-Verlag
422. 12.08.2013

geschieht und betet für die Seelen! Ich habe Durst! Lebt in meinem Willen, das ist der Weg zur wahren FREUDE! Die Finsternis ist stark, aber die Freude kommt mit dem Sonnenaufgang. Möge die Freude euer Tagesanbruch sein! Meine Kinder, Ich Bin nahe!

♥

UNSERE LIEBE FRAU, die Königin des Friedens, zu Pedro Regis[423]
Liebe Kinder! Petrus wird sein Boot durch große Stürme hindurchführen. Der Nachfolger Petri braucht eure Gebete. Er wird die Prüfung bestehen. Ihr werdet wegen eurer Stellungnahmen geliebt oder gehasst werden. Dies sind leidvolle Zeiten. Das Gift, das im Baum ist, ist nicht in der Frucht. Die Kirche meines Jesus steht vor schweren Prüfungen, aber, wie Ich schon gesagt habe, ist es Jesus, der alles unter Kontrolle hat: PETRUS im Land Petri. Was Ich euch sage, könnt ihr jetzt nicht verstehen, aber beruhigt euch, denn mein Jesus ist an eurer Seite. Der König wird wegen seiner Untertanen leiden. Sei ohne Sorge, Ich bin deine Mutter und ich werde bei meinem Jesus für dich eintreten. **Für den König wird der Weg kurz sein,**[424] **wie die Überquerung des berühmten Platzes.** Beugt die Knie im Gebet! Der Sieg wird vom Herrn davongetragen. Liebt die Wahrheit und bleibt in der Kirche. Die Lektionen der Vergangenheit dürfen nicht vergessen werden. Beschreitet diesen Weg ohne Angst. Das ist die Botschaft, die ich euch heute im Namen der Hochheiligen Dreifaltigkeit übermittle. Danke, dass ihr Mir erlaubt habt, euch hier wiederzusehen. Geht in Frieden![425]

---

423. 16.03.2013 – Papst Franziskus hat sein Pontifikat am 7. April 2013 angetreten.
424. Unseres Erachtens betrifft das den Papst.
425. Gewisse Leute verdächtigen Pedro Regis, gegen den Papst zu sein, während seine Stellung auf seiner Internet-Seite klar für ihn ist. Ich glaube, seine Verleumder verfügen nicht über das in diesem Fall erforderliche Unterscheidungsvermögen. Dies ist eine Leuchtturm-Botschaft, die

UNSERE LIEBE FRAU zu Eduardo Ferreira[426]

Liebe Kinder! Heute lade ich euch ein, für den Frieden zu beten. Betet in euren Familien! Meine Kinder, legt Zeugnis von diesen Botschaften ab! Setzt sie täglich in die Praxis um! Heute lade ich euch auch erneut ein, Gruppen zu bilden von Personen, die den Rosenkranz zuhause beten. Meine Kleinen, ich wiederhole euch, dass es diese Gruppen sind, die in Zukunft die Kirche unterstützen werden. **Betet für die Gesundheit von Papst Franziskus.** Die Kirche steigt weiterhin die Stufen des Martyriums hinauf. Es wird viele Verfolgungen geben, vor allem für die Katholiken.

♥

JESUS zu Enoch[427]

Der spirituelle Zusammenbruch steht kurz bevor und viele laue Seelen werden das Vertrauen verlieren; Millionen Seelen werden meine Kirche verlassen, um den Lehren der Gründer der falschen Kirche zu folgen, in denen alles erlaubt ist. Sie wird die Kirche des Verderbens sein, die die Seelen in den ewigen Tod führt. Oh, wie mein Stellvertreter leidet, indem er fest auf dem Thron Petri verharrt! Die Intrigen und die Spaltungen bringen jetzt Frucht, die Rebellen suchen nach Mitteln, den Nachfolger Petri zu stürzen und den falschen Papst auf den Thron zu setzen, um auf diese Weise meinem Widersacher die Türen des Hauses meines Vaters zu öffnen.

Wie leide Ich beim Anblick der Entheiligung des Hauses meines Vaters; meine Tabernakel werden geschändet werden und mein

---

sogar sehr erleuchtend ist! Während des Lockdown war die ganze Welt von dem starken Eindruck ergriffen, den Papst Franziskus auf einem leeren PetersPlatz am Karfreitag (27.03.2020) machte. Diese Worte gehen heute in Erfüllung! Dieser Text lädt zum Nachdenken ein...

426. 12.09.2018
427. 10.08.2012

Leib wird von den Anhängern meines Widersachers mit Füssen getreten werden! Alles wird im Haus meines Vaters geschlossen und meine tägliche Anbetung wird unterlassen werden. Die Rebellen werden meine Häuser besetzen und Reformen durchführen. Sie werden meine Bilder, die meiner Mutter und meiner Jünger, durch falsche Götter ersetzen. Sie werden die Lehre meiner Kirche ändern und meinen Leib und mein Blut durch ein Stück Brot und meinen täglichen Kult durch Versammlungen ersetzen; ich werde nicht mehr lange bei euch sein; enthaltet euch, an diesen Kultveranstaltungen teilzunehmen...

♥

Heiliges HERZ JESU zu Sulema[428]

Als Benedikt seinen Rücktritt bekannt gab, seid ihr alle in eine neue Etappe der Erfüllung aller Verheißungen eingetreten. Hört nicht auf, für ihn zu beten, er ist euer ehemaliger Papst, und betet auch für euren Papst Franziskus. **Betet für meine Lieblingssöhne, sie sind auf euch angewiesen, und ihr habt die Pflicht, für sie zu beten und sie zu unterstützen.** Sie sind derzeit darauf angewiesen, denn ihr wisst, dass es das Ziel meines Feindes ist, meine Kirche durch die Priester zu zerstören und die Familien zu zerstören.

Lasst euch nicht ablenken, seid tapfere Krieger. Ich habe euch meine Liebe der kleinen Johanna von Orleans gegeben: Folgt ihren Schritten, folgt ihrem Mut, ihrer Kühnheit und ihrem Glauben.

♥

---

428. *Ich bereite euch auf dieses Ereignis vor: Die Erleuchtung eures Gewissens*, Band 3, Sulema, 29.06.2013, Parvis-Verlag.

UNSERE LIEBE FRAU zu Don Gobbi[429]

Wer heute nicht zum Papst hält, dem wird es nicht gelingen, in der Wahrheit zu bleiben. Die Versuchungen des Bösen sind derart verfänglich und gefährlich geworden, dass sie alle, wer auch immer, täuschen können. Die Guten können zu Fall kommen. Sogar die Meister und die Weisen können zu Fall kommen. Die Priester und sogar die Bischöfe können zu Fall kommen. Aber die, die immer dem Papst die Treue bewahren, werden niemals zu Fall kommen. Deshalb will Ich aus euch eine organisierte, wachsame, gehorsame Truppe bilden, die die Wünsche meines ersten Lieblingssohnes, des Stellvertreters meines Jesus, wahrnimmt.

♥

Luz Amparo (Escorial)[430]

Ich sehe Berge einstürzen. In Rom wird es starke Erdbeben geben und die Stadt wird fast zerstört werden.

Ich sehe den Vatikan in Trümmern liegen. Das alles ist nahe... Bleib auf der Seite des Vatikans, bete für den Stellvertreter Christi, entferne dich nicht, *höre nicht auf die,* die den Vatikan bekämpfen. Liebe uns von ganzem Herzen! Ich wiederhole dir: kreuzige dich für die geweihten Seelen. Meine Tochter, sei folgsam, der Gehorsam ist so wichtig.

---

429. *Das Blaue Buch*, Die Jungfrau Maria zu Don Gobbi, 07.08.1976, Marianische Priesterbewegung.
430. Luz Amparo (Escorial). [Christian]: 2017 hatte ich einen Traum (den ich Sulema mitgeteilt habe). Ich befand mich in Süditalien vor den Vulkanen, die riesige Aschewolken ausstießen. Das Auge der Weltmedien war auf dieses Ereignis fixiert, währenddessen die Ausführung eines machiavellistischen Plans gegen die Kirche und gegen den Papst im Geheimen geschmiedet wurde... Könnten diese Vulkane ein anderes Ereignis darstellen, wie eine Pandemie?... Fortsetzung folgt...

Bete für die Priester, meine Tochter, beurteile sie nicht; bitte den Herrn, dass sie mit GOTT erfüllt werden, dass der Heilige Geist sie erleuchtet, damit sie das Salz der Erde bis in die entlegensten Teile der Welt bringen und die Seelen in den Himmel führen.

♥

MARIA, Königin des Friedens, zu Sulema[431]
Eines nicht fernen Tages werdet ihr begreifen, warum Gott wollte, dass **diese beiden Päpste** in diesen Zeiten, die die letzten sind, **zusammen sind**.

♥

Brief von John Martinez[432]
Unsere Liebe Frau bittet uns, den Heiligen Vater zu unterstützen, unbeschadet dessen, was ihr in den Medien seht oder in Emails lest, die von den Verleumdern des Papstes Franziskus herrühren.

Ich wiederhole: **Papst Franziskus ist unser rechtmäßiger Chef und wurde von GOTT selbst ernannt.** Satan versucht, die Spaltung herbeizuführen und seine Heiligkeit zu schmälern mit unterschiedlichen Mitteln. Das alles gehört zu den Strategien und den Plänen Satans, die ausgeführt werden je mehr wir uns dem Sturm nähern.

---

431. *Ich bereite euch auf dieses Ereignis vor: Die Erleuchtung eures Gewissens*, Band 3, Sulema, 04.07.2013, Parvis-Verlag.
432. 01.10.2019 – Diese Botschaft ist sehr stark. In dieser Botschaft ist auch die Rede von physischen Zufluchtsorten. Trotzdem wird auch oft auf die Zufluchtsorte der Herzen von Jesus und Maria – wie wir zu tun pflegen – verwiesen. Deshalb haben wir die Veröffentlichung seiner Botschaften in diesem Buch beschränkt, aber außer der Frage der physischen Zufluchtsorte scheinen seine Aussagen stichhaltig zu sein.

Unsere heilige Mutter hat mich ebenfalls gebeten, meinen Brüdern der ganzen Welt mitzuteilen, dass sie von GOTT Vater beauftragt wurde, **uns spirituell auf die bevorstehende Strafe vorzubereiten.** Ich bin offensichtlich nicht der einzige Adressat dieser Mitteilungen: Sie hat uns in zahlreichen von der Kirche genehmigten Erscheinungen vor diesen Zeiten gewarnt und uns versichert, **dass ihr Unbeflecktes Herz unsere «Zuflucht» ist.**

Sie hat darauf gepocht, dass ich alles spirituell prüfen muss. Sie hat mir erlaubt, das Böse zu sehen, das Satan in die Herzen und den Geist der Kinder GOTTES gesenkt hat, und hat mir ihren Schmerz und ihre Tränen angesichts des Leidens ihres Sohnes Jesus mitgeteilt.

Sie hat versichert, dass Tausende Männer und Frauen vom Heiligen Geist bestimmt wurden, um ihr behilflich zu sein beim Aufbau einer Armee von Kriegern zum Kampf in den bevorstehenden spirituellen Schlachten und harten Prüfungen.

Sie hat mich ebenfalls vor den Komplizen Satans gewarnt, die unter die Kinder GOTTES Täuschung und Verwirrung säen werden.

In ihren Lehren hat sie die Bedeutung der Unterscheidung und des Gebets hervorgehoben. Sie hat mir folgende drei Quellen der Zeichen angegeben, die ich beachten soll:
1. **Der Heilige Vater;**
2. **Jerusalem, Israel;**
3. **Ihre Erscheinungen in Medjugorje.**

Wenn wir die Zeichen dieser Quellen verfolgen, werden wir die Verwirklichung der Pläne GOTTES des Vaters begreifen. Betet für den Papst Franziskus!

♥

Die Jungfrau MARIA zu Don Gobbi[433]

Was den Glanz der Kirche trübt, ist ebenfalls die tiefe Spaltung, die sich in ihrem Innern vollzogen hat und die von Tag zu Tag zunimmt.

Deshalb müsst ihr die Einheit bezeugen durch feste Einheit mit dem Papst und den mit ihm vereinten Bischöfen.

Folgt nicht den Bischöfen, die sich dem Papst widersetzen.

Seid mutige Verteidiger des Papstes und prangert offen die an, die sich seinem Lehramt widersetzen und Lehren verbreiten, die den seinen widersprechen.

♥

JESUS zu JNSR[434]

O mein Papst, du wirst nicht mehr fliehen können, denn sie haben es auf dein Leben abgesehen! Unterstütze die Schafe, die dir treu bleiben, denn dort werden auch die meinen sein, die einzigen, die ich in meinen Schafstall aufnehmen werde. Danach werde ich die Herrschaft übernehmen. Ich werde die Christenheit auferstehen lassen und aus ihr eine einzige Erde, eine einzige neue Welt machen.

♥

---

433. *Das Blaue Buch*, Die Jungfrau Maria zu Don Gobbi.
434. *Témoignage de Dieu à ses petites âmes*, 17.09.2006, Editions Résiac [nur auf Französisch erhältlich].

Die HEILIGE JUNGFRAU in San Damiano[435]

Betet, betet für den Heiligen Vater, der das Oberhaupt der Kirche ist!
Betet, damit er stark im Kampf ist, damit er der Schutzengel aller ist und die Freude und der Trost eines jeden. Ich bin immer bei ihm, ich bedecke ihn mit meinem Mantel und bewahre ihn vor jeder Gefahr.

Betet für meine Geweihten! Ich umgebe sie mit Freude, Liebe, denn sie halten meinen Sohn Jesus in der Hand! Seinen Leib! Sein Blut! Sie sind meine Söhne, ich liebe sie von ganzem Herzen! Betet, damit sie von Mir erleuchtet werden, von ihrer himmlischen Mutter reden und hierher zu meinen Füssen kommen. Ich werde ihnen viel Licht und Kraft geben.

♥

Der ewige VATER zu Jean-Marc[436]

Meine Kinder! Liebt den Papst, den Ich euch gegeben habe, von ganzem Herzen und seid seine Kraft im Unglück durch euer Gebet und euer Vertrauen! Vergesst nicht, dass ihr im Leib der Kirche Eins seid! Haltet euch also fern von Spaltung, Polemik und Kritik! Jeder muss seinerseits die Wahrheit verteidigen sowie die Person, die als Erste Träger der Wahrheit ist: der Papst. Teilt die Freude des Himmels und gebt sie weiter! Messt den Kritiken dieser Welt, die meine Herrschaft ablehnt und mit allen Mitteln versucht, das Werk GOTTES zu untergraben, keine Bedeutung bei. Christus hat die Welt besiegt.

♥

---

435. 01.05.1970
436. 20.04.2005

UNSERE LIEBE FRAU von Zaro[437]

Ich bitte euch, meine Kinder, lasst euch heute, in diesem Augenblick, in das Herz GOTTES versenken, lasst GOTT in euch wohnen! Auf diese Weise könnt ihr alles erlangen, was ihr benötigt. Meine Kinder, GOTT ist Liebe, aber wenn in euch keine Liebe ist, kann Er nicht in euch wohnen. «Dann hat Mutter uns folgende Vision gezeigt: die Kirche Roms. Eine Träne ist über Mutters Gesicht gerollt, bis sie sich aufgerichtet hat.» Ja, meine Tochter, in Rom wird sich eine schwere und schreckliche Spaltung vollziehen. Schau, die Wände haben Blutflecken, Flecken des Märtyrerblutes; es wird Chaos herrschen. Wenn ihr nicht betet, wird das alles sehr bald geschehen. Meine Söhne, ich brauche euch, ich brauche meine Jünger, um diesen schmerzlichen Kampf auszutragen. Meine Söhne, **betet für Papst Franziskus,** er ist sehr schwer betroffen von all dem, was um ihn herum geschieht; sehr schwierige Zeiten stehen ihm bevor. Betet viel für den Heiligen Vater, sein Dienst ist schwer und er braucht dringend euer Gebet. Er muss die Herde sammeln. Betet für seine Aufgabe, die nicht leicht ist, denn er muss zahlreiche wichtige Beschlüsse treffen, die die ganze Welt und die Menschheit betreffen! Betet für ihn und die ganze Kirche! **Betet ganz besonders für die Kirche und meinen vielgeliebten Sohn, Papst Franziskus;** lasst euch nicht von den falschen Ideologien verwirren, sondern nehmt seine Worte unmittelbar in euere Herzen auf. Lasst euch von seiner Gnade und seiner Liebe durchdringen. Er hat eine schwere Last zu tragen und eine Aufgabe zu erfüllen, denn er muss alle Völker und die Menschen aller Rassen sammeln, er muss das Volk GOTTES auf den letzten Kampf vorbereiten. Meine Kleinen, der Welt droht eine schwere Gefahr: Krieg! Betet und hört, was mein Lieblingssohn, Papst Franziskus, euch zu sagen hat! Betet für ihn und die gesamte Kirche! Die Welt ist vom Fürsten dieser Welt (Satan) umringt. Derzeit ist er sehr stark,

---

437. 17.06.2019 – Internet-Seite: www.madonnadizaro.it (auf Italienisch)

und wenn ihr nicht mit dem Herzen betet und weiterhin sündigt, macht ihr ihn noch stärker. Mein Sohn, das Böse wird mit dem Guten bekämpft und nicht mit einem anderen Übel.

Meine Kinder! Ich brauche euch, ich brauche meine irdischen Jünger, um diesen schmerzlichen Kampf auszutragen. Meine Kinder! Betet viel für Papst Franziskus, er ist sehr traurig wegen all dem, was ihn umringt; schwierige Zeiten erwarten ihn.

Die Kuppel von Sankt Peter war voll Rauch. Aufgewiegelte Leute hatten sich auf dem Petersplatz versammelt, Menschen in Aufruhr! Sie gingen aufeinander los. Es war dunkel, es gab kein Licht, viele kämpften und viele lagen bewegungslos auf dem Boden. Der Drache ging zwischen den Leichen hindurch und grinste; er war sehr zufrieden. Die Leute haben versucht, miteinander zu reden, aber sie verstanden einander nicht. Die Erde bebte, alles bebte. In einem gewissen Augenblick hat die Madonna alles mit einem großen Mantel bedeckt, auch die ganze Welt.

Das und noch viel mehr muss geschehen und schlussendlich wird mein Unbeflecktes Herz triumphieren.

♥

Unser Herr JESUS zu Conchita[438]

In meiner Kirche müssen alle Willenskundgebungen und Meinungen mit denen des Papstes übereinstimmen, da er mein Stellvertreter auf Erden ist und der Heilige Geist ihm beisteht. Wenn es Meinungsverschiedenheiten unter den Mitgliedern der Hierarchie der Kirche gibt, zählt die Mehrheit, unter der Bedingung, dass sie sich der Meinung des Papstes unterworfen hat. GOTT wird den

---

438. *A ceux que j'aime plus que tout*, Editions Téqui [nur auf Französisch erhältlich].

Gehorsam und die Anpassung der Urteile segnen. Es ist klar, dass es unterschiedliche Meinungen gibt, wenn mehrere Personen im Spiel sind, aber wenn es einen einzigen Glauben gibt, wird der Gehorsam die Oberhand gewinnen, wie das Evangelium, das eine Einheit ist und die Liebe, die alles in der Einheit umfasst.

♥

JESUS zu JNSR[439]

Der Widerstand gegen GOTT wird sich überall durchsetzen. An erster Stelle im Vatikan. Ein hinterhältiger Kampf wird sich entwickeln, wie der Wind, der überall hindurchbläst. Der Vatikan wird von allen Seiten überfallen, und der Papst wird keinen Widerstand leisten wegen der Schäden, die in seiner Stadt entstehen könnten. Er wird den Mund nicht auftun und alles über sich ergehen lassen. Es wird eine Tat des Bösen sein, die schon im Vatikan vorbereitet ist. Sie werden sagen, dass es im Interesse der Welt ist, dass er abgeführt wird. Verantwortlich wird der sein, der seine Stelle übernimmt, denn er hat alles sorgfältig vorbereitet.

♥

Die MUTTER des Himmels und der Erde zu Jean-Marc[440]

Meine Kinder! Lasst euch nicht beeinflussen von den schlechten Beispielen, die in das Leid führen und sogar in die Hölle. Eine Seele, die vorzieht, ohne GOTT zu leben, ist in ebenso großer Gefahr wie ein Mensch, der am Rand einer Kluft mit verbundenen Augen spazieren geht und von einer Minute zur anderen hineinfallen kann, wenn er es ablehnt, die Augen zu öffnen. Dabei ist auch noch zu beachten, dass der Abgrund der Hölle grundlos ist und ohne Aus-

---
439. *Témoignage de Dieu à ses petites âmes*, 03.08.2007, Editions Résiac [nur auf Französisch erhältlich].
440. 13.05.2005 – Als neuer Papst gewählt, am 19. April 2005.

gang. Der Tod ist bloß der Anfang eines ewigen Leidens. Deshalb, meine Kinder, seid euch der Lehre der Kirche Petri wohl bewusst, die dem treu geblieben ist, den GOTT erwählt hat, um ihn zu vertreten und in seinem Namen zu handeln. Auch ihr, nehmt die Lehren von Papst Benedikt XVI. aufmerksam zur Kenntnis, der, wie Johannes Paul II., ein geliebtes Kind meines Unbefleckten Herzens ist. **Es ist ein großes Geschenk des Himmels, das euch gegeben ist.** Es ist seine Aufgabe, die Ordnung wieder herzustellen, wo Unordnung ist und die Wahrheit, wo Lüge umgeht.

Meine Kinder! Meidet die Unzufriedenen; sie sollten sich freuen und sich bekehren. Sie wissen nicht, wie sehr ihre Seele und ihr Körper in Gefahr sind.

Wer sich dem Papst und seinen Entscheidungen widersetzt, widersetzt sich Jesus, dem Felsen, dem Eckstein, und so stürzen sie auf diesen Felsen und sind selbst die Ursache ihrer Leiden. Meine Kinder, betet den heiligen Rosenkranz, betrachtet die Passion Jesu, betet für die heiligen Seelen im Fegefeuer, führt ein wahres Leben der Gottergebenheit und des Gebets, und ihr werdet eine Fülle von Gnaden für euch selbst und alle Seelen erlangen.

♥

Die SCHMERZENSMUTTER im Escorial[441]

Welch eine Unkenntnis! Wie stellt ihr euch vor, dass ein Leiter der Kirche von den Menschen erwählt werden könnte? **Der Heilige Vater ist immer vom Heiligen Geist geleitet. Wenn ein Papst auf Erden gewählt wird, ist es der Geist...** der göttliche Geist, der ihn erwählt, damit er die Kirche leite, denn die Kirche ist heilig, und um sie zu leiten, muss ein heiliger Mensch ernannt werden.

---

441. *L'Escorial – Messages 1985-1991*, 06.10.1990, Editions Résiac [nur auf Französisch erhältlich].

Die Kirche wird geleitet von einem GOTT geweihten Menschen, auch wenn es die Laien sind, die die Kirche wieder aufleben lassen; Hauptsache ist, dass er ein von GOTT erwählter Mensch ist, der Ihm sein Leben geweiht hat.

♥

Der Traum des heiligen Don Bosco oder der Traum der zwei Säulen[442]
Don Bosco sieht auf dem weiten Meer eine unzählbare Menge von kampfbereiten Schiffen, die sich für eine Seeschlacht geordnet haben und mit Waffen jeglicher Art ausgerüstet sind. Diese riesige Armada schickt sich an, einem großen, majestätischen Schiff, begleitet von einer Flotte vieler kleinerer Schiffe, die unter dessen Kommando stehen, einen gnadenlosen Angriff zu liefern.

Die Seeschlacht nimmt ihren Lauf. Der Wind erhebt sich und ein Sturm bricht aus. Die See ist den Angreifern günstig. Plötzlich erheben sich über den wütenden Wogen zwei Säulen. Die eine, die größere, trägt auf ihrer Spitze eine leuchtende Hostie, sowie folgende Inschrift: «Heil der Gläubigen». Die andere ist mit der Schrift versehen: «**Heil der Christen**» und trägt eine Statue der Unbefleckten Jungfrau mit dem Rosenkranz am Arm. Der Sockel der zwei Säulen ist mit Ankern, Haken und Ketten versehen. Der Angriff verläuft zugunsten der Stürmer. Da erscheint auf dem Bug des großen Schiffes der Befehlshaber: der Papst. Es ist also klar, dass

---

442. Siehe die Vision des Heiligen Don Bosco über Verfolgung der Kirche in der Endzeit (Mai 1862).

es sich um das «Kirchenschiff» handelt. Der Oberbefehlshaber des großen Schiffes (der Papst) ruft die Kapitäne der Hilfsboote (die Bischöfe) an Bord, um über die anstehenden Entscheidungen zu beraten.

Der Sturm, der sich etwas gelegt hatte, bricht erneut mit aller Gewalt los und zwingt die Kapitäne, wieder an Bord ihrer Schiffe zu gehen. Darauf beruhigt sich das Meer und die Feindseligkeiten des Angreifers scheinen nachzulassen. Das große Schiff setzt seine Route fort. Der Oberbefehlshaber nutzt diese Beruhigung, um die Schiffskapitäne wiederum an Bord zu rufen. Aber da bricht der Sturm wieder los, und zwar stärker als je zuvor. Die Säulen stehen fest in der tobenden See. Und der Papst am Steuer versucht sein Schiff zwischen die zwei Säulen zu lenken, aber es wird von allen Seiten mit allen Mitteln bekämpft. Die feindlichen Schiffe speien Feuer aus all ihren Kanonen, steuern auf es zu und greifen es mit ihren gepanzerten Schiffsschnäbeln an.

Aber wie erbittert die Angriffe, wie groß die angerichteten Schäden auch sein mögen, die Bemühungen des Feindes können das große Schiff nicht zum Kentern bringen. Mit einem gewaltigen Schlag mit dem Bug eines feindlichen Schiffes erhält das Kirchenschiff an einer Planke einen breiten, tiefen Riss, aber ein mysteriöser Hauch weht von den zwei Säulen her und die Lecke schließen sich. Verwirrung ermächtigt sich der feindlichen Flotte. Im gewaltigen Getöse der Schlacht prallen die feindlichen Schiffe aufeinander, werden zertrümmert und ins Meer versenkt. Der Feind geht sodann auf einen Nahkampf aufs Schiffsdeck über, Hände und Fäuste sind im Einsatz, während es Gotteslästerungen und Verwünschungen regnet. Plötzlich wird der Papst getroffen. Er fällt, seine Streitkräfte heben ihn auf, aber von einem zweiten Schlag wird er tödlich verwundet. Ein Siegesschrei ertönt. Auf den feindlichen Schiffen wird getanzt und gejubelt.

Aber kaum wird der Tod des Papstes bekannt, so tritt schon ein anderer Papst an seine Stelle. Nun schwindet den Gegnern der Mut. Der neue Papst führt, jedes Hindernis überwindend, sein Schiff bis zu den zwei Säulen, befestigt es am Bug an der Säule mit der Hostie und am Heck an der Säule mit der Jungfrau. Da bricht allgemeine Panik aus, ein unbeschreibliches Durcheinander herrscht, alle Feinde werden versprengt. Ihre Schiffe stoßen aufeinander und bohren sich gegenseitig in den Abgrund. Jene, die kentern, versuchen, die anderen zum Kentern zu bringen. Einige Schiffe, die wacker auf Seite des Papstes gekämpft haben, nehmen ebenfalls ihren Lauf auf die zwei Säulen zu, um dort vor Anker zu gehen. Andere, die sich aus Furcht vor der Schlacht entfernt und vorsichtig den Sieg abgewartet hatten, folgen ihrem Beispiel. Auf dem Meer herrscht jetzt große Ruhe.[443]

♥

Jabez In Action[444]

Kniet nieder vor eurem GOTT! Ich «Bin». Ich Bin das Alpha und das Omega. Öffnet mir eure Herzen. Überlasst euch mir in aller Demut. Erlaubt mir, in euch zu wirken. Ich habe Pläne, so viele Pläne. Diese Pläne müssen verwirklicht werden, meine Vielgeliebten. Seid bereit, in aller Demut und aus Liebe zu dienen. Stellt meine Wege nicht in Frage. Zweifelt nicht an mir. Vertraut Mir. Ich schreite an eurer Seite. Oft trage ich euch sogar. Meine Kleinen, ich bin jeden

---

443. «Das ist auch die Zeit der Verwirklichung von Don Boscos Traum. Die zwei Säulen der Kirche sind die Eucharistie und meine hochheilige Mutter; das Schiff wird gesteuert von meinem Stellvertreter, dem Heiligen Vater. Folgt meinen Schritten, es ist an euch zu wählen: meiner Stimme zu folgen oder der Stimme der Welt, des Fleisches und des Teufels. Ihr müsst eine Wahl treffen, ihr werdet alle vor dieser Wahl stehen. Im Augenblick der Erleuchtung der Gewissen oder der Warnung muss sich jeder entscheiden: für GOTT oder Satan» – *Ich bereite euch auf dieses Ereignis vor: Die Erleuchtung eures Gewissens*, Band 3, Sulema, Parvis-Verlag.

444. 18.05.2014

Tag mit euch unterwegs. Bleibt wachsam. Bittet um die Gnade der Unterscheidung der Geister. Seid still. Ich möchte mit euren Herzen reden. Schweigt und lasst Mich handeln. Lasst Mich euch einander näherbringen. Fürchtet euch nicht. Lernt, meinen Wegen zu vertrauen. Nehmt meine Züchtigungen an und lehnt meine Gnade nicht ab. Meine Vielgeliebten, lebt aus der Gnade. Wandelt auf dem Weg der Heiligkeit und bringt die anderen durch euer Beispiel zurück. Handelt, und Ich werde eure Bemühungen segnen. Handelt und erwartet, dass euch Wunder geschehen. Betet ohne Unterlass. Sucht meine geweihten Söhne auf und beichtet alle eure Verfehlungen. Behaltet nicht die Sünde auf eurer Seele. Erlaubt Satan nicht, Anspruch auf euch zu erheben. Wachst im Gehorsam. **Seid Mir folgsam. Seid meinem Gesalbten, dem Papst, folgsam. Betet täglich für ihn. Seid meinem Sohn folgsam, denn seine Sendung ist gewaltig und er braucht eure Unterstützung. Unterstützt Franziskus durch das Gebet und seid diesen Anweisungen treu. Ich werde meine Kirche wiederherstellen.**

♥

JESUS zu Sulema[445]

Schaut euch das Bild (nächste Seite) von Lucia von Fatima beim Altar an. Es ist dunkel, es ist das Dunkel, das meine Kirche umgeben wird. Schaut! Auf diesem Altar (Vision von Lucia von Fatima) sind die zwei Kerzen erloschen. Das ist das Sinnbild des Verlustes des Glaubens und dessen, was euch erwartet, meine Kinder. Ihr müsst diese letzte Prüfung bestehen, während der euer Glaube in Frage gestellt, geprüft wird. Das ist auch die Zeit, da mein kleiner Rest noch abnehmen wird, da die Meinen mich verlassen werden, denn es wird die Zeit sein, da meine Kirche ihre Passion erleben wird.

---

445. 12.03.2014 – Unveröffentlichte Botschaft.

Während meiner Agonie, dieser furchtbaren Agonie, wurde Ich verlassen, verleugnet. Und Ich werde wieder verlassen werden, die Meinen werden mich verleugnen, sie werden fortgehen. Meine Kinder, bleibt also wachsam, damit ihr nicht in Versuchung geratet, denn der Geist ist wach, aber das Fleisch ist schwach. Seid wachsam!

Fürchtet euch nicht, **seid meinem Stellvertreter, dem Papst Franziskus treu.** Die Zeit der Verwirklichung des **Traumes des heiligen Don Bosco** ist gekommen. Dieses Schiff steht für meine Kirche; es ist in einen heftigen Sturm geraten; zwei Säulen sind sichtbar: die der Eucharistie und die meiner heiligen Mutter, der Unbefleckten Empfängnis, und in der Mitte befindet sich der Heilige Vater, der Oberbefehlshaber. Seht, meine Kinder, dieser Traum war eine Prophezeiung für die Endzeit.

Macht nicht den Versuch, mich in eure Zeit einfügen zu wollen, denn Ich bin außerhalb eurer Zeit. Ihr seid in der Zeit. Mein Herz blutet und ich bin sehr traurig, wenn ich meine Kinder sagen höre: Seit langem kündigt der Himmel uns gewisse Ereignisse an und nichts geschieht, nichts ändert sich. Das Dunkel der großen Apostasie hat sich über die ganze Welt ausgebreitet und der Rauch Satans ist in den Vatikan eingedrungen.

Meine Kinder! Ihr müsst den Heiligen Vater Franziskus unterstützen und aufhören, unnützes Zeug über ihn zu reden. Er ist der vom Heiligen Geist auserwählte Papst, er hat das Lehramt inne und Ich bitte euch, seiner Stimme zu gehorchen.

Oh, meine Kinder, wie er derzeit leidet! Betet für ihn und betet für alle Meine Lieblingssöhne, **denn das Geheimnis, das meine Mutter euch in La Salette, in Fatima und auch in Garabandal verkündet hat, verwirklicht sich jetzt.** Ihre Worte wurden nicht angenommen, denn man will die vorgesehene Spaltung meines Klerus nicht wahrhaben.

Betet für eure Mutter, die Kirche, ohne zu richten, das ist eure Pflicht. Sie ist eure Mutter. Glaubt nicht, dass sie tot sei, dass sie verschwinden wird. Nein, meine Kinder, Ich Bin und Ich werde mit ihr sein. Ihr könnt nichts gegen sie ausrichten. Wenn der Vater erklären wird: «Genug!» dann werde Ich, sein Sohn, kommen, um den niederzuschmettern, der den Sitz Petri usurpiert hat.

♥

JESUS zu Vassula Ryden[446]

Meine Feinde sind dabei, Mein Heiligtum, Meinen Altar und Meinen Tabernakel zu stürmen, um ihren verheerenden Gräuel anzurichten. Es wird eine Zeit von so großem Leid sein, wie es das noch nie gegeben hat, seitdem die Völker entstanden. **Mit Gewalt und durch Verrat werden sie in Mein Haus eindringen.** Die Rebellion ist schon am Werk, doch im Geheimen, und derjenige, der sie zurückhält, muss erst beseitigt werden, bevor der Rebell öffentlich Mein Heiligtum entweiht. Oh, wie viele von euch werden durch seine Schmeicheleien fallen! Doch die, die zu Mir gehören, werden nicht zurückweichen, stattdessen werden sie ihr Leben für Meine Sache aufopfern. Ich sage euch mit Tränen in den Augen: «Ihr, Mein Volk, werdet von diesem Eindringling mit Feuer getestet werden.» Seine Belagerungsarbeiten breiten sich schon in der Welt aus. Der Löwe hat sein Lager verlassen... Hört diesmal zu und begreift: der

---

446. *Wahres Leben in Gott*, Band 1, Vassula Ryden, 03.10.1994, Seiten 894-895.

Eindringling ist ein Gelehrter, einer dieser Gelehrten, die dem Tier folgen und Meine Göttlichkeit, Meine Auferstehung und Meine Traditionen ablehnen. Das sind die, von denen die Heilige Schrift sagt: «Dein Herz war stolz, und du sagtest: Ich bin ein Gott, einen Wohnsitz für Götter bewohne Ich mitten im Meer.» Doch du bist nur ein Mensch und kein Gott, obwohl du im Herzen geglaubt hast, dass du wie Gott bist...»[447]

Heute, Meine Tochter, habe Ich ein ungeteiltes Herz gefunden, ein Herz, in das Ich diese Geheimnisse schreiben kann, die versiegelt waren, denn sie werden jetzt tatsächlich erfüllt werden. Erlaube also Meiner Hand, diese Worte deinem Herzen einzugravieren. Tochter: Wenn derjenige, der die Kraft des heiligen Volkes bricht, sich selbst auf Meinen Thron setzt, zusammen mit denen, die Meine Traditionen verkaufen, wird seine Gegenwart wie ein Gott in der Mitte Meines Heiligtums errichtet. Ich hatte euch gewarnt, Ich warne euch immer noch, doch viele von euch hören es, ohne zu verstehen... Heute baut ihr, doch Ich sage euch, ihr werdet euer Werk nicht zu Ende bringen können... Öffnet doch eure Augen, ihr alle, und schaut euch die Verschwörung in Meinem Haus an... Verschwörung und Verräter gehen zusammen: Einer, der mit Mir am Tisch sitzt[448], rebelliert gegen Mich und alle Mächte Meines Reiches. Ich sage euch dies jetzt, damit, wenn die Zeit kommt, ihr Meine Worte völlig versteht und glaubt, dass Ich, Gott, die ganze Zeit der Autor dieser Rufe war. Ich werde euch jetzt etwas sagen, das vor euch geheim gehalten wurde. Ich werde euch neue Dinge offenbaren, Dinge, die euch verborgen und unbekannt waren: Viele von euch werden ihren Glauben verlieren und diesen Händler[449]

---

447. Vgl. Ez 28,1-2
448. Manche würden zu Unrecht von einer solchen Botschaft Gebrauch machen, um zu behaupten, es handle sich um Papst Franziskus.
449. [Christian]: «Händler» kann in dem Sinn verstanden werden, dass er uns seinen Salat verkauft,

verehren, weil er Schmeicheleien gebraucht; er wird auf Meinem Opfer herumtreten, zusammen mit dem Volk eines fremden Gottes, jenen Gelehrten eurer Tage, die Meine Göttlichkeit, Meine Auferstehung und Meine Traditionen ablehnen. Da das Herz der Menschen schwach ist, werden viele ihn akzeptieren, denn er wird sie mit großen Ehren überhäufen, wenn ihr Herz ihn anerkennt. Meine Kirche wird all die Leiden und den Verrat durchmachen müssen, die Ich selbst durchmachte.

Gehorcht jedoch diesem Hirten (Papst Franziskus), egal was geschieht; bleibt ihm treu und sonst niemandem; euer Hirt wird geschlagen werden... Und das Klagen Meines Volkes wird die Himmel durchdringen. Wenn nichts als Schutt aus Meiner Stadt geworden ist, wird die Erde aufgerissen und sich spalten, und sie wird schwanken. Während all dies vor euren Augen geschieht, wird von Osten her ein Funke hervorbrechen; eine treue Hand wird sich von Osten her austrecken, um Meinen Namen, Meine Ehre und Mein Opfer zu verteidigen. Während das Maul des Tieres Gotteslästerungen ausstößt, wird von Osten her ein Herz angeboten, um diesen Bruder zu retten, der die Beute des Bösen geworden ist. Und während Verträge gebrochen, Propheten abgelehnt und getötet werden, wird man eine edle Stimme von Osten her hören: «O Unwiderstehlicher, mache uns Deines Namens würdig; mögest Du uns gewähren, eins in Deinem Namen zu sein...» Satan ist auf dem Weg zu Meinem Thron. Ruft eure Gemeinschaften zusammen und sagt ihnen, dass Ich, Jesus, eure Wunden verbinden werde, wenn

---

aber es kann auch sein, dass er der Welt als Händler bekannt ist. Bill Gates, zum Beispiel, und sein plötzliches Interesse an einem Covid-Impfstoff – ein bekannter Multimillionär, der sein Vermögen Microsoft verdankt. Viele stellen sich die Frage, ob er die WGO kontrolliert – Dieser Händler scheint zu versuchen, DIE Rolle in dieser Revolution zu spielen! Seine Stiftung hat vor Coronavirus mehreren wichtigen Akteuren, wie Forschern, den Medien, politischen Parteien, großzügige Spenden zukommen lassen...

die Zeit kommt.... Und während ihr, Meine Freunde, alle auf die Morgendämmerung wartet, während Verträge gebrochen werden, und wenn die Rebellion ihren Höhepunkt erreicht, erhebt eure Augen und beobachtet den Osten[450], haltet Ausschau nach der Morgendämmerung! Haltet Ausschau nach dem Licht, das von Osten emporsteigen wird. Haltet Ausschau nach der Erfüllung Meines Planes! Während der Durstige mit seiner ausgetrockneten Kehle Wasser sucht, werde Ich wie ein Fluss mit Meinem Neuen Namen in all Meiner Pracht und Souveränität auf euch herabkommen.

♥

MARIA voll der Gnade, zu Darly Chagas[451]

Betet, betet, betet für die zwei Päpste, Benedikt und Franziskus, für den ganzen Klerus, die Ordensleute, für die ganze Menschheit. Betet, damit die Verfolgung unserer zwei Päpste abflaue und sie ihren Auftrag zu Ende führen können. Meine lieben Kinder, ich segne euch mit viel Liebe und Zuneigung, im Namen des Vaters, des Sohnes und des göttlichen Heiligen Geistes. Meine Kinder, mit großer Freude bin ich hier bei euch, um mit euch zu beten, um GOTT für den Heiligen Vater zu danken sowie für Benedikt XVI., die jetzt in diesem so wichtigen Moment für die ganze Menschheit bei uns sind.

---

450. [Christian]: Am Fest Mariä Himmelfahrt 2020 wurde mir gestattet, zwei große gegenüberstehende Schiffe zu sehen; das auf der linken Seite, das ältlicher aussah, hatte einen roten Schornstein, dessen Boden in Flammen stand. Davor (auf der rechten Seite des Bildes) befand sich ein ganz neues Schiff, das aussah, als käme es zu Hilfe... Meine Erklärung ist folgende: Der Schornstein stellt das Konklave dar; die rote Farbe gilt den Kardinälen; das Feuer unter dem Schornstein, die Spaltung; das neue Schiff, die neue Kirche; die Nähe der zwei Schiffe = die Nähe der Ereignisse. Der Schornstein des neuen Schiffes ist weiß... Eine neue Kirche steht bereit, um die unmittelbar vom Feuer bedrohte Kirche zu ersetzen ... GOTT hat alles vorgesehen... Lasst uns im Frieden und in den Zufluchtsorten leben!...

451. 16.03.2013 – Internet-Seite: darlychagasmessages.blogspot.com/

Jetzt sind wir glücklich, weil wir in der bevorstehenden Schlacht den Sieg davontragen werden. Gott Vater ist mit mir, mit Gott Sohn und mit Gott dem Heiligen Geist, um uns zu lehren, die Schwierigkeiten zu überwinden. Die Heiligen und die Engel sind bereit, euch zu helfen, die Päpste und die heiligen Priester ebenfalls, wir alle sind bereit, euch in dieser Situation zu helfen. Ihr seid der Schatz des Vaters, Er wird euch nicht ohne Schutz lassen. Lasst uns gemeinsam beten und Gott für diese so große Liebe danken. Jetzt lade Ich euch alle ein, für all jene zu beten, die die heilige Kirche leiten, all die Personen, die in ihr arbeiten, vor allem im Bewusstsein, dass wir alle zusammen die Kirche Jesu Christi bilden... Der Heilige Vater Franziskus wird sehr viel leiden, aber er wird weiterleben, weil er GOTT sein *Ja* mit großer Hingabe gegeben hat.

♥

ROSA MYSTICA, Königin des Friedens, zu Eduardo Ferreira[452]

Meine vielgeliebten Kinder! Es gibt das Paradies und auch die Hölle, der Bestimmungsort der schlechten Seelen. Misstraut den falschen Philosophien, die die Wahrheit des Evangeliums leugnen! Diese Philosophien verbreiten sich überall in der Welt, sogar in den Herzen meiner Lieblingskinder.

Betet für meine Priester. Betet für den Papst Franziskus, helft ihm, standhaft auf dem Stuhl des heiligen Petrus auszuhalten. Meine Kinder! **Ihr lebt in einer Zeit großer Verwirrung,** die euch verwehrt, euch der großen Gefahren, auf die die Menschheit zugeht, bewusst zu werden. Großes Leid steht der ganzen Menschheit bevor. Gewisse Länder werden mehr leiden als andere. Das Beten des Rosenkranzes in der Familie ist angezeigt. Die Kinder müssen lernen zu beten, denn sie müssen erkennen, was sie in nächster

---

452. 26.05.2015 – Zu Heede/Deutschland

Zeit erwartet. Die Erde wird mehr und mehr ein Ort werden, wo leben gefährlich ist, aber ich, die Königin des Friedens, möchte euer Herz auf das Kommen meines Göttlichen Sohnes vorbereiten. **Ein großes Licht am Himmel** wird allen zeigen, dass die Wiederkehr meines Sohnes Jesus nahe ist.

Meine vielgeliebten Kinder, betet für die, die sich um die Gesundheit der anderen bemühen. An dieser Stelle möchte ich offenbaren, dass die Krankheiten sich auszubreiten drohen und dass **ein neues Virus**[453] **aufkommen wird**, das viele Todesfälle verursachen wird. Jetzt soll der Barmherzigkeitsrosenkranz gebetet werden. Die Krankheit kommt von Osten und wird sich im Westen ausbreiten. Meine Kleinen, in dieser Zeit trauert der Himmel mit den Menschen. Vielgeliebte Kinder, nehmt zur Kenntnis, dass das Heilmittel vieler Krankheiten nicht die Medikamente sind, sondern der Glaube. Die Experimente der Wissenschaft werden viele meiner Kinder zerstören.

Viele Länder werden keinen Frieden finden und werden Zuflucht in den Ländern Amerikas suchen…

Der Papst verlangt Hilfe. Ihr müsst für ihn sorgen und auch seinen Schutz wahrnehmen.

♥

DIE JUNGFRAU MARIA zu der Botschafterin von Notre-Dame[454]
Wie kann Ich es schaffen, dass eine Welt, die sich für die Finsternis entschieden hat, sich dem Licht zuwendet? **Ich bin für einen**

---
453. Diese **Leuchtturm-Botschaft** zeigt auf Covid-19 hin, das Virus, das vom Osten (China) kam. Da die Botschaft in Deutschland empfangen wurde, liegt China im Osten.
454. 02.06.2015

Papst eingetreten, der von mehreren mit Begeisterung aufgenommen wird. Er hat Worte der Barmherzigkeit, die seinem liebenden Herzen entspringen. Die Barmherzigkeit muss immer den Vorrang haben, denn sie zieht an, ermuntert und hat eine Ausstrahlung wie ein einladendes Licht. Dieses große Licht der Barmherzigkeit wird weiterbestehen und einige werden (zum ersten Mal) einsehen, dass auch sie in das Reich Jesu eingeladen sind. Die ganze Kirche wird in die Barmherzigkeit, das erste Wort und die erste Verkündigung des Evangeliums, eingetaucht werden. Lasst nicht zu, dass dieses Licht von der Welt missbraucht wird oder dass die Barmherzigkeit Gottes zu egoistischen Zielen gebraucht wird.

♥

Die JUNGFRAU MARIA zu der Botschafterin von Notre-Dame[455]

Die Wärme der Barmherzigkeit ist dazu bestimmt, die Seele zum Schmelzen zu bringen und nicht sie zu verhärten. Die Barmherzigkeit spornt die Person an, sich zu großartigen Höhen zu erheben und nicht niedrigen Interessen zu frönen. Wenn gänzlich angenommen, öffnet die Barmherzigkeit der Einladung Jesu die Tür: verkauft alles, was ihr habt, gebt es den Armen und folgt mir nach. Die Barmherzigkeit führt ein Leben für die anderen und verkündet aller Welt die Barmherzigkeit GOTTES. Die Barmherzigkeit führt zur Freiheit des Geistes, zur Großzügigkeit, zur Inbrunst, zur Selbstaufopferung und zur Ausrichtung seines Lebens auf die anderen. Die Zeit ist kurz bemessen. Deshalb muss die Barmherzigkeit schnell die ganze Welt durchdringen. Nur die Barmherzigkeit kann die Welt vor dem Gericht und der Finsternis retten. **Hört auf Papst Franziskus! Spendet seinen Worten Applaus!** Nehmt die Barmherzigkeit an! Seid den anderen gegenüber barmherzig! Lasst nicht von diesem Weg ab, auch wenn die anderen nicht

---

455. 03.06.2015

darauf eingehen. Erinnert euch, dass ihr selbst der Barmherzigkeit GOTTES den Rücken gekehrt habt, aber dass Er sich nie von euch abgewandt hat.

♥

JESUS zu Sulema

Wenn ihr wüsstet, was kommt: die Neue Erde, meine Geliebten! Bleibt nicht bei dem stehen, was gewöhnliche Sterbliche sehen. Die katastrophale Seite ist für die Kinder der Welt. Doch ihr, meine Kinder des Lichtes, ihr müsst an die glorreichen Tage denken, wenn ihr dann auf der **Neuen Erde seid, wo der göttliche Wille** frei auf der Erde wie im Himmel kreist.[456]

Meine Kinder, **ihr werdet große Ereignisse erleben,** aber habt keine Angst, wir werden sie zusammen erleben, denn der Vater hat seine Schutzhand auf jeden von euch gelegt, **auf euch, meine Kinder des Lichtes, mein kleiner treuer Rest.**[457]

♥

JESUS zu Maria Valtorta[458]

Die Feinde arbeiten im Schatten. Sie sind nicht besiegt, vielmehr aktiver als je, um sich zu rächen und zu schaden... Der Schrei: «Jesus, rette uns, wir gehen zu Grunde!», wenn der Sturmwind das Schiff Petri schon auf die Seite legt, das kann einmal das Wunder

---

456. *Ich bereite euch auf dieses Ereignis vor: Die Erleuchtung eures Gewissens*, Band 3, Sulema, 29.09.2012, Parvis-Verlag.
457. *Ich bereite euch auf dieses Ereignis vor: Die Erleuchtung eures Gewissens*, Band 3, Sulema, 24.10.2012, Parvis-Verlag.
458. *Quadernetti – Verstreute Aufzeichnungen*, Maria Valtorta, 25.04.1948, Seite 96-100, Parvis-Verlag.

herbeirufen. Aber Meine Barmherzigkeit darf nicht missbraucht werden, und in dem Augenblick des Schiffbruchs darf nicht nur von Mir Hilfe erwartet werden. Rüstet das Schiff und die Seereisenden gut aus, solange ihr Zeit und Gelegenheit dazu habt... Aber wenn ihr zulasst, dass Christus aus dem Herzen der Menschen gerissen wird, wer wird dann dort eindringen? Der Antichristus. Das vollzieht sich gesetzmäßig. Und wehe euch, wenn das geschieht!

Seid wie zu der Katakombenzeit. Damals lebten die Priester, ja sogar die Päpste, mitten unter dem Volk. Und nicht nur unter dem christlichen Volk. Sie lebten auch unter den Heiden, waren unter sie gemischt, verdienten ihr Brot in den verschiedenen handwerklichen oder bürgerlichen Beschäftigungen, die sie abends mit dem Brotbrechen, mit der Versammlung der Gläubigen, krönten... Die, welche aufgrund ihrer Abstammung und ihres Einkommens nicht zu arbeiten brauchten, gingen jeden Tag bescheiden gekleidet in die Armenviertel, um dort Werke der Barmherzigkeit zu vollbringen. Und alle verkündeten mit Worten, aber mehr noch durch ihr Beispiel, Meine Lehre. Sie predigten auch nicht schon über einen geschriebenen Text und nach den Regeln der Rhetorik. Sondern, indem sie ganz schlicht zu einem Weggefährten oder einem Arbeitskameraden sprachen – es diente ihnen alles und jedes dazu, von Mir zu sprechen – verbreiteten sie geduldig, liebevoll und beständig, ganz sanft, die Kenntnis Jesu Christi und des Evangeliums. Sie ließen sich nicht schrecken von Unbilden und Gefahren. Sie gingen sogar in die Keller der Zirkusse, bis in die Kerker und Gerichtshallen... Sie gingen überall hinein, um den zum Martyrium verurteilten Christen das Wort Gottes, die Sakramente, die Segnungen zu bringen, und um heidnische Geister für Christus zu gewinnen... Man kann wahrhaftig wie die Braut des Hohenliedes sagen, dass die Heiden Mir, angezogen von dem Duft Christi, nachliefen, den Meine wahren Jünger als andere Christusse verbreiteten, indem sie durch Verderbnis und Irrtum hindurch schritten, um diese zu vertreiben und Christus aufzurichten... In die heutige

Welt verbreitet und setzt sich eine Lehre fest. Sie macht den Menschen zum Gott und schafft jede Gottesanbetung ab. Um die Welt wieder zu christianisieren, muss jenes wahre christliche Leben gelebt werden, das in den ersten christlichen Zeiten gelebt wurde...
Ach! Jenes Bekenntnis der Heiden aus den ersten christlichen Jahrhunderten, das man nicht mehr, oder nur noch ganz selten, hört: «Seht, wie sie einander lieben, und wie tugendhaft sie sind! Seht, wie sie uns lieben!» Wegen der Feststellung dessen, was der Klerus und die Christen der ersten Jahrhunderte waren, war die damalige Welt christlich geworden. Aber wegen einer gegenteiligen Feststellung wird die jetzige Welt wieder heidnisch, atheistisch oder satanisch... In außergewöhnlichen Zeiten muss man zu außerordentlichen Mitteln greifen... Wenn ihr retten wollt, müsst ihr viel erneuern.

♥

Unser HERR zu Gisella Cardia[459]

Meine Kinder!... Wo sind meine Kinder? Jene, die ungläubig sind, haben wiederum den Rücken gekehrt, sie glauben nicht an die Botschaften meiner Mutter. Meine Tochter, schau nach Frankreich! Schaut nach Frankreich! Dieses Land wird wegen seines Geistes des Todes weinen. Die Menschheit und die Kirche haben sich vor der Weltelite verbeugt, vor Satan, der meinen Platz eingenommen hat. Sie haben mein Volk terrorisiert und sie massakrieren die Kirche. Es ist nicht das Ende Europas, es ist das Ende der Welt. Oh, welch eine Bosheit in Meiner Kirche! Bald wird eine große Rauchwolke sich erheben. Ich hatte euch gewarnt, dass es ein Erdbeben im Vatikan gäbe – die Apostasie, meine Kinder.

---

459. 31.10.2020

Meine Kinder, meine Geweihten! Ich bitte euch, verlasst die Kirche nicht, zerstreut die Herde nicht, sondern kämpft; lasst nichts in den Händen Satans zurück. Was können sie tun, was können meine Kinder tun ohne euch? Seid Apostel, seid Lichter.... Jetzt sind die Kirchen in Dunkelheit gehüllt. Welch eine Verzweiflung! Wie viele Personen, denen es schlecht geht! Mein Herz und das meiner Mutter leiden. Ich kann es nicht ertragen, meine Mutter in Tränen aufgelöst zu sehen; das ist für mich ein großer Schmerz. Kämpft! Seid beharrlich im Gebet, betet und ändert nichts an dem, was euch hinterlassen wurde. Bald werde ich nicht mehr in der Eucharistie gegenwärtig sein, aber kämpft, um sie zu erhalten. Meine Engel werden euch heilige Priester senden. – Habt keine Angst, nichts wird euch fehlen.

♥

Die GOSPA von Medjugorje zu Ivan[460]

Meine lieben Kinder! Heute Abend bringe Ich euch die Liebe. Tragt in diesen bewegten Zeiten Liebe zu den anderen! Bringt Hoffnung vor allem denen, die ohne Hoffnung sind! Bringt all jenen Frieden, die ängstlich sind! Liebe Kinder, dies ist eine Zeit großer Versuchung, aber gleichzeitig auch eine Zeit großer Gnade. Meine lieben Kinder, öffnet euch dieser Zeit der Prüfung, um sie zu überstehen und daraus herauszugehen mit geläutertem Glauben. Ich bete für einen jeden von euch und lege für einen jeden von euch Fürbitte bei meinem Sohn ein. Danke, meine lieben Kinder, dass ihr meinem Ruf gefolgt seid.

♥

---

460. Anlässlich des Festes von Mariä Himmelfahrt (15.08.2020)

Prophezeiung von Johannes Paul II.[461]

Die Liebe GOTTES wird das neue Jahrhundert umfangen. Es wird wie eine Gnadenzeit sein, wie die Verwirklichung eines Liebesschicksals für die ganze Menschheit und für einen jeden von uns... Fürchtet euch nicht! Es ist nicht eine alte Welt, die zu Ende geht, **es ist eine Neue Welt, die beginnt.** Eine neue Morgenröte scheint sich am Himmel der Geschichte abzuzeichnen!

---

461. 19.11.1997

SCHLUSSFOLGERUNG

Hat dieses Buch euch gefallen! Zögert nicht, uns zu schreiben, um uns eure Kommentare mitzuteilen. Danke, dass ihr bereit seid, dieses Buch, diese Leuchtturm-Botschaften, bekannt zu machen! Das kann in dieser Nacht, die die Welt einnimmt, ein Rettungsanker sein.

Wir haben oft von dem heiligen Petrus reden gehört, der an der Himmelstür die Verstorbenen zu ihrem Gericht erwartet. Denken wir an die Warnung! Die gesamte Weltbevölkerung wird zu gleicher Zeit «gerichtet und über die jetzigen Zeiten erleuchtet werden»! Und stellen wir uns nicht vor, dass GOTT dann aufhören würde, sich um den Rest der Schöpfung zu sorgen. GOTT ist nichts unmöglich, und dieses Ereignis zeigt uns einmal mehr, wie sehr Gott GOTT ist! Gewiss, Er ist unendlich groß! Aber GOTT sorgt sich zu jeder Zeit um jeden Menschen, jeden Engel, jedes Lebewesen, jedes Element seiner Schöpfung! Ja, unser GOTT ist bewundernswert in seiner Weisheit, seiner Güte, seiner Vater- und Mutterschaft, seiner Brüderlichkeit, seiner Vorsehung... usw. Preisen wir ihn allezeit! Dann wird der Lobpreis die Gnade vervielfachen! Ja, der Lobpreis zieht die Gnade an, er zieht die Schönheit an! Und schön ist der, der Ihn betrachtet, der Ihn lobt...

In diesem Buch haben wir festgehalten, dass das «Gewissen» ein göttliches Geschenk ist und dass jeder Mensch dieses Geschenk erhalten hat. Wohl kann man das Gewissen in den Halbschlaf versenken und sogar erdrücken unter einem Haufen Sündenabfall, beziehungsweise von unserem Turm von Babel herrührt, aber das Gewissen bleibt erhalten! Es ist lebendig wie unsere Seele! Wir sind «bewusste» Lebewesen, das ist ein Bestandteil unserer spirituellen DNA! Obschon der

Herr uns unterrichtet, uns bewusst macht, lassen wir seine/diese Geschenke allzu oft unbeachtet... Jetzt kommt eine Erleuchtung auf uns zu, die uns helfen wird, uns in unserem tiefsten Innern zu prüfen unter den göttlichen Strahlen unseres GOTTES!

Es ist den Menschen so viel daran gelegen, die Zukunft zu kennen! Aus Wissensbegierde, gewiss, aber auch aus Unsicherheit, weil sie wissen wollen, ob es in Zukunft besser sein wird... Aber sind sie tatsächlich ausgerüstet, die Gegenwart zu leben, auch wenn sie einen Teil dessen kennen, was sie erwartet? Das ist eine äußerst wichtige Frage! Wenn uns aufgedeckt wird, was auf uns zukommt, sind wir dann in der Lage, die Gegenwart zu nutzen, um uns auf die Zukunft vorzubereiten? Welch ein unerhörtes Privileg, so gut informiert zu sein! Manche erwarten hektisch oder sogar ungeduldig die Erleuchtung der Gewissen, während andere die unzähligen Mahnungen des Himmels, sich darauf vorzubereiten, in den Wind schlagen. Dieses Ereignis wird zweifellos eines der bemerkenswertesten Momente in der Geschichte der Menschheit sein! Aber das, was ihm vorausgeht, ist auch nicht banal und wird leider zu oft auf die leichte Schulter genommen. Das Gleichnis der zehn Jungfrauen beweist es treffend! Das Wort GOTTES, Jesus, richtet sich nun mit diesem Gleichnis an jeden Leser dieses Buches. (Mt 25,1-13) Sind wir uns darüber wirklich im Klaren, was wir so ungeduldig erwarten? Sind wir wirklich bereit, dieses Ereignis passend und voll zu erleben? Sind wir die ausgewogenen Richter zur Beurteilung des passendsten Niveaus des Öls in unseren Lampen?

Die Zeit der Reinigung fordert jeden auf, die läuternde Liebe und/oder auch die reinigenden Prüfungen anzunehmen. Die Reinigung erlaubt uns an erster Stelle, auf der Ebene des Wesentlichen des Herzens zu leben und bereitet uns andererseits auf viel größere Prüfungen vor, die einige Jahre nach dem Ereignis, das der Wiederkunft Christi vorausgeht, stattfinden werden. Die Reinigung wird der Menschheit erlauben, auf den Boden des Fasses hinunterzusteigen, eine Fahrt in der dunklen Nacht der Verwirrung und der Angst... Wenn das Virus uns in Angst versetzt, stellen wir uns vor, was geschehen würde, wenn die Medien berichten würden, dass riesige Kometen sich anschicken, die Welt zu zerstören! Stellt euch vor, das geschähe in chaotischen Zeiten, da Kriege, Epidemien, Verfolgung, Katastrophen sich vermischen... Diese Angst gehört auch zur Reinigung. Angst ist nicht von Gott.

Erinnern wir uns an den Eintritt Johannes Paul II. in sein Pontifikat mit seinem berühmten Ausruf: «***Fürchtet euch nicht!***» Angst stammt nicht von Gott, sie ist das Gegenteil des Vertrauens in Ihn, aber die Menschheit hat Gott beiseitegeschoben. Was ist dann normaler als in Angst und Furcht zu verfallen? Ihr einziger Retter ist Gott und ihr Christus! Und er kommt inmitten eines großen Chaos, mit einem Zusammenprall von Kometen, um ein großes Kreuz erscheinen zu lassen, das von allen gesehen werden kann... Jeder wird vor den Kometen gerettet werden, aber wird auch jeder sich Gott zuwenden, um sich zu bessern? Man kann an die 10 geheilten Leprakranken denken (Lk 17,11-19), von denen nur ein einziger zu Jesus zurückkommt, um sich zu bedanken! Und, kurz darauf vollzieht sich das so lange erwartete Ereignis! Ist das nicht außerordentlich? Ja, GOTT ist mit uns! Ja, diese Reinigung ist eine unglaubliche Gnade! Je mehr die Leute geläutert werden, desto zahlreicher werden die Bekehrungen sein, und im Gegensatz zu den 9 Leprakranken, die Jesus gegenüber gleichgültig geblieben sind, werden sie diesmal alle von der Großen Warnung eingeholt. Es steht also nicht nur auf dem Spiel, was während des Ereignisses geschieht, sondern auch das, was jetzt schon geschieht. Während die Mehrheit die Strenge der Drangsale erdulden muss, werden die, die in die Zufluchtsorte geflüchtet sind, jubilieren. Es wird etwa so sein, wie bei den Jünglingen im Feuerofen (Dtn 3): unser Jubel wird Staunen und Rufe auslösen...

Hier, in Quebec, hatten unsere Eltern und Großeltern die Gewohnheit, an Neujahr sich nur das Beste zu wünschen, eine gute Gesundheit, Glück, aber sie schlossen ihre Glückwünsche ab mit: **«Und das Paradies am Ende eurer Tage!»** Die Erleuchtung der Gewissen bietet den klugen Jungfrauen die Möglichkeit, je nach der Bereitwilligkeit ihres Herzens die Freuden eines Neuen Frühlings zu genießen!

Der Herr bereitet die Herzen des kleinen Rests der Gläubigen jetzt schon vor auf ihre Hilfe zum Wiederaufbau der Kirche, die aus den Heiligen Herzen von Jesus und Maria hervorgehen wird. Was ist die beste Wahl, die wir treffen können? **Als Kinder des Lichts zu leben** (1 Thess 5,5; Eph 5,10) und in dieser Nacht, die schon anbricht, Leuchttürme des Glaubens, der Barmherzigkeit und der Hoffnung zu sein! Dann wird die Erleuchtung der Gewissen für uns eine Belohnung und zugleich ein Sprungbrett sein!

Wir müssen uns ab sofort vorbereiten, gutes Öl auf Vorrat haben, uns GOTT öffnen und wachsam sein, um möglichst viele Gnaden zu empfangen... Diese Botschaften wie Leuchttürme sind viel mehr als Bojen, die uns zu den Ereignissen führen, es sind vor allem ständige Aufrufe des Himmels, ab sofort Leuchttürme in der Nacht zu sein, Wächter, gute Hirten, die versuchen, die kleine Herde zu sammeln und die Einheitsbande zu straffen. Ja, auf, kleiner Rest! Straffe deine Bande, sei Eins mit Christus, Eins mit GOTT, Eins mit dem Himmel... und lass dich leiten von der Mutter Maria...!

Dieses Ereignis wird für alle sichtbar sein! Aber nicht nur sichtbar für die Augen, denn alle Sinne werden beansprucht. Nicht etwa die menschlichen Sinne, sondern die göttlichen Sinne der Seele. Der wahre Sinn ist im Innern... da ist der Weg, «Ich suchte dich außerhalb, während du in mir warst!» so der heilige Augustinus.

Alles in allem wird der Geist der Liebe weltweit das Leben der meisten, das heißt von Milliarden Menschen, die bereuen, ändern. Während der Etappe der «Reinigung» werden die Kinder des Vaters von ihrer Anhänglichkeit an ihren Götzen, dem Geld und der Macht befreit, **um sie wieder mit Gott zu versöhnen. Nie werden sie diese Begegnung mit dem Herrn vergessen.**

Wie der Himmel sich über die Umkehr dieser unwissenden oder sündigen Völker (Lk 15,7) *freuen wird, die unter ein und derselben Taufe, ein und demselben Glauben und einer selben Liebe in der Neuen Kirche vereint sein werden! Denn Gott kommt nicht, um die Welt zu verurteilen, Er kommt, um sie auf Grund seiner unergründlichen Barmherzigkeit zu retten. Jesus kommt wiederum um die Sünder, eher als die Gerechten, zu retten, die Kranken vor den Gesunden* (vgl. Mt 9,12-13). *Das Leiden aller Gläubigen wird die Saat der erneuerten Kirche sein. Seit dem Ungehorsam unserer ersten Eltern wartet die Schöpfung auf das Offenbarwerden der Söhne Gottes...*

«Ich bin überzeugt, dass die Leiden der gegenwärtigen Zeit nichts bedeuten im Vergleich zu der Herrlichkeit, die an uns offenbar werden soll. Denn die ganze Schöpfung wartet sehnsüchtig auf das Offenbarwerden der Söhne Gottes. Die Schöpfung ist der Vergänglichkeit unterworfen, nicht aus eigenem Willen, sondern durch den, der sie unterworfen hat; aber zugleich gab er ihr Hoffnung. Auch die Schöpfung soll von der Versklaverei und der Verlorenheit befreit werden zur Freiheit und Herrlichkeit der Kinder Gottes. Denn wir wissen, dass die gesamte Schöpfung bis zum heutigen Tag seufzt und in Geburtswehen liegt. Aber auch wir, obwohl wir als Erstlinge den Geist haben, seufzen in unseren Herzen und warten darauf, dass wir mit der Erlösung unseres Leibes als Söhne offenbar werden.» (Röm 8,18-23)

Der Herr bereitet die Errichtung seines Königreiches vor, in dem das Böse nicht existiert. Auf die Große Reinigung, die jetzt im Gang ist, werden riesige Geschenke des Himmels folgen mit der Erleuchtung der Gewissen (die Warnung), dem Zweiten Pfingsten, einer Zeitspanne zur Großen Evangelisation, dem Großen Wunder, dem Inkrafttreten des Fiat der Heiligung, die im Leben im Göttlichen Willen besteht, und das Ganze wird gekrönt sein vom Zweiten Kommen unseres Herrn in Herrlichkeit...

Unser HERR zu Maria Valtorta[462]

Im Frieden mit sich selbst und mit ihrem Gott, wird die Erde einem großen Sühneopferaltar gleichen. Und auf diesem Altar wird der Meister die Menschen in der genauen Kenntnis der Wahrheit belehren, damit die Guten nicht schwanken, wenn Satan, wutentbrannt beim Anblick der Menschheit in Anbetung Christi, sich zur letzten Schlacht anschicken wird.

Wir wünschen euch Friede und Freude!
Christian & Marcel
(Laflamme & Laflamme)

---

462. *Die Hefte 1943*, Parvis-Verlag

ANHANG

**O schmerzhaftes Herz Mariens,
lass meine Seele in Liebe entbrennen!**[463]

— ♥ —

WEIHE AN DAS UNBEFLECKTE HERZ MARIENS[464]

Hochheilige Jungfrau Maria, Beschützerin unseres Glaubens und Mutter alles Guten, komm mit deiner mütterlichen Liebe zu uns. Öffne dein reinstes Unbeflecktes Herz und erlaube dem sich dort befindenden Gnadennektar, sich in uns zu ergießen. Erfülle unsere Herzen mit diesem süßen Nektar. Hilf uns, unser Leben in deinen Dienst zu stellen. Führe uns stets näher zu deinem vielgeliebten Sohn. Zeige uns den Weg des Heils und umgebe unser Herz mit Heiligkeit. Möge jedes unserer Ziele mit deinem Unbefleckten Herzen übereinstimmen. Liebe Mutter, berühre unser Herz! Amen.

— ♥ —

WEIHE AN DAS HEILIGE HERZ JESU[465]

Anbetungswürdigstes Herz Jesu, wirf mit der Güte deiner Barmherzigkeit einen Blick auf unsere Niedrigkeit. O Liebendes Herz Jesu, sei bei uns, wenn wir in die Sünde fallen, wenn wir beten, wenn wir arbeiten und wenn wir uns vergnügen. Ziehe uns stets

---

463. Unsere Liebe Frau von den Rosen in San Damiano, 25.08.1967.
464. MARIA zu Maureen, Holy Love Ministries (Werk der Heiligen Liebe).
465. MARIA zu Maureen, Holy Love Ministries (Werk der Heiligen Liebe)

näher zu deinem so wohlwollenden Herzen. O Quelle des Heils, lass uns nie unser Ziel, in den Himmel zu kommen, aus den Augen verlieren. Steh uns bei, wenn Satan uns entmutigen will. Öffne unsere Augen für seine zahlreichen Fallen, leite uns zur kostbaren Wunde Deines Herzens, damit wir an ihrer Quelle des Lebens unseren Durst stillen können. Hilf uns, damit wir nie Deine unendlich große Barmherzigkeit und Deine ewige Liebe gegenüber dem ganzen Menschengeschlecht vergessen. Lehre uns Dich zu lieben, wie Du, mildes Herz Jesu, geliebt hast. Öffne unsere armen Herzen der Liebe. Mögen wir immer Dein Allerheiligstes Herz innig lieben. Amen.

— ♥ —

GEBET ZU DEM BLUT JESU

(von Jesus an Sulema übermittelt)

O Blut JESU, auf dem Kreuz vergossen,
reinige uns, wasche uns und beschütze uns.
O Blut des aufgeopferten Lammes,
beschütze uns vor den Angriffen des bösen Feindes.
O Blut, das aus dem Herzen JESU hervorquillt,
bewahre uns vor allem Bösen.
Amen.

— ♥ —

Eigentlich ist die Liebe das einzige Licht, das eine Welt im Dunkeln beständig und immer wieder erleuchtet.
Papst Franziskus
(#Pontifex_de 14.04.2016)